中央民族大学"十五""211工程"学术出版物编审委员会

主任委员：陈 理

副主任委员：郭卫平

委　　员：王锺翰　施正一　牟钟鉴　戴庆厦　杨圣敏　文日焕
　　　　　　刘永佶　李魁正　朱雄全　宋才发　冯金朝　邓小飞

经济学院"十五""211工程"编委会

主　　任：刘永佶

副主任：张丽君　张建平　李克强

编　　委：施正一　刘永佶　宋才发　张丽君　李克强　张建平
　　　　　　王文长　王天津　黄健英　李红梅　谢丽霜　王玉杰

中央民族大学国家"十五""211工程"建设项目

梁积江 著

趋同与融合
——民族地区区域经济一体化研究

中央民族大学出版社

图书在版编目（CIP）数据

趋同与融合——民族地区区域经济一体化研究/梁积江著.
—北京：中央民族大学出版社，2008.2
ISBN 978-7-81108-466-5

Ⅰ.趋… Ⅱ.梁… Ⅲ.民族地区-地区经济-经济一体化-研究-中国 Ⅳ.F127.8

中国版本图书馆 CIP 数据核字（2007）第 178086 号

趋同与融合

作　　者	梁积江
责任编辑	李苏幸
封面设计	布拉格工作室
出 版 者	中央民族大学出版社
	北京市海淀区中关村南大街27号　邮编：100081
	电话：68472815（发行部）　传真：68932751（发行部）
	68932218（总编室）　　68932447（办公室）
发 行 者	全国各地新华书店
印 刷 者	北京宏伟双华印刷有限公司
开　　本	880×1230（毫米） 1/32　印张：8.75
字　　数	220千字
印　　数	2000册
版　　次	2008年2月第1版　2008年2月第1次印刷
书　　号	ISBN 978-7-81108-466-5
定　　价	22.00元

版权所有　翻印必究

内 容 摘 要

　　民族地区区域经济条件的差异与区域分工的存在是区域合作的前提，区域经济分工理论为区域经济的一体化发展奠定了坚实的理论基础。

　　民族地区区域经济一体化，不是把民族地区经济发展放置在一个相对狭小的区域内，来保护它的封闭性与落后性，而是将其放在中国整体经济发展乃至世界经济发展的格局中去研究一体化，既要充分发挥其相对优势，实现民族地区经济的联合与合作，又要充分利用其资源等比较优势，进行对内对外开放，消除一切阻碍商品、要素活动的障碍，实现区域内资源的优化配置。因此，民族地区区域经济一体化是多层次、多形式的。既有民族区域内的一体化合作，又有全国范围的一体化合作，还有相邻地区的"跨区域"和"次区域"合作。

　　民族地区区域经济一体化的主要形式是经济带，即西北部经济带和西南部经济带。民族地区西北部经济带的定位与方向是：东北亚中亚开放地；制造业基地与物流中心；畜牧业畜种加工基地；石油、天然气能源基地；有色金属与钢铁基地等。民族地区西南部经济带的定位与方向是：东南亚南亚开放地；制造业中心与加工工业基地；出海口与出口产品加工集散基地；经济与技术创新中心；水利电力工业基地等。

　　两大经济带发展方向是由生态环境建设和基础设施建设向生态建设与经济带建设并重转移。在经济带内将把推进工业化作为经济发展的主攻目标，实现"强区"与"富民"。产业的发展顺序为：优势产业及其关联的高新技术产业；以军事工业为主体的现代机电工业、航空航天工业；以农业产业化为核心的特色农业；以再生资源为基础的轻纺工业；具有比较优势的能源工业与原材料工业；以风能、光能、水资源为依托的电力工业；以旅游资源为依托的旅游业以及现代服务业中的物流新兴产业。

以资源为基础，产业为主体，集团化企业为龙头，市场化为导向，政策投入为动力，推动和实现民族地区区域经济一体化，是我国民族地区经济发展的重大战略选择。其区域经济一体化的制度安排是：依靠资源优势，强化产业关联；依托市场开发，组建跨区域的产业化集团；转变政府职能，完善市场化体系建设。以资源型产业为主体，加快市场化进程的步伐，加大政府的干预力度，形成统一的协调机制，制定一体化发展规划，加快一体化发展进程。

民族地区区域经济一体化是民族地区经济发展的取向与趋势，其目标的实现与完成，需要有一个过程，在一体化过程中涉及的许多方面的问题与困难，其实施必须有重点、分层次、划阶段。就目标而言，民族地区区域经济一体化实施切入点是：加强市场化建设，提高生产要素的流动与配置效率，理顺、规范市场与政府的关系，培育市场主体，建立现代企业制度，建立与完善市场体系；扩大民族地区投资，充分发挥投资对民族区域经济发展的作用，遵循投资布局的一般规律，把握中国区域投资的趋势，继续加大与优化国家财政资金的投资规模与效应，改善投资环境，吸引民间资本与外资投资民族地区；规范并优化区域政策，加大民族地区区域经济一体化发展的政策投入。

民族地区区域经济一体化发展中，涉及到一系列全球性问题：民族地区区域经济一体化发展中的环境问题；民族地区区域经济一体化发展中的资源问题；民族地区区域经济一体化发展中的人口问题；民族地区区域经济一体化发展的边疆安全稳定问题。作为一体化发展的战略安排，可持续发展也是一项十分重要的内容，而经济差距与安全问题在民族地区就显得尤为重要与突出。因此，必须深入研究一体化过程中的全球性问题、经济差距与安全导致的不平衡发展问题，探究一体化进程中的可持续发展路径，研究民族地区区域经济一体化发展进程中的东西合作及协调平衡问题。

关键词：民族地区　区域经济　一体化

Abstract

The existence of the regional division and differences in economic condition in ethnic areas are the precondition of regional cooperation, thus the regional economic division theory lays solid foundation for the development of regional economic integration.

The purpose of the regional economic integration does not mean to protect the closeness and backwardness of ethnic areas in a relative small region, but consider the integration by putting it into the situation of the whole economic development in China and even to the worldwide economic development. Ethnic areas should fully play its comparative advantage to accomplish the economic cooperation among regions; also they should make full use of the advantage of resource and open not only to our country but to the outside world. So as to eliminate all the obstacles that blocks the mobility of commodity and production factors and optimizes the allocation of resource in region. Therefore the regional economic cooperation will happen not only just among ethnic areas, but also among the nationwide, as well as the adjacent cross – region and sub – region with multi – levels and multi – forms.

The main form of regional economic integration in ethnic areas is economic belt, including the northwestern economic belt and the southwestern economic belt. The developmental orientation of the former is to become the open region for Northeastern and Middle Asian; manufacturing base and the logistic center; base for livestock product processing; energy base of petroleum and natural gas; base for the nonferrous metals and steel and so on. While the latter orients in becoming open region for Southeastern and southern Asian; manufacturing center and base of processing industry; distributing base for the export processing; the economy and the technology innovation center; base of water resources and electric power industry.

The development direction of the two Economic belts transforms from the originally emphasizing the construction of eco – environment and infrastructure to attach equal importance to the ecological construction and the economic belt construction. It should take the advanced industrialization as main purpose of economic development and accordingly to realize "strong region" and "better – off people". The industry might develop in such orders: outstanding industry and its relevant new and high technology industry; modern machinery and electronics industry and aerospace industry with military industry as main body; the characterized agriculture centering on agricultural industrialization; the light textile industry based on the renewable resource; the energy and raw material industry with comparative advantage; the electric power industry that is based on the wind energy, light energy and water resource; the tourism and new logistic industry .

It's the most important strategic choice to improve and finally realize the regional economic integration in ethnic areas. The integration should take resource as foundation, the industry as the main body, the enterprise group as the vanguard, and the marketization as the orientation, the policy support as the drive, The regional economic integration should comply with the following rules: relying on the resource advantage to strengthen the inter – industry; building cross – regional industrialized group through developing the market; Changing the governmental function to perfect the construction of market system; Taking the resource – based industry as the main body, we should accelerate the reform of marketization and intensify the government intervention to form a unified coordination system; make plans for the development of integration to accelerate the steps of integration.

Regional economic integration is a trend for the economic development in ethnic Region. However, it needs a long course to accomplish its goal. Due to the various difficulties and questions we might meet in the process of integration, it should be implemented with emphases and levels. As for the goal of implementing the region economic Integration, it has following cut – in points: strengthen the construction of marketization to improve the efficiency in free mobility and optimized allocation of production factors; coordinate and regulate the relationship between the government and the market; cultivate market subject, set up a modern corporate system and improving market system; increase the investment on ethnic regions and fully play its vital role to economic development; follow the rules of investment layout and grasp the trend of regional investment in China and accordingly increase and optimize the scale and effect of national capital investment, improve the investment environment to attract both private and the foreign capital to flow into the ethnic region; regulate and optimize the regional policies to improve the further development of the region economic Integration.

In the process of regional economic Integration in ethnic areas, it might involve a series of global problems: such as the environmental and resource problems; the population problem; the problem related to safety and stabilization of the borderland. Sustainable development is also an important content considering the strategic arrangement for the Integration development. And also the economic difference and the safety problems are especially important and obvious in ethnic areas. Therefore we must carry out deep research on these global problems and unbalanced development problems, which caused by the economic difference and safety, we should explore a sustainable development way, and also we should improve the cooperation and coordination between eastern and western areas in the course of the Integration.

Key Words: The Ethnic Region   The Regional Economy   Integration

目 录

第1章 导论 (1)
1.1 经济全球化及其对中国经济的影响 (1)
　1.1.1 经济全球化及其表现 (1)
　1.1.2 经济全球化发展的原因及其矛盾 (4)
　1.1.3 经济全球化对中国经济的影响 (6)
1.2 西部大开发区域经济战略的实施及对
　　民族地区经济的影响 (9)
　1.2.1 西部大开发的理论背景及现实意义 (9)
　1.2.2 西部开发的总体思路与重点 (12)
　1.2.3 西部开发与民族地区经济发展 (14)
1.3 民族地区区域经济研究的现状 (16)
　1.3.1 民族地区区域经济研究的主要观点评析 (16)
　1.3.2 我国区域经济发展理论与实践 (22)
　1.3.3 民族地区区域经济研究中存在的
　　　　问题及研究重点 (36)

第2章 民族地区区域经济一体化 (38)
2.1 区域经济一体化 (38)
　2.1.1 区域经济一体化的涵义及特征 (38)
　2.1.2 民族地区区域经济一体化 (45)
2.2 民族地区区域化经济带的划分与定位 (49)
　2.2.1 科学界定两个经济带的空间范围 (50)
　2.2.2 两大经济带形成的理论分析 (52)

2.2.3 两大经济带的功能定位与发展方向 …………… (55)
2.3 民族地区区域经济一体化发展的经济学分析 ……… (57)
  2.3.1 民族地区区域经济的特点 ………………… (59)
  2.3.2 民族地区区域经济一体化的理论背景 ……… (65)

第3章 民族地区区域经济一体化发展战略 …………… (73)
3.1 民族地区区域经济一体化发展的动因 ……………… (73)
  3.1.1 民族地区经济发展超常战略的实施，
     推动了一体化的形成 ………………………… (74)
  3.1.2 规模经济与范围经济的形成与发展，推动了
     民族区域经济工业化、城市化发展 ………… (77)
  3.1.3 产业分工与要素流动，推动了民族地区区域
     经济合作与协调 …………………………… (80)
  3.1.4 一体化区域经济成长的经验，是民族地区区域
     经济发展的前车之鉴 ……………………… (83)
  3.1.5 民族区域经济文化战略，推动了民族区域
     经济的协调与发展 ………………………… (87)
3.2 民族地区区域经济一体化的条件与模式 …………… (88)
  3.2.1 民族地区区域经济一体化的条件分析 ……… (89)
  3.2.2 民族地区区域经济一体化模式的选择 ……… (98)
3.3 民族地区区域经济一体化的困难与问题 …………… (105)
  3.3.1 民族经济中的家庭经济 …………………… (105)
  3.3.2 民族经济中的乡村经济 …………………… (109)
  3.3.3 民族经济中的县域经济 …………………… (113)
  3.3.4 民族经济中的城镇经济 …………………… (118)
3.4 民族地区区域经济一体化的目标确立
  与战略安排 …………………………………………… (124)
  3.4.1 民族地区经济及其发展特征 ……………… (125)
  3.4.2 民族地区经济一体化的 SWOT 分析 ……… (127)

3.4.3　民族地区区域经济一体化的战略安排 ……… (129)
　3.5　民族地区区域经济一体化的实施 ……………… (132)
　　3.5.1　加强市场化建设，提高生产要素流动与
　　　　　配置效率 ……………………………………… (132)
　　3.5.2　扩大民族地区投资，充分发挥投资对民族
　　　　　区域经济发展的作用 ………………………… (139)
　　3.5.3　规范并优化区域政策，加大民族地区区域
　　　　　经济一体化发展的政策投入 ………………… (143)
第4章　民族区域经济一体化发展中的产业问题 ……… (148)
　4.1　民族地区产业的现状与问题 …………………… (148)
　　4.1.1　产业结构层次较低 ……………………………… (149)
　　4.1.2　产业规模小 ……………………………………… (150)
　　4.1.3　传统产业占据主导，新兴产业成长缓慢 ……… (150)
　　4.1.4　基础产业投资大，形成周期长 ………………… (151)
　　4.1.5　偏重强调资源开发 ……………………………… (151)
　4.2　民族地区区域经济一体化与民族地区产业整合 … (152)
　　4.2.1　产业链整合的主体 ……………………………… (152)
　　4.2.2　产业链整合的对象 ……………………………… (157)
　　4.2.3　产业链整合的环境和条件 ……………………… (170)
　4.3　民族地区优势产业整合与发展的实证分析 …… (173)
　　4.3.1　实现规模化与专业化经营，调整农业
　　　　　产业结构 ……………………………………… (173)
　　4.3.2　适度开发旅游资源，优先发展旅游产业 ……… (176)
　　4.3.3　发挥资源优势，大力发展传统医药产业 ……… (183)
第5章　民族地区区域经济一体化的协调平衡发展 …… (190)
　5.1　民族地区区域经济一体化发展中的全球性问题 … (190)
　　5.1.1　民族地区区域经济一体化发展中的环境问题 … (190)
　　5.1.2　民族地区区域经济一体化发展中的资源问题 … (202)

5.1.3　民族地区区域经济一体化发展中的人口问题 …(212)
　　5.1.4　民族地区区域经济一体化发展中的边疆安全
　　　　　稳定问题 ……………………………………(223)
5.2　民族地区区域经济一体化发展中的东西部
　　经济合作 …………………………………………(228)
　　5.2.1　东西部经济合作的理论分析 ………………(229)
　　5.2.2　生产要素区际间转移的发展机制与
　　　　　东西部区域经济合作的条件 ……………(232)
　　5.2.3　东西部经济合作及合作模式探讨 …………(237)

主要参考文献 ………………………………………………(258)
后记 …………………………………………………………(266)

第1章 导　　论

　　人类社会迈入 21 世纪，世界经济正在全球化的轨道上前进，全球化问题本身包容着政治、经济、文化，它们不仅超越国界，跨越民族精神，逐渐成为人们一个共同理论及人类进化的一个趋向，而且也成为人类社会普遍关注与深刻研究的热点问题。处在全球化时代的中国经济，经过多年来特别是改革开放 20 多年的发展，正逐步融入世界经济的全球化浪潮。深圳、广州等东南沿海珠江三角洲经济带的迅速崛起，推动了东南地区经济的增长；以中国经济高速成长的龙头上海为中心的长江三角洲经济带的快速起飞，有效地带动了东部地区经济的增长；以经济文化政治中心北京为主体以及天津、山东等环渤海经济带的高速发展，带动了黄河三角洲及渤海地区的经济发展。三大经济带的形成与发展，不仅有效地促进了中国经济的现代化发展，而且也使中国经济的发展走上了一条区域发展、板块轮动、整体推进的战略轨道。2000 年提出并实施的西部大开发战略以及 2003 年提出的东北振兴计划，以及启动中的中部崛起战略，使中国经济的整体发展有了一个明确的思路，步入了区域推进的成长轨道。坚定不移的改革开放政策，市场化方向的经济走向，加入世贸组织的良好机遇，都为我们提供了同一目标课题，那就是积极参与、应对挑战、区域推进、快速发展。

1.1 经济全球化及其对中国经济的影响

现代经济发展的一个显著特征，就是经济联系日益密切，经济现代化与经济一体化相互交融、紧密联系在一起，伴随着科技革命的迅猛发展，经济科技一体化进程的加快，任何国家以及同一国家（特别是大国）不同区域经济社会的发展都无法游离于国际经济大循环的客观现实。以国际分工与合作为基础的现代化建设，更多地显现出市场一体化、生产专业化、贸易自由化、金融国际化的共同特征，世界经济的发展更多地表现出区域化发展。处在发展中国家的中国经济，在其现代化建设的进程中，必须加快推进经济的国际化合作与交流。随着2001年12月11日中国正式加入世界贸易组织，中国融入世界经济全球化的进程将进一步加快。20多年的改革开放，为中国经济的全球化发展奠定了雄厚的物质基础，增强了经济实力，提高了经济竞争能力，初步显示了中国开展多种形式的交流合作与竞争发展的能力与条件。

1.1.1 经济全球化及其表现

经济全球化最为权威并被普遍接受的定义是国际货币基金组织提出的"全球化是指跨国商品与服务交易及国际资本流动规模和形式的增加，以及技术的广泛迅速传播，使世界各国经济的相互依赖性增强"。这一定义不仅描述了全球化的过程和表现形式，还揭示了各国或地区之间在这个过程中而联结起来的越来越紧密的相互关系。经济全球化是经济微观活动的作用过程，是由各地区（区域）通过微观活动的主体行为来实现资源的跨地区配置，按照经济规律的要求开展经济活动，使生产要素及其产品、服务自由流动，区域间经济的相互依赖与相互联系更加紧密。经济全球化是生产力与生产关系运动规律的必然结果。由此我们可以将全球化经济概括出如下的特点：

第一，经济全球化是一个历史发展过程，是现代经济发展的必然趋势，而不是目标。任何国家与地区都不能无视全球化而阻碍本国经济的发展，但不能将其作为经济目标去追求，只能利用其来为本国经济发展服务。经济全球化是世界范围内各国与各地区经济整体的联系与融合，是以市场经济为基础实现生产要素的自由流动与社会经济资源的合理配置。

第二，经济全球化是全球市场经济化。西方发达国家的市场经济已有几百年的历史，发展中国家也有几十年的历史；特别是从上个世纪70年代以来，社会主义国家经济的市场化转型，印证了经济全球化本身与制度无关，与意识形态无关，其实质就是世界经济的全球市场化。

第三，经济全球化是市场经济体系的全球化。也就是说世界经济是在市场体系下运行的。由市场经济而产生的经济运行将会把世界经济的发展演变为市场化——区域集团化——全球化——一体化的发展轨迹。市场化更多地表现为一国内——区域内——全球范围内逐级演进，最终走向全球经济的一体化。全球化将成为世界经济的自然演化过程，一体化更多地体现的是全球化市场经济的制度安排，市场经济是经济全球化的基础与原动力。

第四，经济全球化必然会带来经济利益结构的调整。以市场经济为基础的全球化经济是一把"双刃剑"，对区域、国家的影响是双面的，关键在于其所处的位置，也就是"中心"与"外围"的关系。一般而言，处在中心地位的国家与区域，支配着世界的经济，对其有益且获利最多；而处在外围地位的国家或区域，是被支配的，受益最少。可见，发达国家或发达地区是最大的受益者，发展中国家或地区是较少受益者，而欠发达国家或地区是牺牲者。

自 20 世纪 70 年代以来，特别是人类进入 21 世纪的知识经济时代后，经济的全球化发展以锐不可挡之势，影响着世界经济与国别经济的发展与趋势。其主要表现是：世界性的社会分工替代着传统的国际分工；贸易自由化不论是其深度还是广度都不断加深与拓展；以直接投资与间接投资方式的国际资本流动在规模上与区域上都有所突破，尤其是直接投资也演化为资本流动的主要方式；金融的国际化进程明显加快；跨国公司迅速膨胀与发展，对全球经济的影响日益加深；经济制度和经济规则使得区域合作与协调不断加深。

1.1.2 经济全球化发展的原因及其矛盾

众所周知，经济全球化是生产社会化和经济国际化发展的新阶段，在这个发展过程中起决定作用的仍然是生产力，随着生产力的进一步提高，经济的国际化程度也在不断提高，达到一定高度时，经济也就进入了全球化时期。具体分析其原因应包括以下几个方面：

1. 市场经济是全球化的基础

冷战结束以后，无论是发达资本主义国家、发展中国家，还是转轨国家，都实行了市场经济，曾经妨碍经济合作与全球化的政治和体制障碍已经大大削弱，市场经济统一了世界，世界经济由此而更加统一与完整，参与其中的国家与地区，都在市场经济的规则下开展竞争、加强合作，全球经济的发展具有了统一的市场推动力。

2. 科技信息革命为经济全球化提供了强大的物质基础

回顾世界经济发展的历史，就可以清楚地看到，历次科技革命无不推动着社会生产力的发展，改善着人类经济生活与经济关系。20 世纪兴起的第三次科技革命，以量子论、相对论为理论基础，以微电子和计算机为主要标志，带来了新科技革命，出现了包括生物工程、激光通讯、空间技术、海洋开发以及新材料、新能源等新兴工业以及信息技术带来的网络经济的崛起,使得经济发展的生产效率明显改善,生产规模不断扩张,生产的社会化程度越来越高,产业结构与类别也发生着深刻的变化。凡此种种,不仅使各国的工业生产增长速度大大提高,而且进一步推动了国际分工,扩大了国际贸易,加速了国际资本的流动,进而加快了经济全球化的发展步伐。

3. 跨国公司的扩张与渗透是经济全球化的主要载体

二战结束后,跨国公司迅速崛起。经过几十年的发展,特别是最近20年的跨国并购与强强联合,跨国公司无论在数量上还是规模上都达到了相当的程度,为提高其国际竞争力,跨国公司实施了全球化经营战略,开展更高层次的竞争与合作。跨国公司控制着许多国家的经济活动,依靠其经济实力与技术优势,从事跨国界和跨地区的资源与要素的优化组合,极大地推动了分工、生产、资本、贸易、服务、技术和管理的全球化发展,使全球性的生产、交换、分配与消费进入了一个空前发展的阶段,成为全球化经济的主要载体。

4. 经济的集团化、区域化促进了经济的全球化

进入新世纪,世界经济区域化及集团化发展进一步得到加强,世界性与区域性的经济合作,不论在广度上还是深度上都进一步发展,世界上多数国家与地区都拥有多边贸易体制与区域集团的双重成员身份,这都无疑有效地推动着经济全球化的进程。特别是近年来兴起的"开放与地区主义",使集团化、区域化的发展出现新变化,区域集团之间的协调与合作正逐步替代相互间的竞争与对抗,成为全球经济发展的主流,极大地推动着经济全球化的发展。

随着国际贸易与国际间交往的拓展,要求消除阻碍交流与合作的贸易与非贸易壁垒,形成统一规范的国际贸易规则的呼声日

益高涨，适应国际经济合作与交流的国际组织应运而生，世界银行、国际货币基金组织、世界贸易组织共同成为推动全球贸易自由化、资本自由化、生产全球化、规则一体化的经济全球化的"三驾马车"，有效地保证了全球经济发展的统一市场的自由、公平、健康有序地发展，有效地解决了金融、投资、贸易与生产等全球性问题。

经济全球化是一场深刻的历史变革，它在加速全球范围内生产要素的自由流动和资源的有效配置，促进贸易自由化、生产一体化和金融国际化的进一步发展的同时，由于全球化进程是在发达资本主义国家的主导下进行的，不可避免地带有发达国家的印记与弊端，从而使世界经济的全球化面临着种种困难和矛盾。诸如"南北矛盾"、"南南矛盾"、"北北矛盾"，内容涉及诸如"劳工标准问题"、"电子商务问题"、"规则主导权问题"、"农业问题"等等。这些矛盾给世界经济的发展带来了许多问题，概括起来主要有：经济全球化使世界经济发展的南北差距不断扩大；经济全球化使世界经济发展中不稳定因素日益增多；经济全球化使贸易保护主义重新抬头；经济全球化使发展中国家、欠发达国家对发达国家的依附性增大；经济全球化使政府对经济可控性日益削弱，宏观调控困难。

1.1.3 经济全球化对中国经济的影响

2001年12月11日，中国正式成为世贸组织成员。加入WTO是中国经济发展的必然要求，也是世界经济发展的客观要求，经济全球化推进了中国经济的改革开放，中国经济成为世界经济的一部分；经济全球化也要求中国经济的发展必须遵循世界经济发展的规律，中国经济在开放一体化的条件下，必然遵循经济发展的客观规律，中国经济的发展离不开世界经济的发展。

在经济全球化趋势下，虽然处在转型时期的中国经济固然存在人口多、底子薄、资金短缺、技术力量薄弱、管理经验与整体经济实力尚不完善等缺点，但是面对变化中的世界经济格局，必须在自力更生的基础上，顺应经济发展规律的要求，通过发展开放型经济，充分利用国内国际资源与市场，成功地实施经济转型与经济增长。世界经济的全球化发展为中国经济的发展提供了机遇，同样也提出了挑战，应该说，在一定意义上讲，WTO的进入使得中国经济的发展具有了双重性的特征。从机遇方面看，一是加快了中国经济的贸易化程度与规模。入世使中国经济在成员国提供的多边、稳定及无条件的最惠国待遇的原则下进行国际贸易与合作，推动了中国在更多国际经济事务中的参与程度，使中国经济在参与国际竞争时有一个良好的平台与政策，有利于中国经济实施"走出去"的战略，最为直接的表现就是贸易额的扩大。二是更为有效地推动了中国经济的市场化进程。市场经济是全球化迅速发展的主要条件，经济的全球化就是世界经济的市场化，正是由于市场竞争逐利行为，才打破了经济的区域与疆界的地域分割；正是由于市场经济机理的作用，才使经济发展竞争的微观主体走向了联合与协作；也正是市场经济的基础作用，才使中国经济发展中的要素组合与资源配置更为合理与有效；在一定意义上说，正是市场经济的建立，才实现了中国经济的整体推进与全球化进程，应该说，中国经济的市场化道路是世界经济发展的必然。三是为中国经济发展提供了区域化超前发展的战略条件。要迎合世界经济的全球化发展，作为发展中国家，中国在经济全球化"双刃剑"的背景下，要扬长避短，必须实施超前发展的战略与板块轮动的战术，坚持物质经济与知识经济并举，自主研究开发与引进并举，国内市场开放与国际市场融合并举，区域经济的板块先行与整体推进并举，市场机制作用与政府宏观调控并举，科教兴国与产业兴国并举，使中国经济迎来一个发展高潮。用毛泽东曾经说过的一段话表述当代的中国经济就是"它是站在海岸遥望海中已经看得见桅杆尖头的一只航船，它是立于高山之巅看东方已见光芒四射喷薄欲出的一轮朝阳，它是躁动于母腹中的快要成熟了的一个婴儿。"①

中国入世，将进一步推进世界经济的发展。贸易额的扩大及开放的中国市场的巨大潜力，大大增强了中国对世界各国产品与服务的吸纳能力，将整体推动世界经济的增长，中国将成为世界经济发展的主要筹码。中国经济增长的高速度与其持久耐力，延缓了世界经济衰退的进程，亚洲的金融危机与美国的"9.11"恐怖事件都有力佐证了中国经济拉动世界经济的增长；中国经济创造的"深圳神话"与"长江三角洲的神奇"，无不体现出经济特别是区域经济增长的良好前景。如果说中国经济的发展离不开世界经济发展的话，那么当代的中国经济对世界经济的影响同样是不能忽视的。

毋庸置疑，在承认中国经济在全球化进程中受益的同时，也同样肩负着全球化经济的冲击。其表现在整体经济发展水平上，加剧了与发达国家的贫富差距，造成世界经济发展的不平衡，承受着有可能被边缘化的压力；表现在产业布局与企业结构上，使得越来越多的劳动密集型产业与资源密集型产业以及环境污染的企业转移到中国，造成资源的浪费与环境的破坏，抑制中国产业的高科技化进程，影响了企业效率与产业布局；表现在金融业发展方面，加大了诱发国内金融危机的风险，破坏原本脆弱的金融体系，开放带来了冲击，创新总是伴随着风险；表现在价值观念与文化模式上，造成遵循国际规则与价值观文化模式与传统固有的理念、价值、模式的冲突，阻止了世界经济文化发展的多元化与国别价值文化观的创造性；表现在经济整体上，出现了依赖性及依附性，国家经济乃至整体的安全受到冲击，有可能造成政局

---

① 毛泽东：《星星之火，可以燎原》。

的不稳与动荡。凡此表现，都会对发展中的中国经济带来冲击与影响，科学的态度应该是趋利避害、扬长避短、积极参与、沉着应对，审慎认识与参与经济全球化。

以上的分析说明，研究区域经济或者准确地说研究民族地区区域经济问题，是在经济全球化背景下进行的。换句话说，它是全球化经济发展中必须重视与研究的问题。

1.2 西部大开发区域经济战略的实施及对民族地区经济的影响

1999年9月22日十五届四中全会通过的"中共中央关于国有企业改革与发展的若干重大问题的决定"正式提出了"国家要实施西部大开发战略"，把实施西部大开发战略确定为中国经济21世纪发展的一项重大战略任务。2000年10月11日，十五届五中全会通过的"中共中央关于制定国民经济和社会发展第十个五年计划的建议"中，进一步明确提出：实施西部大开发战略，促进地区经济协调发展，力争用5~10年时间，使西部地区基础设施建设与生态环境建设有突破性进展，西部开发有一个良好开端。

1.2.1 西部大开发的理论背景及现实意义

学术界及国家政策划定西部包括西北的陕、甘、宁、青、新五省区，西南云、贵、川、藏、渝五省市区及广西、内蒙古两个自治区，这12个省、市、区经济社会发展水平较低，区域经济的特点与文化社会特点也十分相似。因此，国家在实施西部大开发战略时采取了10+2的模式，以地域位置为基础，又更多体现了经济发展水平与程度。实质上讲西部的区域划分几乎涵盖了绝大多数的民族地区。

　　西部大开发是在邓小平同志的"两个大局"的战略思想的基础上形成的。一个大局就是东部沿海地区要充分利用有利条件，加快对外开放，优先发展起来，中西部要顾全这个大局；另一个大局就是发展到一定时期，设想在20世纪末全国达到小康水平的时候，国家要拿出更多的力量加快中西部的发展，东部沿海地区要顾全这个大局。改革开放20多年来，东部沿海地区在珠江三角经济带、长江三角经济带及环渤海经济带的带动下，国民经济保持了较快的增速，综合国力显著增强，人民生活明显改善，基本实现了小康目标。国家已有能力集中力量来解决东西部发展差距问题。东部沿海地区凭借国家政策的支持与区位优势，经济发展水平明显加快，地区经济保持了较高的增长水平，已初步形成了自我发展的机制，具备了持续增长的能力。同时，通过其区域经济发展的带动与辐射，支持国家实施西部大开发的战略。特别需要强调的是，随着我国各项经济体制改革的逐步推进以及市场经济体制的确立，由市场自发力量导致的区域积累循环因果效应，使资金、技术、人才等生产要素的流动，从最初的落后地区向发达地区流动逐步形成了由发达地区向落后地区的回流，尽管在回流过程中更多地需要政府的调控与政策的支持，但市场经济的机制与运行为整体推动经济的发展起到了基础性的作用，在市场自发力与政府调控力的双重作用下，经济的差距会逐步缩小，中国的经济通过互动发展会迎来又一次新的成长。

　　实施西部大开发战略，加快中西部发展，有利于中国经济的协调发展，整体推动中国经济的成长，实现共同富裕的目标。我国地域辽阔，由于自然、历史、经济及社会等多方面的原因，各地区的发展极不平衡，尤其是东西部地区的差距在进一步拉大。发达国家的成功经验告诉我们，要缩小区域间的差距，一是由落后地区向发达地区移民，另一途径就是加快落后地区的经济发展。显然第一条途径是不现实的,因为我国广大的西部占据了国土面积的 60%,承载着近 3 亿人口的生存。从中国国情出发,要缩小东西部的差距,既不能搞剥高填低,抑制东部沿海地区的发展,也不能借大规模移民来加以解决,出路在于加快西部地区的开发,加快西部地区经济社会的全面发展。

实施西部大开发战略,是实现我国现代化建设的第三步战略目标的关键。幅员辽阔、人口众多的中国,单靠沿海地区的发展,很难真正实现现代化目标,更何况,要长期保持沿海地区的高速发展在理论上说不通,在实践中也行不通,经济的发展是有周期性特点的。而广大的西部又处在大江大河的上游,承载着中国经济可持续发展的资源与生态环境,从一定意义上讲,西部的发展不仅仅只是西部自身的事,而是关系到中国长期发展的前景,可以说没有西部的现代化,也就没有中国的现代化,这是关乎我国现代化建设第三步战略目标能否实现的一项全国性重大战略问题。

实施西部大开发战略,加快西部地区的发展,有利于维护民族团结、国家安全与社会稳定,是关系中华民族长治久安、保持发展的战略之举。我国是一个多民族的国家,广大的西部聚居着 50 多个少数民族,80% 的少数民族人口生活在西部;西部地区内陆边境线长达 2000 多公里,与 14 个国家毗邻接壤;历史上,这里曾经是发生内乱最多的地区,不稳定的因素很多,国外敌对势力对这些地区虎视眈眈。同时,从根本上讲,要维护边境地区的安全和稳定,关键在于兴边富民,加快边境地区经济的发展,形成凝聚力和向心力。由于自然与历史的原因,西部地区一直是经济落后地区,贫困人口较多,经济基础薄弱,而经济问题又往往与民族问题、边境问题、社会问题、政治问题联系在一起,错综复杂,相互交织。要解决上述一系列问题与矛盾,关键在于加快这些地区的社会经济发展,逐步缩小差距。

1.2.2 西部开发的总体思路与重点

1. 西部开发所面临的问题与困难

由于历史、自然、经济和社会等多方面原因，在西部地区的发展中，还存在不少困难与问题。主要有：一是经济综合实力较低。据统计，1999年我国西部地区人均GDP仅有4283.3元，相当于全国平均水平的60.7%，东部地区的42.5%；城镇居民可支配收入为5260.54元，只相当于全国平均水平的89.7%；农村居民人均收入为1673.11元，只相当于全国平均水平的72%，而云、贵、藏、甘、青均达不到全国平均水平的65%[1]。二是企业经济效益较差。据统计，1999年全国共有6个地区国有及规模以上的非国有企业出现全行业净亏损，其中5个地区集中在西部；除云南与西藏外，西部地区工业成本费用利润都低于全国平均水平，而资产负债率却高于全国平均水平；工业每百元资产实现利润只有0.46元，只相当于全国平均水平2.41元的19.1%。西部地区有廉价的劳动力，但劳动力资源的效率却很低，劳动者的收入也低，工业企业的产品市场竞争力差，市场份额在逐步缩小。三是工业化与城市化水平偏低。我国东部农业在国民生产总值的比重一般低于30%，非农业比重占70%；而西部地区农业比重一般都在50%，不少地区是农业大省、工业弱省、财政穷省。东部地区平均1万平方公里有约2个城镇，而西部地区4万平方公里才有一个城镇，城镇的密度只有东部的1/8。东部地区非农业产值已占农村社会总产值的80%左右，农业产值仅占20%；而西部地区的非农业产值仅占20%左右，农业产值却占到80%[2]。四是投资环境较差，外资贡献率很低。利用外资规模

---

[1] 资料来源：根据《中国统计年鉴》2000年资料整理。
[2] 根据《中国统计年鉴》相关资料整理。

呈现东高西低的特征。有关资料显示，1990—2001年东部沿海地区平均利用外资规模占全国的85%，而中西部地区合计不到15%，而西藏几乎无外商直接投资，青海、宁夏仅为0.01%、0.13%，甘、新、贵、蒙在0.2%以下。[①] 外资贡献率也呈东高西低的特征，其对地区经济的拉动效应而形成的贡献，东部是西部地区的7倍多，2001年外资贡献率全国水平是10.5%，东部是15.2%，而西部只有1.99%。不仅如此，投资的回报率也较低，有关资料显示，1995—1999年投资效率全国平均水平为1.275元，其中国内投资效率1.254元，FDI投资效率1.386元，东部为1.366，其中国内投资效率1.335元，FDI投资效率1.517元；西部为1.133元，其中国内投资为1.123元，FDI投资效率1.174元[②]。投资环境尚不完善，既有观念上的问题，也有政策等软环境及交通运输等硬件的限制。五是科技创新与制度创新能力十分低下。这些问题严重制约着西部经济的发展。

2. 西部开发的思路及重点

面对开发中的问题，西部开发的总体思路是分阶段、分步骤整体推动西部经济的增长，强化生态环境建设开发与经济的可持续发展。总体上分为三个时期：即基础建设时期，重点是实现投资环境建设，扩大基础设施与基础产业的投资，使其经济增长速度逐步接近全国平均水平，遏制与东部差距扩大的趋势；赶超建设时期，重点发展支柱产业与龙头企业，带动该地区的增长水平，使增长速度超过全国平均水平，确保人均GDP和居民收入相对水平的整体提高；快速发展时期，经过前两个阶段的积累，使西部地区的增长速度在整体上超过东部地区，逐步缩小东西部差距。

---

① ② 引自《2003年中国区域经济发展报告》，上海财经大学出版社2004年版。

西部开放中的战略重点：一是加快基础设施建设，改善投资环境；二是把生态建设与环境保护放在突出位置，注重发展的可持续性与统筹性；三是调整优化产业结构，提高企业核心竞争能力，推进工业化进程；四是减少制度性障碍，提高生产要素的流动性；五是加快城镇化建设步伐，缩小城乡居民收入的差距；六是实施农业产业化，提高农业生产率；七是合理布局与调整经济结构。

1.2.3 西部开发与民族地区经济发展

我国的少数民族主要聚集在西部，西部12个省市区中，有5个是民族自治区，3个按自治区对待的多民族省，四川有三州三县，甘肃有两州七县的民族自治地方，重庆有4个自治县，就是唯一没有民族自治地方的陕西省，却是少数民族往来的主要地区。相对少数民族较少的陕西与重庆，不仅是西部进出中原的北南两个门户，而且是民族分布的过渡带。现在的西部，90%以上的地方是民族自治地方，20%左右的人口是少数民族；而另一方面，民族自治地方98%以上的面积，95%以上的县以及80%以上的少数民族人口，都纳入到西部大开放的范围，或者说是享受着西部开发的政策与措施。

从地理区位来看，民族地区处于我国大陆的（大地势）一、二级台阶，从三面环抱神州大地，是我国的生态屏障。民族地区又大多是江河之源，资源众多，特别是关乎国计民生的战略资源都分布在民族地区。一定意义上我们可以把西部与民族地区在地理区位上等同对待。

从区域经济与民族经济发展的特点看，区域经济研究中的西部经济与民族经济的发展特点是极其相似的。从我国区域经济发展的现状看，东部地区市场经济体制相对完善，资金、技术与管理经验等富有优势，产业布局及产业结构相对合理，工业的附加值高，企业的效益良好；而西部地区虽蕴有丰富的自然资源，但基础设施落后，资金、技术缺乏，资源的利用效率偏低，加之单一资源型产业结构，致使其产品附加值低，企业的效率不高，开发的成本与代价过高，从而形成东西部的发展差距。同时受到制度、环境、历史及人文观的限制，西部的发展明显落后，东西部的差距有逐渐扩大的趋势。

再看民族经济的发展状况及特点，主要表现是：幅员辽阔，资源丰富，但开发难度大，资源优势不能有效地转化为经济优势；沿边疆界长，但开放程度不高，对外交往少；产业布局单一趋同，结构不尽合理，经济发展极不平衡且水平偏低；资金、技术、人才严重匮乏，且流失严重，产品优势难以较快地转化为市场优势，市场优势更难转化为效益优势，发展滞后，市场化程度低是其主要特征。这种经济特点与西部地区的经济特征十分相近。

民族地区经济从总体上说，也属于区域经济范围，正如于光远先生所论述的，少数民族地区经济是从"地区"的角度来研究少数民族经济问题，它属于"地区经济"的范畴。民族地区经济的发展虽不等于少数民族经济发展，但少数民族经济的发展则必须依赖民族地区经济的发展。不可否认，我们在承认民族地区经济的区域经济共性的同时，也有必要探究由于"民族"因素所致的民族经济的特性。就是要研究区域经济中的民族侧重，即具有民族个性的微观经济基础，使其有少数民族经济的内涵；就是要研究在民族自治的政治制度的架构下的社会经济发展的一定特性，作为前者更应关注特定区域中的民族文化背景、经济行为及其发展，作为后者更加关注区域经济发展中的民族利益与民族政策。

以上的分析，我们可以看出，实施西部大开发战略与发展民族地区经济之间的天然联系，正如朱镕基总理在中央民族工作会议上强调的，实施西部大开发战略，就是要加快少数民族与民族地区的发展。西部大开发给民族经济的发展创造了机遇，机不可失，时不再来。

1.3 民族地区区域经济研究的现状

1.3.1 民族地区区域经济研究的主要观点评析

诚如上面所论述的，民族地区区域经济研究，主要研究区域经济发展的共性问题，但也不能忽视民族地区经济的特性。理论界对此尚存在争论。一种代表性的观点认为，民族地区经济涉及的民族科学与以民族为研究对象的民族科学相关联，研究民族这一族体的经济生活，包括微观领域，也包括宏观领域。民族经济学事实上被列为民族学的二级学科，同为二级学科的民族学与民族经济学，都涉及民族行为主体。民族经济学是民族学研究在经济生活方面的纵深，民族学是以民族为研究对象，研究民族发展的各个方面，经济生活只是其中的一部分，而这一部分正是民族经济研究的整体，民族经济学对经济生活的研究比民族学研究更深入、更具体、更全面。因此它属于民族学的研究范畴，也与民族理论研究存在密切联系，认为该学科在创立之始，就以马克思主义民族理论的基础为理论依据，甚至认为，其指导使学科发展成为一门真正独立的学科[①]。民族理论研究由于带有很强的针对性与政治倾向，虽然其要求民族经济学研究与此保持政治上的一致性，但其研究是无法涵盖或替代民族经济学的研究的。民族理论是揭示民族与民族问题的一般原则、途径与方法的理论，同时又是关于民族人口、语言、社会、政治、经济、文化、教育、历

[①] 施正一：《民族经济学教程》，中央民族大学出版社 1997 年版。

史等过程和有关民族法律、伦理、心理、宗教、传统等方面的一般理论概括。尽管经济问题是民族问题的一个重要内容，但也只是民族问题存在的内容与原因之一。解决民族问题不只是解决民族经济问题，正因为如此，民族理论的研究不可能专注于民族经济问题，这是民族理论研究的不足或是缺乏深度的表现，而这恰恰是民族经济研究之长之重点。同时，民族地区经济研究与其他民族学科也存在联系，如民族历史、语言、文化艺术等都从不同角度反映经济生活的内容。

另一种观点是民族经济研究与经济科学的关联。认为经济学是一个庞大的家族，民族经济学是其中的一成员，虽然目前学科分类把其列为民族学的二级学科，授受的是法学学位，但从学科的具体理论实践过程看，应是经济学的分支，其研究的主要内容仍是经济问题，不能把民族经济与经济民族等同起来，民族经济学不同于经济民族学，在根基上，民族经济学立足于经济研究，而经济民族学立足于民族研究，二者有交叉之处，其交叉点就是出发点与终结点的互换①。经济学的一般规律同样适应于民族地区经济，而且，马克思主义政治经济学的基本原理一直被奉为其理论基础。因此，无论经济学的一般原理还是具有政治倾向的研究，都适应于民族地区经济研究，二者的关系是抽象与具体、一般与特殊、基础与应用的关系。经济学为民族经济研究提供理论工具、分析架构及学术规范，而民族经济学则使经济学的研究更具体化，体现经济行为的民族个性和经济发展的民族特点。

再一种观点认为，民族地区经济学既是经济科学的分支，也是民族科学的分支，称其为经济人类学。赫斯科维茨（Herskovits）1940年发表的《原始人的经济生活》（1952年第二版更名为《经济人类学：比较经济研究》）开始了经济人类学的

---

① 龙远蔚等：《中国少数民族经济研究导论》，民族出版社2004年版。

传播。1971年经济人类学会的建立，标志着经济人类学作为一门新学科或人类学的一个重要分支学科的时代的开始。经济人类学通常采用实证的、描述的、微观的经济学方法。人类学实地考察的传统，也被经济人类学所继承。经济人类学迄今为止仍是一个庞杂的领域，从经济人类学的"实体主义者"（制度主义者）与"形式主义者"（新古典主义者）之争，到新马克思主义经济人类学的参与，各流派之争一直没有停歇过，此外被提及的流派还有经济民族史及功能主义经济人类学[①]。日本的经济人类学家栗本慎一郎认为，经济民族史及功能主义流派的先驱追溯到20世纪20年代创立文化人类学的马林诺斯基，马氏1922年出版的《西太平洋的远航者》对美拉尼西亚西部特罗布里恩德群岛民族的描写，可以说是民族史中的经济论，即所谓的"经济民族史"，是从人类学的角度考察原始人的经济活动；新马克思主义流派试图进一步深入到被压迫民族的社会结构中去揭示支配与被支配关系的深层系统；形式主义则把新古典经济学理论应用于原始经济与小农经济分析。栗本慎一郎作为波朗尼学派的推崇者，认为波朗尼的经济人类学通过把文化的整体性变成科学，开辟了一个本原意义上的比较视域，以揭示经济活动和各种制度的本原为目的，再现出那个基于本原含义的经济的历史面貌；认为交换和货币的本质是由人类社会的原始性所启动的行为，从深层的动因把握了经济制度的起源。这种追本溯源、强调经济制度的实体因素、从具体行为的价值标准出发分析探究的方式，是经济人类学的实体主义所研究的内容。

  这里我们不探究经济人类学的学术流派观点，但这种纷争的学术观点，一方面反映了经济人类学研究的繁荣，另一方面也说明学科研究的内容及方法是比较宽泛的，极具发展空间，正因如

[①] 栗本慎一郎著，王名等译：《经济人类学》，商务印书馆1997年版。

此，在民族经济地区的研究中，有人把经济人类学的理论、方法引入到民族区域经济的研究中。

民族经济的研究与经济人类学从学术渊源上是无相关的，因为在民族经济的研究上，基本上是有特指的研究领域与范围，其不论从内容上还是方法上都具有较强的针对性与独立性。其理论直接着眼于民族地区经济发展与少数民族发展问题。学科的领导者们所追溯的理论渊源或援引的工具是马克思主义民族学和经济学理论。这种理论渊源的追溯和理论工具的援引方式，主要是中国的意识形态现状使然。但这不等于经济人类学与民族经济学之间不存在学科关联。实际上，随着社会间的开放交流，经济人类学与民族经济学的联系、交流已不可避免。有些学者也正努力了解经济人类学的理论和方法，并与民族经济研究加以比较。一些学者甚至把经济人类学理论作为民族经济学理论的基质，把前者视为后者的理论源头[1]。不管这种观点能否成立，学科理论的先行者——经济人类学关于人类社会行为的基础和动因的考察，透过经济现象探究民族文化背景的方法，都是可供民族经济研究借鉴的。在栗本慎一郎撰写的《经济人类学》中，还提到1955年博汉南发表的《提夫人的交换投资原理》是一篇探讨《民族经济学》的重要论文。这也表明了学科研究领域的相近之处。

但是联系替代不了本质的区别，民族地区经济研究与经济人类学具体研究对象与任务不同自不消说，就其学科的理论本质而言，也是存在着较大差异的。经济人类学是立足于对经济生活人类特征及其历史的考察，运用的是人类学的研究方法，是文化人类学的核心内容；而民族地区经济研究则立足于对民族经济及经济发展问题的经济分析上，运用的是经济学的研究方法。为进一步比较与认识各派观点，有必要对民族地区经济研究的方法与已

---

[1] 陈庆德：《民族经济学》，云南人民出版社1994年版。

有成果的研究内容作一简要分析与概括。

1. 研究方法

由于对民族经济研究的学科定位的分歧,其研究方法也显得庞杂,既包括民族学的研究方法,也运用了经济学的研究方法。已有成果的方法概括起来有:唯物辩证法、实地调查法、科学抽象法、历史叙述法、利益分析法及现代科学手段。形成了一个方法群(体系),概括起来主要是三个层次的方法。第一层次,唯物主义的自然观与历史观的认识论方法,物质决定意识,从民族经济的现状、特点出发研究生产关系、生产方式及社会经济结构,从而研究民族经济的发展问题,在此前提下研究民族行为、规则问题。用辩证观、整体观、历史观与发展观来研究民族经济问题。第二层次,实证分析与规范分析的基本方法,主要研究民族经济发展中的"是什么"、"为什么"、"应该是什么"的问题,以实证分析为基础,以规范分析为归宿。第三层次,个体与整体、共性与特性、归纳与演绎相结合的具体分析方法。既研究民族经济发展中的普遍性、整体性、规范性问题,也研究民族经济发展中的特质性、个体性、具体性问题。

2. 研究内容

第一,从民族发展来研究民族文化、民族关系、民族宗教、民族风俗习惯问题,并重点研究民族经济的发展问题及运行机制和规律。

第二,从区域经济的视角来研究民族经济发展问题。譬如民族自治地方经济、不发达地区经济,以及回族经济、藏族经济、蒙古族经济等,还包括牧区经济、流域经济等和乡村经济、县城经济、城镇经济。

第三,从产业经济学的视角来研究部门经济与行业发展乃至于企业。

第四,研究宏观经济及经济改革等。

以上学科定位、研究方法、研究内容的比较分析，笔者明确持有的观点是：民族地区经济研究从学科分类上从属于经济学学科，是经济学科中应用经济学的二级学科中的区域经济研究领域，它是以研究民族地区经济发展为主题的，属于发展经济学的研究内容，发展经济学的概念、理论工具与研究方法为其所用，民族地区经济的研究丰富了发展经济学的研究内容，为发展经济学提供了新的经济发展理论蓝本。当然相关经济学理论工具与方法亦值得借鉴。因此，在本研究中有必要深入探讨并回答"为什么是区域经济学研究内容"及"发展经济学有哪些主要理论"两个问题。

民族经济研究的现状主要侧重于民族地区经济研究，显然它与区域经济学是有深厚渊源的。区域经济是关于资源空间资源配置结构的经济学，研究资源配置的区位、布局、规模、成本、效益等问题，是从空间的角度研究资源配置的合理性效率。而民族经济学的研究在于研究民族地区经济发展中的空间结构问题。民族地区的经济研究无论从其经济运行的微观基础，还是从其经济发展的空间形态，都要涉及到具体的产业形式与内容。涉及的产业问题的研究自然离不开部门经济学的专门研究，各部门经济学专门研究各自领域的资源配置的方式、结构、效率等问题，总结与分析各自领域中的经济运行与资源配置的规律与经验，它们对空间因素的研究一般都抽象化了，突出部门研究的规律与特性。而民族地区经济作为一个整体，都会涉及到许多经济部门与领域，或者说民族地区各部门经济的内容就构成了民族经济这个整体，由于民族地区资源结构以及相关产业成长与发展的局限，表现在部门资源配置乃至于部门经济的运行上，更深地打上了民族地区的烙印，因此说，民族地区经济与各部门经济之间的关系既反映了民族地区的特点，同时，也随着民族地区经济的生活方式的变化、产业结构的演进而发生变化与调整。而这一系列问题的研究更具有区域特色。应该说区域经济的研究在我国也经历了数次的量变与质变,不同时期、不同区域、不同战略都会丰富与发展区域经济的研究内容。民族地区经济是区域经济研究的一项重要内容。传统的区域经济更多地体现了经济地理的核心内容,对区域经济的发展演进历史作扼要分析是十分必要的。

1.3.2 我国区域经济发展理论与实践

最早将西方区域经济理论与中国区域经济发展实践相结合的人,是伟大的先行者孙中山先生。中山先生认为,面对资本主义国家经济生活中出现的地区及产业结构矛盾,要使中国经济发展,必须先发展实业,并优先发展带动经济全局的主导产业与部门,以沿海带动内地,逐步改变中国经济不平衡格局。其战略构想是:以三大港口为中心,以沿海地区为主轴,依托三大江河及五大系统,把全国分为东西条状型的北、中、南三大经济发展区,依托自然的地理优势,形成渤海湾、上海、广州为中心的辐射西北、东北地带、东部及中部地带、东南及西南地带的黄河水系、长江水系、珠江水系的区域经济大动脉。各经济地带发挥其区域资源优势,因地制宜地发展地方经济。并遵循"必选最有利之途,以利外资;必应国民之最需要;必期抵抗之至少;必择地位之适宜"的区域开发原则。同时,中山先生也关注到了区域经济发展差距及城市化区域发展等问题。

1. 改革开放前区域经济理论

中华人民共和国成立后,经济学界在区域经济理论的研究方面首先借鉴了前苏联生产力布局的基本思想,引进了均衡生产力布局及地区经济综合生产力理论,形成了中国生产力布局学,并以此来指导中国区域经济发展的实践。改革开放前,我国的经济学家在学习与引进苏联理论的基础上,提出了均衡配置生产力的理论与原则。主要包括以下几个方面的内容:第一,以内地作为工业化的重点,全国各地的经济与文化同时发展,从而使各地生产趋于平衡,亦即均衡配置生产力。第二,尽量使生产接近原材料地、燃料地及消费区,减少不必要的运输成本。第三,加快落后地区的发展,消除地区间的不平等与城乡差距。第四,实行各经济区域的地区分工并综合发展各地区经济。第五,加强国家的国防力量,工业布局必须符合国防安全的需要,并把国防工业建设在较为安全的地区,不过分集中与分散。第六,加强社会主义国家阵营之间的国际分工等[1]。改革开放以来,中国的区域经济理论在引进西方区域经济发展理论的同时,结合中国改革开放的具体实践,形成了不同阶段特征各异的区域经济发展观点、模式及理论。

2. 区域经济理论的引进与中国区域经济的发展

区域经济发展理论主要是在 20 世纪 50—70 年代逐步形成并发展起来的,随着各国区域经济问题的出现,区域经济理论开始注重研究区域经济增长、区域经济发展与区域政策及区域经济趋同、趋异等问题。其主要理论有:

(1) 罗森斯坦—罗丹的大推动理论

该理论主要针对发展中国家各行业相对落后的现实,要求国家在投资方向上,要同时面对众多产业并保持一定的规模与速度,进而打破其发展瓶颈的经济发展理论。包括三个方面:第一,生产函数的不可分性。投入产出过程的不可分性能够产生递增收益与外部性,并有利于降低资本产出效率,特别是具有典型外部经济效益的基础设施建设。具有公共性质的行业是发展中国家经济发展的主要瓶颈,其资本形成要求一定的规模基础,只有通过一定规模的持续投资才能保证这种外部经济的产生。第二,生产需求的不可分割性。经济发展需要众多产业的共同增长,而

---

[1] 刘再兴主编:《区域经济理论与方法》,中国物价出版社 1996 年版。

不是单个部门、行业或区域的发展，而正是众多相互关联产业的共同发展，才为需求提供了稳定性。不同的行业、产业之间彼此提供产品及市场，突破市场瓶颈，形成了经济空间的外部经济效果。这就要求不同行业的共同发展及其在空间布局中都应具有一定的规模，大规模可以增加各行业投资，有利于经济的长期发展。第三，储蓄供给的不可分性。发展中国家由于收入水平较低，引致了较低的储蓄能力，资本形成的基础比较薄弱，即使投资需求旺盛，也没有足够的储蓄转化为投资，只能形成贫穷恶性循环。而打破储蓄与资本之间瓶颈的唯一办法，就是通过增加投资，促进居民收入的增长，同时使边际储蓄率高于平均储蓄率，进而打通储蓄与资本之间的通道，促进经济的全面发展。

(2) 平衡增长理论

纳克斯从其贫困恶性循环理论出发，指出不发达国家或地区需求与供给两个恶性循环的主要原因，在于不发达国家或地区的资本形成这一约束条件，认为影响资本形成的主要因素是投资预期的市场有效需求，有效需求不足则投资预期水平降低，从而影响到投资需求。因此，纳克斯认为，只要平衡地增加生产，同时进行全行业的投资，就会出现投资需求扩大，进而营造出良好的投资氛围。政府部门则必须对资本品与消费品之间的比例、创造投资环境及氛围、消除制度障碍等方面做出有力的选择，政府应该是一个强政府。当然，纳克斯等人也认为，即使没有政府强有利的战略控制，只要市场充分，私人企业的自发行为也会促使经济的平衡增长。可见，平衡增长理论的基础是古典经济增长理论。该理论认为，区域经济增长取决于资本、劳动力、技术三个基本要素，在自由市场竞争条件下，劳动力从工资收入低的区域流向收入高的地区，而资本则从边际收益低的地区流向边际收益高的地区，要素的流动最终使要素收入及区域经济增长趋同。区域均衡增长理论强调区域之间及区域内部的均衡增长，使生产力布局趋于平衡、产业均衡、布局均衡，促进各地区的经济发展。

(3) 循环累积的因果关系理论

1944年，瑞典著名经济学家缪尔达首次提出了循环累积的因果关系原理，描绘出了一个动态的社会经济过程。社会经济的各种因素相互关联、相互影响、互为因果。对于区域经济发展，缪尔达认为，市场的力量会倾向于扩大区域差异而不是缩小区域差异，由于规模经济与聚集经济的存在，发达区域会因市场的自发力量而越发强大，从而形成持续的、累积的加速增长。也就是说，经济发展过程在空间上并不是同时发生及均匀扩散的，而是从一些条件较好的地区开始，当然也并不排除偶然因素或历史事件所产生的地区经济增长累积过程。这些地区由于初始的发展优势而获得超前发展，在既得优势的基础上，区域经济通过其自身的循环累积过程使这一优势得到加强，从而加剧了区域之间的不平衡。迅速增长的地区通过回流效应与扩散效应对周边区域的经济产生影响。回流效应使得资本、劳动力、技术等生产要素从不发达地区向发达地区流动，从而导致区域差距的扩大；而扩散效应则使资本、劳动技术等生产要素从发达地区向不发达地区扩散，从而将地区差异缩小。市场机制的作用，特别是在经济发展的初期阶段，回流效应要大于扩散效应，最终的结果便是区域经济差距不断扩大，发达区域越发达，落后区域越落后。因此，不发达国家或地区在经济发展的初期阶段，政府的区域政策应优先发展那些经济基础条件较好的地区，以效率为目标获得较高的投资回报及较快的经济增长速度，并通过扩散效应带动其他地区的发展。当经济发展到一定水平时，政府要防止由于循环累积的因果关系而导致的区域差距过大的状况，应通过一系列对落后地区的特殊政策而促进落后地区的发展，进而缩小区域经济差距。

(4) 不平衡增长理论

著名发展经济学家赫希曼在其"经济发展战略"著作中，从稀缺资源角度系统地论述了区域经济不平衡增长的理论。他认为，资本作为不发达国家或地区的主要稀缺资源，如果要实现全行业及各区域的经济增长，则无法突破资本的约束，所以，经济发展只能通过从一种不平衡达到新的不平衡的方式进行，经济进步不可能同时出现在每一处，经济进步巨大的推动力将使经济增长围绕在其初始空间集中进行，增长极的出现必然因外部效应等因素而使区域之间的经济增长不平等。赫希曼在考察了各种不平衡发展的效率后，还提出了与缪尔达尔回流效应及扩散效应相对应的极化效应与涓滴效应，致使区域经济差距扩大，但随着涓滴效应的逐步显现，区域差距可能会逐步缩小。

(5) 增长极理论

增长极理论最早由法国著名经济学家佩鲁于20世纪50年代提出，随后被应用于各国经济发展的实践中，60年代达到高潮。该理论认为，经济增长并非同时出现在各个地方或部门，而是首先集中在某一些具有创新能力的行业或部门，或者说，增长总是被极化，也即首先出现在某些增长极或新的增长点上。作为推动性的经济单位通过前向与后向效应推动整个经济的增长，增长极常常但并不总是发生在大的城市中心。当然，随着原有增长极推动性功能的衰竭，新的增长极或推动性经济部门会在新的行业或新的空间中产生，因此，人们将增长极概念概括为具有空间聚集特点的增长中的推动性产业或行业的集合体。当然，增长极的形成应具有一定的历史条件、技术与资源优势基础。具有创新能力及较好制度环境的地区，以及具有一定自然资源、地理优势的地区，往往能够成为增长极的中心，它通过支配效应、乘数效应或者关联效应以及极化与扩散效应带动整个经济增长。

(6) 中心——外围理论

1966年，美国区域经济与区域规划专家弗里德曼，根据罗斯托的经济发展阶段理论，以区域经济发展不平衡理论为基点，在其专著《区域发展政策》中提出了区域经济发展过程中的中心——外围模式。他认为,在区域不平衡发展长期趋势的基础上,可以将经济布局的空间结构划分为两个系统:中心与外围两部分,两者共同构成了一个完整的空间二元结构。中心地区由于发展条件优越或历史偶然事件的影响,经济效益较高,处于经济发展中的主导地位或支配地位,外围地区则因条件及资源劣势等原因,而处于经济发展的从属地位或者说被支配的地位。处于支配地位的中心地区由于市场机制的作用而产生外部生产要素的净转移,累积优势及迅速的经济增长过程开始,二元经济结构非常突出,甚至表现为单核结构。随着经济进入起飞阶段,单核结构有可能被多核结构所取代,即当经济进入持续增长阶段时,政府为消除因经济增长差距过大而导致的地区差异,必然采取一定的区域政策来促使外围落后地区的发展,从而使中心——外围模式逐步消失,以实现全空间内的经济一体化,各区域经济获得迅速发展,区域差距逐步消除。弗里德曼根据工业产值在国民生产总值中所占的比重不同,而将空间经济一体化的过程分为前工业阶段、过渡阶段、工业阶段、后工业阶段四个阶段。在第一阶段,由于经济相对落后,社会化分工及商品生产与贸易都不发达,区域间不平等并不显著,区域经济的空间特征是存在多个缺乏等级体系的地方性中心。在第二个阶段,由于外部力量而使得原有多中心的均衡状态被打破,区域经济的空间结构表现为一个强有力的中心地区,中心地区凭借其力量维系着对周边地区的吸引力,吸引外资、劳动力等生产要素的净流入,一个强有力的单核式的中心——外围地区空间二元结构形成。第三个阶段,随着各地区经济的发展,一个单中心的空间结构逐渐为多中心的空间经济结构所取代,次级中心开始出现,城市体系逐步完善,综合工业体系逐步形成,区域间的差距出现缩小的趋势。在第四个阶段,大城市间的周边地区逐渐被吸纳到各大城市的经济体系中去,逐步形成功能一体化的空间结构体系，功能上相互依赖的城市等级结构体系也即形成。

(7) 区域经济梯度转移理论

区域经济梯度转移理论的基础是哈佛大学的弗农等人提出的工业生产生命循环阶段理论，该理论认为工业各部门及各种工业品都处于生命周期的不同发展阶段，而每个部门或产品必将经历创新、发展、成熟、衰退等四个阶段。区域经济学家将这一理论引入到区域经济学中，便产生了区域经济发展梯度转移理论。该理论认为，区域经济的发展取决于其产业结构的状况，而产业结构的状况又取决于该地区的经济部门，特别是其主导产业在工业生命周期中所处的阶段。如果其主导部门由创新占主体的专业部门构成，则说明该区域具有发展潜力，因此将该区域列入高梯度区域。也即说明该力量以创新作为决定区域经济发展梯度层次的决定性因素，而创新活动大都集中于经济最发达地区的大城市。随着时间的推移及生命周期阶段的变化，生产活动逐渐从高梯度地区向低梯度地区转移，这种梯度转移的过程，主要是通过多层次的城市系统扩展开来，创新在空间的扩展有局部范围与全面扩展两种方式。梯度转移之所以成为必要与可能，主要是由于市场的扩大及由此所产生的生产规模扩大、生产成本的节约等因素，从而使下一梯度的具有某些比较优势的城市或地区有可能成为该部门或产品的最大生产基地，而取代原来最高梯度的创新发源地，进而实现技术与产品生产的梯度转移。当然，由于地区接受能力等方面的差异，致使梯度转移只能顺次而行。

此外，为解释区域经济之间的差距，威廉姆森还提出了倒 U 理论，埃及经济学家阿明根据中心——外围理论提出的依附论，拉丁美洲经济学家普雷维什提出的经济发展阶段理论等。

国外区域经济理论的学习和引进，极大地丰富了我国区域经济发展理论的内容，面对改革开放的巨大创新实践，理论界研究区域经济问题,出现了空前繁荣。而居理论研究主导地位及实践中实施的区域经济发展理论是梯度发展与反梯度发展理论之争与非均衡发展战略。

①梯度发展与反梯度发展之争

在我国,按照地区经济发展的水平,可分为东部、中部、西部三大经济地带,客观地存在经济技术梯度。中、西部虽然资源丰富,但技术、资金、人才等方面相对较弱,大多数地区的技术水平甚至还处于传统阶段,而东部地区及中部部分地区相对来说具有较先进的技术与资本基础,这就决定了我国经济发展的空间规律应该自东向西逐步转移。

梯度转移理论与梯度转移发展战略的提出在学术界引起了激烈的争论,当然,中西部的经济学者及地方政府对此也提出了反对意见及响应的"反梯度理论"以及反梯度的区域经济发展战略。其理论基础是:现代科技转移的方向一般是向贸易比较发达的地区或区域转移;向人力资源比较丰富、技术水平也较高的地区或区域转移;向资源基础非常丰富的地区或区域转移。既然中西部地区具有丰富的自然资源,那么,该地区就可以利用资源优势直接吸收国内外的资本、技术、人才,而不必要非得接受第一或第二梯度的技术转移,完全可以通过蛙跳式的反梯度发展模式促进中西部地区的经济发展。

②邓小平非均衡发展思想及其实践

1978年12月,邓小平在中央工作会议上首次提出了非均衡发展的区域经济思想。就是让一部分人、一部分地区先富起来、先发展起来,先富起来的人带动后富的人,先发展地区带动后发展的地区,达到共同富裕与共同发展。1984年,邓小平视察了深圳、珠海、厦门、汕头经济特区后,更进一步坚定了优先发展沿海地区的思想。在此基础上,对沿海与内地的发展关系,提出了"两个大局"的思想,核心思想是内地需要顾全优先发展沿海这个大局；当沿海地区发展到一定阶段后，要帮助内地发展，沿海要服从这个大局。1992年，邓小平南巡，发表了著名的南巡讲话，南巡讲话科学地将我国区域经济梯度发展的思想进行了高度的理论概括，即"走社会主义道路，就要逐步实现共同富裕。一部分有条件的地区先发展起来，一部分地区发展慢点，先发展起来的地区带动后发展的地区，最终达到共同富裕。如果富的愈来愈富，穷的愈来愈穷，两极分化就会产生，而社会主义制度就应该而且能够避免两极分化，解决的办法之一，就是先富起来的地区多交点利税，支持贫困地区的发展，当然，太早这样办也不行，现在不能削弱发达地区的活力，也不能鼓励吃'大锅饭'。"他拟订的具体阶段和办法是："可以设想，在本世纪末达到小康水平的时候，就要突出地提出和解决这个问题。到那个时候，发达地区要继续发展，并通过多交利税和技术转让等方式大力支持不发达地区。不发达地区又大都是拥有丰富资源的地区，发展的潜力是很大的。总之，就全国范围来说，我们一定能够顺利解决沿海同内地贫富差距的问题。"以邓小平为代表的第二代领导集体客观审视了我国经济发展所面临的形势，提出了区域经济非均衡发展的指导思想，实施先发展东部沿海地区的战略方法，实质上解决了梯度发展与反梯度发展的理论之争，开始把发展重心东移。中央首先对广东、福建两省采取倾斜政策，1980年先后创办了深圳、珠海、汕头、厦门4个经济特区，1984年进一步开放沿海大连、天津、上海、湛江等14个城市，1985年开放长江三角洲、珠江三角洲与闽江三角地带，随后又增加了山东半岛与辽东半岛，1988年建立了海南经济特区，1990年中央又决定开发开放上海浦东，逐步形成了以东部沿海地区为主的对外开放格局。与区域布局政策相对应，国家在投资方面也向东部倾斜，国家在东部地区的投资比重发生了重大变化，"六五"期间，东、中、西部基本建设投资总额分别占全国的47.7%、29.3%、

17.2%,东部地区首先超过中西部之和,而在"七五"期间,东、中、西部投资的比重则为53.1%、25.04%、16.1%。在产业结构调整方面,鼓励东部地区将重化工及一般加工性产业向中、西部转移,集中力量从事高新技术产业以及金融服务业等第三产业的发展。

中央对区域经济发展战略的重视以及梯度转移战略的实施,还体现在中央实施的"六五"及"七五"计划中。"六五"计划是第一个专门列出地区经济发展计划篇的五年计划,其将全国分为沿海、内陆及少数民族地区,对区域经济发展的设想是:沿海地区依赖其科技力量、技术水平和管理水平的优势,调整产品结构,逐步缓和能源、交通紧张状况;积极扩展对外贸易和大力发展农业生产;内陆地区则要加快能源、交通及原材料的发展来支持沿海地区的发展;而对少数民族地区,则要积极支持和切实帮助少数民族地区发展生产,繁荣经济。而在"七五"计划中,提出了以梯度转移理论为基础的区域经济非均衡发展战略,指出:"中国经济分布客观上存在着东、中、西三大地带,并且在发展上呈现出逐步由东向西推进的客观趋势。"区域发展的总体目标是"七五"以及整个20世纪90年代要加速东部沿海地区的发展,同时把能源、原材料建设的重点放在中部,并积极做好进一步开发西部的准备。

毋庸置疑,改革开放近30年来,东部地区走上了一条自我发展的良性轨道。但是也不容否认,发展重心东移的倾斜政策,也造成了东西部地区经济差距拉大的问题,造成经济发展中的不平衡与矛盾,地区间的收入差距拉大,城乡居民收入差距拉大,个人收入的贫富差距扩大。经济差距的拉大且不断扩大的趋势,尤其是20世纪90年代后期,梯度发展战略受到多方的关注与挑战。经济发展外部环境的变化及内陆地区与周边国家发展的贸易关系而产生新的机遇;能源与原材料供应的不足迫切要求我们加快中西部的资源开发；各地方政府受经济利益驱使而造成的地区产业结构趋同现象日益严重等等。这些都使得中央政府在考虑经济增长效率的同时，不得不考虑到经济发展的公平问题。区域政策的宏观背景已发生转变，而面临新的形势及新的地区不平衡态势，中央政府开始着手从总体上解决东部与中西部地区的关系，指出必须根据全国统一市场和从提高国民经济的整体效益出发，发挥各个地区的比较优势，促进区域经济的协调发展，实行地区倾斜与产业倾斜政策相结合，在继续发挥东部地区增长优势的同时，逐步促进中西部地区的发展。沿海地区也要通过技术转移、人才流通、介绍经验及物资支持等方式，帮助落后地区的经济发展。"国民经济和社会发展十年规划和'八五'计划"中明确指出："正确处理发挥地区优势和全国统筹规划沿海与内地、经济发达地区与较不发达地区之间的关系，促使地区经济朝着合理分工、各展其长、优势互补、协调发展的方向前进"。并按照沿海地区、内地、少数民族地区、贫困地区四种类型规定了不同地区经济发展方向与目标，这标志着我国区域经济发展政策有了方向上的调整。所以，在沿海地区继续发挥其增长优势的同时，国家加快了对中西部的开发与开放，并先后开放了沿江、沿边、沿黄、沿陇海线等内陆地区，使我国的区域经济发展进入了新的格局，并逐步形成了以上海为中心的长江三角洲、以广东与厦门为中心的珠江三角洲和闽南三角地区、以北京、天津为中心的环渤海经济圈三大经济区域。同时形成了以上海为龙头的长江流域经济带与以陇海—兰新铁路为核心的经济带，这样，沿海、沿江、沿线的经济格局逐步形成，中央政府也希望通过这三大轴线的经济布局促进内地的经济发展。

"八五"期间，地区差距进一步扩大，江泽民在党的十四届五中全会上提出要把解决地区发展差距，坚持区域经济协调发展作为一项战略性任务来抓。并强调从"九五"开始，中央更要加强西部地区经济的发展,在八届人大四次会议通过的"'九五'计划和2010年远景目标纲要"中提出了"坚持区域经济协调发展,逐步缩小区域经济发展差距"作为国民经济与社会发展的指导方针及目标之一,并按照经济联系及地理特点,将全国划分为7个各具特色的经济区:长江三角洲及沿江综合经济带,环渤海经济圈,东南沿海外向型发达经济区,西南和华南部分省区能源及热带亚热带经济基地,东北地区重化工与农业基地,中部五省地区农业、原材料、机械工业基地及新的经济带,西北地区棉花、畜产品及石化、有色金属等基地。在1999年9月,党的十五届四中全会正式提出了西部大开发战略,注重效率及公平的区域经济协调发展战略正式启动。

随着世界经济发展的新格局变化及发展经济学理论研究不断深化与创新,一些新的理论以及梯度发展战略中出现的一些新经济现象也直接或间接地影响中国区域经济发展。面对世界经济呈现出的区域化、集团化的趋势,区域经济组织成员由于地缘、资源、经济结构等原因,使得区域内贸易、要素流动、经济增长不断增加的同时也出现了对区域外成员的排他性及贸易保护主义问题,20世纪80年代末兴起的以埃思尔和汉森为代表的新区域主义,提出了在经济一体化的背景下使多边贸易自由化的对策,为促进经济的持续稳定发展,一国或一地区必须加强与周边国家的贸易与合作,在进行区域内多层次、全方位的经济合作的同时,要积极参与到跨区域国际经济合作体系中去。受其影响,20世纪90年代以来,中国的对外开放形成了新的格局,出现了东北亚区域经济合作。加入亚太经济合作组织(APEC),加强与东盟合作,建立亚欧大陆桥,成立上海合作组织及与东南亚的全面合作。同样产生于20世纪80年代末的以罗默和卢卡斯为代表的新增长理论,以埃斯瓦兰和科特瓦为代表的新二元经济理论,以及以我国学者高汝熹、罗明义提出的城市圈域经济理论都从不同的角度来研究城市化、工业化、都市化发展对区域经济的影响，不仅丰富了区域经济的研究内容，也有效地指导了区域经济发展的实践，从而影响了中国区域经济的发展。

综上所述，发展经济学对区域经济发展的理论可以分为两个方面的主要内容，即区域均衡发展理论与区域非均衡发展理论。

区域均衡发展理论主要包括赖宾斯坦的临界最小努力命题论、纳尔森的低水平陷阱论、罗森斯坦—罗丹的大推进论、纳克斯的贫困恶性循环论和平衡增长理论。上述理论应用在区域经济中就形成了区域均衡发展理论，它不仅强调部门或产业间的平衡发展、同步发展，而且强调区域间或区域内部的平衡发展，即空间的均衡化。均衡发展理论认为随着生产要素的区际流动，各区域的经济发展水平将趋于收敛，因此主张在区域内均衡布局生产力，空间上均衡投资，各产业均衡发展，齐头并进，最终实现区域经济的均衡发展。

均衡发展理论有其内在的缺陷，即对于一般区域特别是不发达区域来说，不可能具备推动所有产业和区域均衡发展的资本和其他资源，在经济发展初期很难做到均衡发展。同时，这一理论忽略了规模效应和技术进步因素，似乎完全竞争市场中的供求关系就能决定劳动和资本的流动，就能决定工资报酬率和资本收益率的高低。但事实上，市场力量的作用通常趋向增加而不是减少区域差异。发达区域由于具有更好的基础设施、服务和更大的市场，必然对资本和劳动具有更强的吸引力，从而产生极化效应，形成规模经济。虽然也有发达区域向周围区域的扩展效应，但在完全市场中，极化效应往往超过扩展效应，使区际差异加大。另外，技术条件不同也会使资本收益率大不相同，此时的资本要素流动会造成不发达区域资本要素更加稀缺，经济发展更加困难。区域均衡发展理论显然是从理性观念出发，采用静态分析方法，把问题过分简单化了，与发展中国家的客观现实距离太大，无法解释现实的经济增长过程,无法为区域发展问题找到出路。

区域非均衡发展理论主要包括循环累积因果论、不平衡增长论与产业关联论、增长极理论、中心—外围论、梯度推移理论和倒"U"型理论。除倒"U"型理论之外,上述区域非均衡发展理论虽然正确地指出了不同区域间经济增长率的差异,但不能因此而断定区际差异必然会不可逆转地扩大。因为这些理论片面强调了累积性优势的作用,忽视了空间距离、社会行为和社会经济结构的意义。而威廉姆森把库兹涅茨的收入分配倒"U"型假说应用到分析经济发展方面,提出了区域经济差异的倒"U"型理论。他通过实证分析指出,发展阶段与区域差异之间存在着倒"U"型关系,倒"U"型理论的特征在于均衡与增长之间的替代关系依时间的推移而呈非线性变化。

各种区域非均衡发展理论都强调,二元经济条件下的区域经济发展必然是非均衡的,但随着发展水平的提高,二元经济必然会向更高层次的一元经济即区域经济一体化过渡。但各种理论之间也存在不同见解,增长极理论、不平衡增长论和梯度转移理论倾向于认为,无论处在经济发展的哪个阶段,进一步的增长总要求打破原有的均衡。而倒"U"型理论则强调经济发展程度较高时期增长对均衡的依赖。

在经济发展的初级阶段,区域非均衡发展理论对发展中国家更有合理性和现实指导意义。从我国经济发展的实践看,在改革开放之前,尽管我国不是有意识地依从区域均衡发展理论,但从实践上看,我国主要还是实行区域均衡发展理论。而在改革开放之后,我国主要实行的是区域非均衡发展战略,而且有意识地借鉴了非均衡发展的相关理论。区域均衡发展理论与区域非均衡发展理论对区域经济发展的影响是不同的,采用不同的理论来指导经济实践会对不同区域的发展产生不同的影响。

1.3.3 民族地区区域经济研究中存在的问题及研究重点

民族地区区域经济研究的核心内容是发展问题,这是民族地区加快经济社会发展的迫切需求,自然也成为研究所关注的重点内容。但是由于民族区域经济的理论研究与实践发展的局限性,其质量较高的成果亦不多见,研究中还存在许多问题与矛盾,概括起来主要有这样一些问题:

1. 学科界定上的模糊与分歧,导致研究内容的庞杂,研究缺乏必要的深度。许多学者更多地从民族学的视角,运用民族学的方法来研究民族地区经济问题,难免导致方法的不足与理论的空泛,出现重视现状注重过程的描述与分析,忽视理论(尤其经济学理论)的发展与创新;研究范围的宽泛若以经济学理论与方法来界定,就显得一般与肤浅,更多的成果都自觉不自觉地印着"民族"的印记,拿民族来说事,一有百有,应有尽有。即使把民族地区经济问题全置于经济研究的领域,其研究几乎涉及经济学的所有内容,包括了经济学的宏观、微观、中观,几乎囊括了经济学的所有分支学科,出现了以偏概全,一叶障目的问题,也出现了面面俱到、蜻蜓点水的现象,研究或力不从心,或坐井观天。

2. 研究方法借用民族学、人类学的研究方法,导致经济理论研究缺乏科学性与严密性。中国是个多民族国家,每个民族都有独特的历史与文化,居住环境的差异、自然资源禀赋条件的差异、经济发展程度的差异以及价值观念、心理素质等方面的差异,使得每一个民族、每一个区域,以致每一个区域的每一个民族的经济都具有特殊性,要把极富个性的少数民族地区的经济作为一个整体来考察,分析归纳出其经济发展的普遍规律需要相当的理论水准与卷帙浩繁的努力,但能否达到理想区间仍是一个难解之谜,到目前理论界说起民族经济更多的文字与词汇是"经济发展滞后"、"普遍存在着特殊性"、"予以倾斜"、"给予照顾"。由此可鉴，用民族学与人类学的案例方法是其研究的使然。运用民族学、人类学方法来研究整体经济问题有很大的局限性，因为宏观经济研究大都以量化分析为基础，若仅靠案例分析来研究宏观经济与民族区域经济是远远不够的，亦是不科学的，这也正是我国乃至外国民族学家、人类学家大都以研究人口较少民族而著名，中国的民族经济研究只研究少数民族而不研究汉族的主要原因。一定程度上说，我国民族经济研究仅局限于乡村经济的生活描述，很难适应改革开放以来民族地区经济社会发展的现实需要。

3. 对民族区域经济的研究，更多地研究民族区域经济发展的趋异问题，而忽视区域经济发展中趋同问题；更多地强调差异而突出个体，忽视趋同从而淡化整体的统一性与完整性，很难有共性的研究内容。研究内容往往加上民族、区域的字样，从而推而广之。在民族区域经济研究中，很难见到理论分析的数量增长模型及区域收敛、发散等方面的研究成果，民族区域经济研究停滞在表层与现象，桎梏着理论的创新。

基于此，本研究将在科学发展观的指导下，以发展经济学中区域发展理论为基础，以市场与产业为主线，研究民族地区经济的发展与成长问题，重点分析民族地区区域经济发展的趋同与融合问题，研究分析民族地区一体化形成过程中的产业成长、战略选择、协调平衡、整体推动问题。在研究中突出理论性、普遍性与整体性；突出关键问题、重点问题，不面面俱到，力争做到深入与创新，以求在民族区域经济的理论研究上有所创新，在实践操作中有所引导。

第2章　民族地区区域经济一体化

2.1　区域经济一体化

2.1.1　区域经济一体化的涵义及特征

1. 经济一体化

经济一体化这个概念是荷兰经济学家丁伯根（J.tinbergen）1951年在其重要著作《论经济政策》中首次提出来的。1951年丁伯根在其《国际经济一体化》论著中指出："经济一体化就是将有关阻碍经济最有效运行的人为因素加以清除，通过相互协调和统一，创造最适宜的国际经济结构"。[1] 1962年匈牙利经济学家巴拉萨（B.balassa）在其《经济一体化理论》中对经济一体化作了更广泛和深入的分析，认为"一体化既是一种进程，又是一种状态"，"经济一体化就是指产品和生产要素的流动不受政府的任何限制。"[2] 上世纪70—80年代以来，随着国际经济相互交流的增多，世界经济相互依存的程度也日趋加深，经济一体化的概念也得到了进一步发展，特别是通过对以市场一体化、贸易全球化、金融国际化、生产跨国化、经济网络化等为内容的跨国公司的研究，突出了经济全球化的特征。

---

[1] J.tinbergen: international economic integration, amsterdam, 1954.
[2] B.balassa: the theory & economic integration, london: allen & unwin, 1962, p10.

经济一体化并没有一个被普遍接受的定义，人们可以从不同角度对这一概念进行解释。从经济一体化的发展过程或形式角度定义，分别论及一体化的形式有六类：特惠关税区、自由贸易区、关税同盟、共同市场、经济联盟、完全的经济一体化和货币一体化。从政府参与程度角度定义，经济一体化又可分为制度性经济一体化与功能性经济一体化。制度性一体化是不同关税区域以一定的协定和组织形式为框架的一体化，而功能性一体化则是指以经济活动本身的高度密切关系为基础而不依赖于协定或组织保证的若干关税区经济整体联系性增强。

"一体化"在经济意义上最早运用于有关产业组织的研究中，通常是指企业的合并，并从中衍生出垂直一体化与水平一体化两种企业组合方式，前者又被称为纵向一体化，是指生产过程中上下游企业的归并，后者又称为横向一体化，是指生产同类产品且具有竞争关系的企业间的归并。而真正将"一体化"视作国家间经济融合的观念是上世纪50年代才形成的，也就是在最早的"舒曼计划"的基础上，德、法、意、荷、比、卢6国签订有关条约，组建的"煤钢共同体"。1958年欧洲经济共同体正式诞生，将6国经济融合的范围延伸到各个经济领域，由此开始了区域经济的浪潮。此时的一体化主要指地区性的一体化，由于地理上的关联是一体化的有利条件，因此一体化更多地显现区域形式，经济一体化更多地表现为区域经济一体化。可见经济一体化概念的含义在不同角度上得到大量使用，既用它来指一个大公司对小企业的兼并，有时又带有空间上的意义，用它来指一国之内各地区间的经济融合，或是几国之间就单一商品所进行的经济合作。

2. 区域经济一体化

(1) 区域经济一体化的涵义

区域经济一体化是第二次世界大战后伴随着经济全球化的发

展而出现的新现象,也是对20世纪后半期的世界经济产生了重大影响并且对21世纪仍将产生重大影响的经济现象。如今,区域经济一体化和经济全球化一起构成了当代世界经济发展的基本趋势。

区域经济一体化起源于经济最发达和市场机制发展最充分的西欧,作为一种新生事物,以欧洲经济共同体为典型的全球经济一体化组织始建于20世纪50年代后期,其初期发展阶段进展顺利,从而产生了巨大的辐射效应,使60年代新独立的大批亚、非、拉美地区的国家纷纷效仿,先后出现了一些以关税同盟、共同市场和共同体命名的区域经济一体化组织。

区域经济一体化理论属于国际经济与贸易范畴,主要着重于分析区域经济一体化对其成员国、整个一体化集团乃至世界经济的影响。

对区域经济一体化理论贡献最大的是维纳(J.Viper, 1950)。1950年,他在《关税同盟问题》中,开创性地提出了"贸易创造"(Trade Creation)和"贸易转移"(Trade Diversion)这两个用来衡量关税同盟实际效果的新概念,从而使战后关税同盟理论从定性分析发展到了定量分析。之后,米德(Meade, 1955)、李普西(R. G Lipsey, 1960)、兰开斯特(K. J. Lancaster, 1957)、丁伯根(J. Tinbergen, 1965)、库拍(C. A. Cooper, 1965)、马塞尔(B. F. Massell, 1965)和瓦尼克(J.Vanek, 1965)等人分别对关税同盟理论作了不同的完善。总体来说,理论界对于区域经济一体化的分析都是以关税同盟理论为基础的,关税同盟理论构成了区域经济一体化理论的核心内容。

传统的区域经济一体化理论认为,区域经济一体化的主要收益来源于成员国之间按照比较利益进行的专业分工。这种分工带来了集团内部产业间贸易的增长,而区域经济一体化潜在收益的另一个来源,来自集团对世界其余地区贸易条件的改善。

从20世纪80年代开始，区域经济一体化理论出现了很多重大的发展。霍兹曼（1976年）强调一体化是成员国间在有关便利制度支持下，货物、服务和要素流动无障碍的状态，实质上是将区域经济一体化的研究引入到了共同市场的层次。曼尼斯和索曼（1976年）的研究，则将经济一体化同产业部门的融合、政策与行政的统一联系到一起。此后，马洛和蒙蒂斯（1988年）强调经济一体化中传统经济地理因素的重要性。派内克（1988年）的研究则提出了经济一体化同开放经济及经济相互依赖等观念的差别。共同市场理论放松了传统区域经济一体化理论中关于生产要素在成员国间不能自由流动的假设，而以规模经济和不完全竞争为前提条件的新贸易理论观点也出现在对区域经济一体化的分析当中，上述发展构成了新区域经济一体化理论的主要内容。

区域经济一体化的涵义是：地理上临近的国家或地区，为了维护共同的经济利益和加强经济联系与合作，相互间通过契约和协定，在区域内逐步消除成员国间的贸易和非贸易壁垒，进而协调成员国间的社会经济政策，形成一个跨越国界的商品、资本、人员和劳务等自由流通的统一的经济区域的过程。通过统一的区域市场、统一的交通运输建设、统一的互惠互利政策，实现区域性专业化分工与协作，促进贸易自由化和生产要素的流动，有利于最大限度地发挥每一个地区的经济潜力和比较优势，增进一体化联盟的经济福利，并逐步缩小区域经济发展的差距，更有效地利用成员国的资源，获取国际分工的利益，促进成员国经济的共同发展与繁荣。

（2）区域经济一体化的形式

按照商品和要素自由流动的差别及成员国经济政策协调程度的不同可将经济一体化的组织形式分为：

自由贸易区。在贸易区内，各成员国取消了它们之间的贸易壁垒，但各自仍保留对外部世界进行贸易的贸易壁垒。在这种区域内，在成员国之间的边界上仍应设置海关检查员，对那些企图通过贸易壁垒较低的成员国进入这一区域以逃避某些较高壁垒成员国的贸易，课征关税或予以禁止，并规定原产地原则。

关税同盟。在关税同盟内，把经济一体化的进程向前推进了一步，关税同盟不仅消除了本地区内生产的商品的贸易壁垒，而且每个国家都调整各自关税和配额，建立起统一的对外贸易壁垒。即在同盟内部实行自由贸易，而对外则通过共同的贸易壁垒实行保护。

共同市场。在共同市场内，不仅实行商品自由流通，不仅对从外界进口的商品实行统一的贸易壁垒，而且还在本地区内实行生产要素（资本和劳动力）的自由流动。任何阻碍劳动力从一国流向另一国的限制都被取消，而且那种限制某国公民或公司在另一国建厂或购买公司的规定也都被取消。

货币联盟。创立一个不可逆转的固定汇率和成员国货币的完全可兑换性，或者在所有成员国中通行一种货币的合作形式，也就是资本自由流动的共同市场。这种联盟包含宏观经济和预算政策一体化达到相当高的程度。

完全经济联盟。在这种同盟内，各成员国除了实行商品、资本、劳动力等生产要素的自由流动和对外统一的关税政策外，还要求成员国制定并执行一些共同的经济政策与社会政策，包括货币、财政和福利政策，以及有关贸易和生产要素移动的政策，以便消除各国在政策上的差异，形成一个庞大的超国家经济实体。经济联盟将政策的协调机制延伸到成员国国民经济的所有领域及相关政策，并谋求建立基于成员国部分国家主权让渡的超国家协调管理机制。目前的欧盟，正在向这种形式过渡。

完全经济一体化。是指成员国在经济联盟的基础上，实行统一的经济政策与社会政策，并建立起共同体一级的中央机构与执行机构，以便对所有事务进行控制，使各成员国在经济上形成单一的经济实体，这是经济一体化的最高级组织形式，迄今尚未出现这类经济一体化组织。

按照区域内参与国的经济发展水平不同可分为：

发达国家组成的北北型区域经济一体化组织。其成员国具有较高的生产力水平，较为发达的生产要素与商品市场，较为成熟的经济运行机制与较为相近的价值观念。其联合的基础主要不是要素禀赋的差异，而是相似的要素密集型生产的产品差别，是为了协调成员国之间的资源配置，是以产业内部分工和贸易为主的组织。

发展中国家组成的南南区域经济一体化组织。其成员国一般生产力水平较低，产品及要素市场不完善，市场经济不完善，产业结构相似，产业主要是以资源开发型和劳动密集型为主，缺乏合理的经济结构，是本着以发展民族工业和经济发达国家抗衡的目的而成立的组织，其内部结构比较松散，具有更多的封闭性与保护性特点。

发达国家与发展中国家共同组成的南北型区域经济一体化组织。其成员国经济发展水平差距较大，组织内部矛盾较多，其组织形式结合的基础是为了发挥各成员国的比较优势，利用各成员国的生产要素与产业结构的互补性，通过区域内的分工，实现规模经济，以解决发达国家资金与产品过剩及输出与出口的问题，实现经济的稳定与增长，解决发展中国家资金短缺与技术落后即制度落后的问题，加快经济的发展，以实现世界经济的全球化发展。

(3) 区域经济一体化的特点

从经济一体化形成的动力机制看，区域经济一体化分为政策导向型一体化和市场导向型一体化，这两种形式是互相联系的。一种是以政府为主体的一体化，一种是以企业为主体的一体化；

一种主要采用法律、政策、行政手段，一种多采用经济、市场手段。一体化组织具有不断升级的成长特征，从国际上看，经济一体化组织被分成五种类型：自由贸易区、关税同盟、共同市场、经济联盟和完全的经济一体化。主要描述的是一体化发展的不同阶段。

纵观区域经济一体化组织的发展，区域经济一体化具有以下特点：

①广泛性。随着经济全球化进程的加快，特别是进入 21 世纪以来，全球各地都兴起了区域性或次区域性的经济合作组织，诸如欧盟、加勒比共同体、东非共同体、北美自由贸易区与亚太经合组织等，几乎所有的国家都参与了某一个甚至几个区域性经济合作组织。

②层次性。随着区域经济一体化的不断兴起与发展，经济合作出现了"跨区域"或"次区域"的发展趋向，既有两个或每个国家或地区组成的经济合作组织，也有某几个国家的部分地区之间进行的"多边合作"或"地区经济合作组织"，最为典型的就是亚太经合组织和"东盟南部增长三角"组织；既有发达国家之间的"北北型"区域经济一体化，又有发展中国家间的"南南型"区域经济一体化，还有发达国家与发展中国家间的"南北型"区域经济一体化。不仅如此，在这些多层次的经济联合与合作的结构中，一个大区域组织内部又存在若干联系紧密的小区域组织，形成"大圈套小圈，小圈扣小圈"的格局。同时，层次性在地域范围内还表现为三个不同的层次，即一个国家内某些地区的经济一体化（如城乡经济一体化、相邻接壤地区经济一体化等）；不同国家之间的经济一体化（如欧洲共同市场，以及发展到后来的欧洲经济与货币联盟等）；全球范围内的经济一体化（如正在发展中的世界贸易组织等）。

③不平衡性。主要表现在两个方面，一方面是内部成员国之

间经济发展的不平衡性，经济体制与制度的差异；另一方面是各地区、各层次和不同类型的经济一体化组织之间的不平衡性，体现在内容上的差异、机制上的差异及效果上的差异等。有的组织一体化水平已达到很高程度，其机构健全，合作既成熟又有效，有的组织还处在联合的初级阶段与较低层次。

④开放性与排他性共存，有的学者称为"矛盾性"。区域经济一体化组织内部相互开放，成员国之间实行优惠待遇，减少与消除了关税与非关税壁垒，实现了区域内资源的优化配置。但是，在成员国之间对内开放与联合的同时，对非成员国在关税与非关税壁垒等方面采取差别对待，违背了经济一体化的初衷，也限制了区域经济一体化的进一步发展。不仅如此，在成员国之间也会因利益不同而产生摩擦与矛盾，这一点特别在经济发展差异较大的成员国组成的经济一体化组织中表现得更为突出。

在中国，经济一体化是改革开放以后在区域经济研究领域出现并经常使用的名词，通常指国内的"区域经济一体化"。我国幅员辽阔、人口众多，有34个省、自治区、直辖市、特别行政区，由于受经济发展、资源禀赋、历史文化等因素的影响，地区发展很不平衡。市场经济体制的建立，使地区的经济发展的独立性不断加强，国家实行梯度开发的区域发展战略，各地区之间的区域经济一体化显得尤为重要，正基于此，我们提出了民族地区区域经济一体化。

2.1.2 民族地区区域经济一体化

1. 民族地区区域经济一体化的内容

民族地区区域经济一体化，是国家内部区域经济一体化的形式之一，指在民族地区内按照地缘关系（如地域、流域等）、经济依存度、商品及要素流向、民族文化传统以及社会发展需要而形成的跨行政区划的经济协作和共同发展的经济组合体。

民族地区区域经济一体化属于区域经济学的范畴，是一个发展的、动态的概念。其实质是，在民族地区范围内按区域经济原则统一规划布局、统一组织专业化生产和分工协作，建立统一的大市场，优势互补、联合协作，联接并形成一个利益共同体。通过一定的组织和协议以及一定的联合方式，实现区域经济的统一规划布局和生产力配置，统一开发区域资源，统一分工协作关系，建立统一的大市场、统一的发展战略、统一的对外开放政策，联合开发和占领市场，提高竞争力，实现共同的发展目标。通过民族地区区域经济联合的优势，促进民族地区经济优势的充分发挥，逐步缩小民族地区区域内部之间与外部的发展差距，实现经济、社会的跨越式发展。

2. 民族地区区域经济一体化的特征

民族地区区域经济一体化主要表现在商品要素禀赋的差异与流动而形成区域统一市场，地理区位的相近与产业布局及结构的相似而形成的相同的经济发展状况与水平，以及共同的利益需求、共同的发展目标而形成的统一的开发战略与政策三个方面。区域统一市场、相同经济发展程度、统一开发战略与政策构成了民族地区区域经济运行的主要内容，反映了民族地区区域经济一体化的本质特征。

(1) 区域性统一市场的形成与发展，是民族地区区域经济一体化的基础。市场经济是当前中国经济发展的主导力量，民族地区区域经济一体化是伴随着市场经济的竞争而存在的。由于民族地区在资源、要素、商品与服务禀赋上的差异，使得商品、资源、要素的流动显得十分重要，通过区域内的经济合作，建立统一市场，进行区域产业分工，实现区域交流，改善区域环境，缩小区域发展差异，在优势互补、利益共存的基础上实现资源的优化配置，从而推动区域经济的协调发展。要建立统一的市场，就要打破因行政区划与地方分权而导致的块块分割,消除因地区格局与行政保护而形成的过度(无序)竞争与不竞争的问题,实现经济的有机统一性;就是要规范市场化运行,实现不同市场主体的权利与机会均等,保证交易过程的公平与公正;就是要在比较优势和比较利益的基础上实现交易的竞争性,使商品、要素流动具有内在动力,有市场主体自由界定流动范围与规模;就是要完善形成发达的市场流通的基础设施条件与法规,保证商品及要素在更大空间范围内的流动。

(2)民族地区整体经济发展状况相近,是其实现区域一体化的条件。我国民族地区与国内其他地区相比,市场化程度偏低,产业结构趋同,经济发展滞后,其原因一是地理环境的偏远与封闭,民族地区主要集中在南方的喀斯特地区、牧区、黄土高原地区以及山区,远离国内中心市场,交通、通讯相对落后,信息不灵;二是自然条件恶劣,民族地区分布在西部、中部的过渡地带和边缘地带,这些地带地质构造复杂,自然条件恶劣,自然灾害频繁;三是社会发育程度低,生产方式相对落后,教育落后,劳动者素质普遍较差,存在"人口的高出生率与人口素质的低化"现象和"人口增多而经济减弱"的矛盾。民族地区区域经济一体化有着共同的区域空间、相近的地域条件、相似的产业状况、相同的价值取向以及丰富多彩的民族文化。有关理论认为,区域经济的差异度与区域经济的合作紧密度一般呈反方向关系,相差越小,相近越大,其紧密度就越强,而相差悬殊越大,区域经济合作的紧密度就越低。共同的区域空间也意味着必须具有能发挥较强聚集、扩散作用的经济中心、经济腹地和网络经济,从而使区域经济合作更为有效。

(3)共同的利益趋向、共同的发展目标而形成的统一的区域开发战略与政策是民族地区区域经济一体化的重要动力与保障。民族地区区域经济一体化不仅是从资源分布梯度和经济发展水平梯度的角度展开的，更是建立在利益趋同性基础之上的。区域经济合作是利益驱动下的一种战略性选择，获得经济利益的双方共同发展与繁荣是区域经济一体化的动力源泉，没有经济利益的区域经济合作是不会发生的，即使出现，也是短命的、不长久的。民族地区由于生产要素禀赋上的差异及要素总是向效益高的地区与行业流动的规律作用，其相对优势与要素禀赋价值如何转化为经济优势，推动本地区经济的发展，这是民族地区共同面临的任务。变资源优势为经济优势，改变民族地区经济落后性与依附性状况，这是民族地区共同利益的选择。因此，共同利益取向、共同经济发展目标，成为民族地区推动区域经济一体化的动力。

在民族地区区域经济发展的历史过程中，政府一直发挥着主导性的作用，尽管转变政府职能和减少行政干预是中国体制政策的一项主要内容，但是囿于民族地区经济发展的现状与水平以及国家梯度开发战略的影响，在民族地区区域经济合作的过程中，政府依然起着十分重要的作用，依然有很强的影响力。也就是说民族地区区域经济一体化的形成和运行，表现出明显的政府主导的特征。中央政府是民族地区区域经济一体化的外部协调力量。由于民族地区内各地区的资源条件、社会和经济特点都具有较大差异，各区域经济发展水平和市场发育程度极不平衡，因此，需要中央政府从宏观经济、政治、安全的大局出发，协调民族地区内各地区的区域经济，在保持民族地区各区域经济的灵活性和多样性基础上，构建一个多层次的一体化经济体系。地方政府是民族地区区域经济一体化的内部主导力量。地方政府在区域经济协调发展中的作用很大，不可忽视。同时，地方政府对区域间要素流动和商品贸易的行政性的不合理干预，是民族地区区域经济一体化的最大障碍，地方政府在区域经济一体化发展中要做两件事情：增强本区域内经济竞争力和促进区域之间合作发展。地方政府只有转变观念，尽可能地减少对微观经济的行政性干预，清理不合时宜的地方政策法规，制定有利于经济一体化发展的政策法规，积极主动地进行制度创新，地方政府对区域经济一体化必定起到推动和校正作用。

民族地区区域经济一体化是政府合作机制的表现形式，民族地区区域经济一体化是通过行政性力量基于对市场规范的共识，扫除行政壁垒，促进区域内部要素的流动，实现资源的有效配置，最终形成一个统一的地域经济组织，即区域经济共同体。区域政府合作机制体现为：构建一个符合民族地区外部环境和内部条件的、统一协调的市场竞争规则及跨行政区的制度性的组织协调机构。

(4) 民族地区区域经济一体化具有明显的开放性与多样性。我们提出民族地区区域经济一体化，目的不是将民族地区经济发展放置在一个相对狭小的区域内，来保护它的封闭性与落后性，而是将其放在中国整体经济发展乃至世界经济发展的格局中去研究，既要充分发挥其相对优势，实现民族地区经济联合与合作，充分利用其资源等比较优势，进行对内对外开放，消除一切阻碍商品、要素流动的障碍，实现区域内资源的优化配置。因此，民族地区区域经济一体化是多层次、多形式的。既有民族区域内的一体化合作，又有全国范围的一体化合作，还有相邻地区的"跨区域"和"次区域"合作。

2.2 民族地区区域化经济带的划分与定位

区域化经济带，一方面是地域空间开发重点的表征，另一方面也是经济活动聚集地以及地区之间经济联系的载体与通道。经济带的确定与划分，既反映现实的空间结构，也体现区域发展规划的战略思想，既考虑到区域间的经济发展状况，同时又考虑到未来区域发展的潜力及区域经济间的联系与整体发展规划。因而，经济带的划分要么是以中心城市为依托的、以城市相联接的经济带，要么是同地缘优势关系或宏观经济发展环境的趋同以及社会文化的趋同与差异同化的条件所形成。基于以上的论述，我们在分析民族地区经济活动的空间分布、资源结构、环境条件以及政策取向和差异及趋同的基础上，从民族地区区域经济发展的规划与目标出发，把民族地区的经济区域划分为两个经济带，尽管其中不能穷尽所有的民族地区，但还是整体反映了民族地区区域经济发展的现状。民族地区区域经济带可划分为西北部经济带与西南部经济带。

2.2.1 科学界定两个经济带的空间范围

民族地区西北部经济带和西南部经济带是民族地区区域经济发展的空间标志与抽象概念，而对具体的经济活动而言，经济带不存在明确的空间界限。但是，它同时又必须具有可操作性的实施区域，也就是明确的空间范围和界限。因此，科学地确定经济带的空间范围是实施民族地区区域经济发展一体化的基础。

民族地区西北部经济带和西南部经济带空间范围与界限的确定原则，应依据"点—轴系统"理论确定区域范围。由于受行政区划、交通、经济总量、资源状况、民族文化风俗等因素的影响，经济带内的不同区域之间也存着明显的差异，同时也表明经济带内的区域之间有着一定的经济联系与相互引力，不论是西北部经济带，还是西南部经济带，地形多样复杂，适宜发展的用地较少。西北部经济带大部分地区都是戈壁与沙漠地带，只有较少范围的绿洲地区，地处黄土高原的半干旱地区，水土流失非常严重，内蒙古地区（特别是中西部地区）为草场退化区域，因此在确定经济带发展重点区域时，必须考虑其地理及生态环境的影响，一定意义上说分布相对稀疏的城市地区是其经济带内的重点发展区域。西南部经济带地区、长江上游及周边的云贵高原、青藏高原等山地较多，地形复杂，自然地理条件及交通设施对地带内经济发展的影响较大，也只能以分布相对稀疏的城市地区为其经济带内的重点发展地区。

地形与环境对经济带的影响主要分布在以下几个区域。长白山两侧的森林山地交错地带，内蒙古高原的草原与荒漠带，兰州与乌鲁木齐之间（西兰新线）的山地、沙漠和戈壁，兰州、宁夏、西宁的高原水土流失地带及荒漠带，天山南北的绿洲与荒漠带以及长江上游山地带、云贵高原喀斯特岩溶带，青藏高原高寒带。它们对当地的经济发展具有重要的影响，起着抑制与阻碍经济发展的作用。因此在划分经济带时必须剔除地形环境的影响因素。

从以上分析可以看出，民族地区西北部经济带与西南部经济带城市重点发展区之间的联系较弱，一般强度的联系就比较广泛，表明带内城市特别是中心城市的发散辐射作用明显。

因此在民族地区区域经济发展中，必须突出中心城市的地位与作用，显现城市突出、点轴辐射、轴线拓展特点，逐步形成以中心城市为依托，以束状综合运输通道为轴线的空间配置格局。其中，西北部经济带将形成以西安、兰州、乌鲁木齐、银川、呼和浩特、西宁为中心，以西陇海—兰新线和呼包—包兰—兰青线为主轴的"X"型空间分布格局；西南部经济带将形成以成都、重庆、昆明、贵阳、南宁等城市为中心，以长江上游及成渝沿线、川黔线、贵昆—黔桂线为主轴，构成"Z"字形空间分布格局。

2.2.2 两大经济带形成的理论分析

在研究区域经济增长与区域平衡发展问题时形成了许多极具特色与说服力的理论。尽管各种理论之间有着无法割裂的联系，但在划分区域发展经济带的理论中，笔者认为以区位理论为基础的空间结构理论更具有说服力与系统性。也就是说在这里我们把民族地区划分为西北部经济带和西南部经济带主要依据的理论是空间结构理论，换句话说，空间结构理论是两大经济带划分的理论基础。

从上世纪40年代开始，在长达一个世纪的发展中，西方学者提出的"农业区位论"、"工业区位论"、"城市区位论"、"市场区位论"及"综合区位论"，是对现代区域经济理论研究和发展模式的重大贡献，这些理论不仅研究单一的工业企业、农业经营方式、城市分布、市场格局等区域内容，总结与提炼这些单项区域内容的空间定位与运动规律，而且随着数量、模型分析方法与计算机的广泛应用，在传承了传统的区域理论的考察方式与主要精神的基础上，进一步发展了区位发展理论，不仅摆脱了单纯要素专业性纯理论推导的不实用性，而且将区域发展的区位要素（不仅包括自然的、也包括社会科学、人文因素）叠加在一起研究，突出了区域发展中的综合差异研究这一重点。重点研究社会经济客体在空间中相互作用所形成的空间集聚程度和集聚形态，以德国人文地理学家施吕特尔（A.Schiuter）"景观"思想为起点，以德国学者芬特尔（E.V.Boventer）的区位论与发展理论相结合为标志，而形成的空间结构理论体系，从分析论证社会经济各阶段空间结构的一般特征出发，详尽分析了决定空间结构及其差异的最主要因素集聚、运费及经济对生产要素土地的依赖性，认为运费是投入—产出关系特点和生产要素空间流动的决定因素；土地对空间结构的影响就在于其不仅可作为工业、农业、基础设施等的生产性用地，而且可作为居住、休养等消费性用地，而正是这些因素间的相互作用决定了空间结构，空间结构中的各要素之间存在着市场化的竞争关系，竞争的出现使研究的内容进一步扩展到包括生产与需求、规模与结构等方面，从土地利用最佳与合理聚集的角度去分析企业规模、城镇规模、规模结构等问题，形成了系统的空间结构理论。

空间结构理论研究区域间社会经济发展不平衡问题，即不同社会经济"疏密"与"薄厚"的带状与面状地域组成的空间结构。社会经济的发展结构问题主要来自于自然的地域性与地区的差异性，以及相对海洋的不同位置与历史的政治文化关系，即国际上经济集聚区的区位关系，经济增长与区域发展不平衡之间呈现出"U"型相关规律，人们应该利用这一规律分阶段地发展区域经济，实现从不平衡到比较平衡的区域经济发展。在区域经济发展中，不同结构的架构模式都不同程度地体现着社会经济空间组织的有效形式，据此可以制定区域内生产力布局和重点发展战略，并以此来解决社会经济发展的"疏密"和"薄厚"问题。建立区域经济发展中的最佳企业规模、居民点规模、城市规模和中心地等级体系，并建立企业、城市、市场之间的关系。在区域空间结构中的物流、人流、信息流、资金流、技术流的运动与扩散，集中体现空间结构的区域特征，在不同的社会经济发展时期和统一发展时期的不同阶段其表现及演进方式和作用机制是不相同的。空间结构是区域经济发展状态的指示器，其突出的"三维"（长、宽、时间）特征导致了区域内经济发展结构与发展体系的形成，社会经济发展的空间结构左右着区域经济发展的内容、规模和方向，影响着社会经济的发展水平。区域经济发展的空间结构还反映了区域经济发展的历史变迁过程，表现出明确不同的阶段性特征。在抽象掉社会制度因素和不考虑区域内自然条件差异的情况下，我们可大致划分为下表列出的四个阶段空间结构特点。

表 2-1

发展阶段	阶段主要社会经济特点	阶段社会经济空间结构基本特征
农业经济占绝对优势阶段	生产力发展水平低下 人口的绝大多数从事农业 商品经济不发达 道路、交通等基础设施落后，分布不成"网状"	尚未形成区间经济发展不平衡问题（亦即"疏密"或"薄厚"） 空间构架呈原始状态，道路网等级不明显，没形成发展轴的功能 区域内城镇居民点等级规模曲线平缓倾斜
由农业经济向工业化的过渡阶段	社会分工扩大，生产力水平有所提高 农业人口开始向城镇流动 交通运输网开始形成 区域经济的增长集中在城镇区域中心 空间集聚程度不平衡出现	区域内经济及发展不平衡问题出现，并开始形成空间经济梯度 先发达地区的空间组织构架开始出现点-轴状态，呈等级特征 区域内城镇居民点开始形成等级规模体系，等级规模曲线逐步变陡
工业化中期阶段	生产力发展水平迅速提高，达到了较高水准，国民经济进入强动态增长时期 稠密的交通网络和发达的交通运输，城市间交流范围扩大 区域经济的增长由"中心-边缘"结构向多核心结构转移 城市与边缘的发展不平衡进一步扩大	区域间的发展不平衡程度越来越大，集聚经济原则在社会经济区位决策中占统治地位 社会经济空间组织构架形成，发展轴线和城镇居民点形成"点-轴"系统 集聚经济因素越来越强，城市越来越发达，规模等级曲线与横坐标的夹角达到了最大
工业化后期和后工业化阶段	科学技术高度发展，生产力水平达到较高阶段，生产增长大大超过人口增长，生活水平很高 具有现代化发达的交通与通讯体系，计算机与信息进入生活的各个领域 区位决策经济原则的作用下降，生态平衡原则受到重视 地区不平衡及社会差异区域消失 城镇居民点、服务设施和影响范围都形成区域等级体系，整个空间结构达到平衡	区域经济发展不平衡问题（"疏密"与"薄厚"）基本得到解决，经济布局趋于平衡，集聚经济在区位决策中作用下降，形成完美的"点-轴"空间结构系统，等级差别越来越小 集聚因素的作用越来越小，分散作用越来越重要，区域城镇居民点等级规模构成曲线又重新变得平缓

上述空间结构演变的四个阶段，集中反映了社会经济空间集聚或分散趋势变化的一般规律。可以看出，社会经济在漫长的农业社会中，空间结构在理论上是"平衡"的，这只是原始状态的平衡。随着社会经济的发展，集聚开始成为主要倾向，而处于工业化后期和后工业化阶段，集聚与分散成为社会经济的共同趋势，空间结构又回到了新的"平衡"状态。同时，还可以看出，在不同的社会经济发展阶段，由于其社会经济发展特点及空间结构特征不同，各阶段经济增长的速度也是不同的。"由农业经济向工业化的过渡阶段"和"工业化中期阶段"社会经济的增长速度较快，较为迅速，而"农业经济的绝对优势阶段"和"工业化后期和后工业化阶段"，社会经济的增长速度相对较为缓慢，不过，两个阶段的"缓慢"有着本质的区别，后者是"不平衡"、"差异"消失的平衡增长，而前者则是"不平衡"、"差异"扩大的不平衡增长。在经济增长过程中，由于受政策、规模建设、项目投资投向等因素的影响，社会经济发展的空间结构按照"集聚—分散—集聚和分散"的轨迹演进。

依照空间结构理论，我国民族地区区域经济发展的经济带划分与产业及经济结构的定位与方向问题就变得比较清晰与分明了。从整体上看，我国民族地区经济社会基本上处在"农业经济向工业化过渡阶段"。

2.2.3 两大经济带的功能定位与发展方向

在研究与确定民族地区区域经济的两大（西北部、西南部）经济带的功能定位与发展方向时，应遵循以下原则：(1)产业带动经济发展，加快工业化进程。(2)资源推动经济发展，提高优势产业发展的比重，增加优势产业的附加值。(3)发挥中心城市辐射带动作用。(4)强化经济带内的产业分工与协作关系，建立区域产业分工体系。(5)坚持民族经济发展融入全国经济体系和世界经济体系目标的发展之中。我们认为，民族地区经济带的经济发展应走新兴工业化道路，以技术进步为动力，着力提高具有比较优势的产业部门的技术层次，培育以资源开发和加工为依托的区域特色产业发展体系，加快体制机制的创新，建立现代企业制度，增强地区经济持续发展能力和竞争能力；强化经济带同相邻区域和经济带对内对外经济联系与开放，构筑具有合理产业地域分工的开放型经济系统。

从民族地区区域经济发展的条件，特别是自然资源、市场趋势、政策取向、消费导向及发展潜能分析，未来民族地区西北部与西南部两大经济带的总体定位（主要是产业发展）可分为三种类型。一是政策扶植与政府激励的基础产业。以基础产业为重点构筑民族地区经济带产业发展竞争力与持续发展的能力，营造若干产业高地，为民族地区经济发展实现跨越式战略奠定基础。据此，主要产业领域和部门是：高新技术产业及其相关领域，以确保技术领先的强大军事工业体系为前提的、军民两用工业相结合的现代制造工业体系，以及具有较高现代化程度的物流和旅游等服务业。二是通过举国分工与协作而形成地域分工体系，促进民族地区经济带优势资源的合理开发与利用，形成具有地域特色和在经济中占主导地位的产业群，确保民族地区经济的持续稳定增长，促进民族地区人民生活质量的提高，为实现全面建设小康社会的目标提供强有力的经济保证。据此，产业发展主要依托区域的资源优势，其主要产业与领域是：能源、矿产资源开发、加工和利用，特色农业基地建设与农业产业化引导的特色轻纺工业，以医药工业为主的生物资源的开发利用，有丰富自然景观与文化特色的旅游业。三是依靠原有的企业与民族地方政府力量，面向市场需求而形成的产业或部门，主要是流通企业和第三产业企业。

民族地区西北部经济带的定位与方向是：东北亚中亚开放

地；制造业基地与物流中心；畜牧业畜种加工基地；石油、天然气能源基地；有色金属与钢铁基地等。

民族地区西南部经济带的定位与方向是：东南亚南亚开放地；制造业中心与加工工业基地；出海口与出口产品加工集散基地；经济与技术创新中心；水利电力工业基地等。

两大经济带发展方向是由生态环境建设和基础设施建设向生态建设与经济带建设并重转移。在经济带内将把推进工业化作为经济发展的主攻目标，实现"强区"与"富民"。产业的发展顺序为：优势产业及其关联的高新技术产业；以军事工业为主体的现代机电工业、航空航天工业；以农业产业化为核心的特色农业；以再生资源为基础的轻纺工业；具有比较优势的能源工业与原材料工业；以风能、光能、水资源为依托的电力工业；以旅游资源为依托的旅游业以及现代服务业中的物流新兴产业。

2.3 民族地区区域经济一体化发展的经济学分析

尽管有关民族经济问题的概念、范围在理论上仍然有争论，观点与表述亦不尽一致，但是民族地区的经济总体属于区域经济的说法是趋于一致的。我国民族地区经济经过半个世纪的发展，在总体上取得了很大进步。在 20 世纪 50—70 年代高度集中的计划经济体制下，在全国统一的部署和布局下，我国民族地区经济保持了增长的发展态势，1953—1978 年期间，我国民族自治地方工业产值的年平均增长速度达到了 13.75%[①]。但是基础差、底子薄，发展的速度及经济发展的投入—产出比均低于全国水平的

[①] 《中国统计年鉴 1989》，中国统计出版社 1989 年版。

问题依然比较突出。进入 80 年代以来，国家实行改革开放，实施了优先发展沿海及东部地区的"梯度发展"战略，我国经济整体水平在东部沿海地区经济快速增长的带动下，保持了较快的发展水平，与建国前相比，尽管民族地区经济仍然保持发展的势头，但是区域性的差距出现了逐步拉大的现象，就民族地区经济而言，相对整体国民经济发展，特别是东部沿海发达地区而言，差距进一步拉大了，区域经济发展不平衡加剧了。进入 21 世纪以来，国家实施了西部大开发战略，民族地区经济面临良好的发展机遇，在中央财政转移支付制度的支持下，民族地区基础设施建设、生态环境建设、优势产业发展以及科技文化发展迎来了又一难得的发展机遇，大开发政策的实施也带动民族地区经济发展。西部地区（包括民族地区）经济增长已呈现出良好的发展态势。据统计，1999—2002 年，西部地区 GDP 增长速度差距在逐步缩小，1999 年，西部与东部地区之间 GDP 增长速度差距为 2.49 个百分点，与各地区平均增长速度之间的差距为 1.54 个百分点，到 2002 年这一差距分别缩小到 1.65 个百分点和 1.02 个百分点[①]。但是我们仍然必须清醒地看到，目前我国区域经济增长不平衡的态势，导致了东西部的差距。据有关资料显示：2002 年，西部与东部地区人均 GDP 相对差距为 21.5%，与各地水平之间的相对差距为 41.0%，分别比 1999 年扩大了 1.6、1.1 和 1.8 个百分点（见表 2-2）。从相对差距扩大的趋势看，在"九五"计划的前 4 年（1996—1999），西部与东部人均 GDP 相对差距年均扩大 1.65 个百分点，与中部差距平均扩大 0.65 个百分点，与各地区平均水平差距年均扩大 0.68 个百分点；而在 2000—2002 年，这三个差距分别年均扩大 0.53、0.37 和 0.60 个

---

① 王洛林、魏后凯主编：《中国西部大开发政策》，经济管理出版社 2003 年版，第 12 页。

百分点。这说明，实施西部大开发战略以来，尽管西部与其他地区人均 GDP 差距仍在趋于扩大，但其年均扩大的幅度已出现下降的趋势。特别是 2002 年西部与中部地区人均 GDP 相对差距已略有缩小。

表 2-2 西部地区人均 GDP 及相对差距的变化

年份	人均 GDP（元）				人均 GDP 相对差距（%）			西部地区人均 GDP 相对水平
	东部 11 省市	中部 8 省	西部 12 省区市	各地区平均	西部与东部间	西部与中部间	西部与各地区平均水平间	
1995	7104.3	3693.1	3035.3	4782.4	57.3	17.8	36.5	63.5
1996	8338.5	4429.8	3525.7	5632.0	57.7	20.4	37.4	62.6
1997	9318.0	4964.7	3878.1	6280.6	58.4	21.9	38.3	61.7
1998	10022.6	5200.3	4122.5	6691.5	58.9	20.7	38.4	61.6
1999	10693.4	5380.8	4283.3	7048.3	59.9	20.4	39.2	60.8
2000	11334.5	5982.4	4687.3	7701.1	58.6	21.6	39.1	60.9
2001	12811.1	6395.2	5006.8	8421.2	60.9	21.7	40.5	59.5
2002	14170.7	6954.8	5462.0	9250.7	61.5	21.5	41.0	59.0

注：相对差距=（大值-小值）/大值×100%。西部人均 GDP 相对水平以全国各地区平均水平为 100，2002 年数据不包括西藏。
资料来源：根据《中国统计年鉴》和各地区 2002 年统计公报计算。

2.3.1 民族地区区域经济的特点

与中国整体经济，特别是与东部发达地区相比，民族地区经济表现出如下特点：

1. 多元化与复杂性

正如费孝通教授所言中华民族"所包括的五十多个民族单位是多元"的那样，多元性不仅体现在民族成分上，与各民族的历史、文化传统及自然地理条件亦有着密不可分的联系，又与各民族在历史发展过程中形成的经济观念、生产方式有着密切的关联。这种多元性的特点，表现出了更大的跨度与差异。在现代工业产生前，民族地区的经济基本上是传统原始的农耕与畜牧业，辅之于零星散落的手工业与商业。而现代工业的产生与发展，冲击了传统的经济发展，民族地区在固有的传统产业与部门外，出现了现代工业或准现代工业的产业与部门，更加丰富了其本原的多元化特色。与多元化特色相适应，民族地区在其经济成长中，在其呈现了经济发展中的共性特征的同时，较多地反映了民族地区经济发展的特殊矛盾与问题，譬如民族地区经济发展往往与宗教信仰交织在一起，与民族文化交织在一起，错综复杂，表现出更多的差异性，诸如居住差异、文化差异、消费差异、生活方式、生产方式的差异等等，这些差异更多地以空间概念的整体形式表现出来，往往掩盖了经济增长中的群体差异、城乡发展差异、产业发展差异，从根本上掩盖了民族地区间的经济差异。正像有些社会学家所描述的那样，发展应该包括增长、公平、民主、稳定、资助五大目标，目标的多元化掩盖了经济发展中的矛盾，冲淡了经济发展的主体，使得民族地区经济增长与发展变得异常复杂和不明确。

2. 依赖性与不平衡性

由于自然与历史的原因，东部沿海地区构成了我国近代工业发展的集中地带，而中西部内陆地区的经济发展则与东部沿海地区有较大的差距，广大的西部几乎没有近代工业，而我国的民族地区基本上都处在西部与中部地区。旧中国给新中国留下的是落后的农业、稚嫩的工业，而且规模狭小，分布畸形，封闭锁国。民族地区的情况则更为突出，原始的、自然的、小农的、个体家庭的经济生产方式应有尽有。1949年，民族地区工农业产值只有36.6亿元，其中农业总产值31.2亿元，工业总产值5.4亿，分别占全国同期总量的7.8%、9.6%和3.8%[①]。新中国成立后，党和政府采取了一系列措施，加快民族地区经济的发展，"一五"时期到"四五"时期，国家对区域经济的发展态势判断为东西部两大区域，强调内地与沿海地区的均衡发展，国家的重点投资投向了中西部，在"优先发展生产资料"原则及"三线建设战略"的指导下，对中西部地区进行了计划体制下的大量输血，客观上起到了缩小东西部差距的作用，但同时也形成了中西部经济发展的强依赖性特征，经济的发展不仅失去了应有的造血功能，而且患上了严重依赖症，计划经济体制下的均衡发展，不仅延缓了中国经济的发展速度，而且也使得改革开放以来的"梯度发展战略"的实施出现了严重的后遗症，即经济差距的进一步拉大和经济发展不平衡性的加剧，使中国经济发展水平出现了东、中、西部三大地带差异。不平衡发展格局，一方面加快了东部沿海地区的经济发展速度，其经济基础、投资环境、市场条件及制度设计与安排都大大改善，而西部特别是民族地区经济的起步与开发需要更长的时间和更多的投入与更大转型，即便是国家政策的倾斜或投入的增加，民族地区滞后的局面很难在短时期内改变，其基础差、底子薄、基数低、规模小、依赖强的问题短期内即使发展速度超过东部也很难扭转，再加上西部开发中的环境生态、资源人口等一系列问题，缩小东西部差距成了新时期中国经济面临的一项长期而艰巨的任务。在承认并着手解决东西部经济差距的同时，还必须看到，民族地区经济发展自身的内部结构差异与不平衡现象仍然存在并十分突出，地区经济的发展不能掩盖内部结构的差异和不平衡，这种因历史社会发展发育程度不同而造成的不平衡，从一定意义上讲，成了影响民族地区经济发展的顽疾，或

---

① 李竹青、那日：《中国少数民族经济概论》，中央民族大学出版社1998年版，第164页。

者说它使得不同的民族或民族地区经济发展水平存在着较大的差异性及复杂性。正如马克思指出的"一个民族的生产发展水平,最明显地表现在该民族分工的发展程度上。"①

3. 市场发育程度偏低

中国的市场化改革进程,在时间上存在着不断深化完善的过程,在空间扩展上呈现出由东向西的梯度推进态势,各地市场化进程中的差别,在一定时期内必然造成区域发展的较大差异。在一定范围内,特别是一个地大物博的多民族国家中,建立统一的市场体系,统一的产品与要素市场,是市场经济真正确立的标志。我国市场经济地位正在形成与确立,但是由于存在着差异较大的不合理区域分工,区域间的贸易壁垒以及区域经济市场化程度的差异,导致我国远没有形成一个举国统一的市场体系。就民族地区而言,虽然也局部出现或正在建立市场化的体系与制度,但就整体水平而言,市场化发育的程度偏低,其主要表现是:一是没有形成真正的市场交易主体,职能不清的地方政府与政企不分的国有企业依然成为民族地区资源配置的主力;二是受制于历史与传统而形成的区际分工与贸易格局,使民族地区经济发展在很大程度上依然延续着"小而全"、"画地为牢"的发展路径,地方保护与地方割据仍然十分严重;三是有着深厚渊源与广阔市场的相对扭曲价格体系依然维持着区域经济的"平衡"与"稳定",相应产业、企业在扭曲价格的保护下,依然成为民族地区经济发展的主力,致使民族地区区域经济发展中出现了效率低下、资源浪费、产业趋同、企业缺乏竞争力等问题,并诱发了"原料大战"和"产品大战",破坏了市场规则。四是受制于政府开放战略与政策限制的开放市场的建设,依然固守着开放时间顺序和开放范围层次的规矩,造成区域性市场多于全国性市场,区域性、

---

① 《马克思恩格斯选集》第一卷,人民出版社,第25页。

全国性市场多于世界市场的市场开放格局,大大限制了市场运行的效率,限制了市场公平、公正与公开,抑制了效率。五是商品、要素总量上的不规模与结构的失衡,造成商品不能充分流通和要素不能自由流动。政府部分地替代了市场。这都成为民族地区经济发展的桎梏,一定程度上延缓了民族地区经济的发展。

4. 城镇化建设缓慢

打破地域界线,拓展城市规模,实现城市化管理,提高劳动生产率与人民生活质量,这是城镇化的深刻内涵。城镇化是工业化革命的必然,城镇化是民族地区经济发展的客观需求。目前,我国西部地区特别是民族地区城镇建设是其经济发展的选择与归宿。在城镇化建设中,民族地区的规模与速度不仅低于东部沿海发达地区,而且也低于全国平均水平,如同工业化进程一样。不仅如此,民族地区的城镇化建设依然停留在"离土不离乡"、"进厂不进城"的初期阶段,农业依然是许多民族地区的支柱产业,农业的收入主要是自然的恩赐与传统经营所得,二、三产业的比重依然较低。在民族地区经济结构中,家庭经济、乡村经济依然是主渠道。民族地区家庭经济运行的非社会化,集中表现在家庭较少有机会与能力参与社会资源的分享,而对自然环境及其资源及家庭内部人力资源的依赖程度较高,利用家庭成员参与自然界的物质循环,并从中取得基本生活资料,是家庭经济运行的最一般方式。民族地区乡村经济主要是集约农耕或种养结合的乡村经济,非集约的耕猎或耕牧结合的乡村经济,畜牧经济或牧农结合的乡村经济。农工商复合型的乡村经济虽有所发展,但仍不占居主导地位。民族地区的乡村经济仍是以家庭经济为主体的传统小农经济,其生产目的依然是以维持生计,获取生活资料为主要目的的,是一种低水平的徘徊。加上传统文化、生活习俗与宗教信仰等的影响,民族地区城镇化建设速度十分缓慢,在城镇化建设中土地问题、就业问题、居住与户籍制度问题更具有影响与特殊意义。

通过以上分析，我们可以清楚地看到，民族地区经济发展的突出特点是经济发展差异性与不平衡性，这是研究与发展民族经济中必须高度重视的问题。而科学、辩证而客观地对待差异与不平衡又正是我们解决民族地区经济发展问题，实现民族地区区域经济一体化发展的基本前提和理论分析背景。受自然、历史、经济、社会和文化诸因素的影响，地区经济发展中差异与不平衡是客观存在的，是不以人们的意志为转移的。从世界范围看，差异与不平衡是地区经济发展中带有普遍性的问题，地区间只要存在自然、经济、社会等方面的差异，就必然会存在地区间经济发展的不平衡性和差异化，从而形成地区间的经济差距。地区差距作为经济、社会现象，不只存在于发展中国家，在发达国家也存在，所不同的只是差异程度、延续时间和缩小时机的把握与选择。从世界经济的增长来看，经济的增长正是在差距与不平衡中进行的，在工业化时期表现得更为明显与突出。一般来说，在工业化的经济发展过程中，面对经济差异的存在与经济差距的拉大，大都采取了差别发展战略，实现非均衡增长；而且随着经济的增长，地区间差距程度渐趋严重，随着工业化进程的加快与结束，地区间经济差距经历了一个由拉大到逐步缩小的过程，经济发展倾向由非均衡增长逐渐转向均衡增长。可见，我国民族地区经济发展正在经历着这样的一个历史发展过程，问题的关键在于正确认识与准确把握地区间的经济发展差距，适时调控与解决差距，采取措施，制定战略，努力缩小差距，最终实现均衡发展。事实上，我国改革开放以来所实施的"梯度发展"的区域经济发展战略，正是吻合了这样一种选择与思路，才有了我国国民经济持续、快速、稳定、健康的发展，才有了综合国力的增强并保持了经济强劲增长的势头。

2.3.2 民族地区区域经济一体化的理论背景

我们提出民族地区区域经济一体化,正是基于对差异性与不平衡发展的认识与思考。区域经济一体化的产生与发展,已成为世界经济发展的一个重要内容,引起许多经济学家对这一问题的关注与研究,形成了不同的理论。民族地区区域经济的一体化发展,是把民族地区作为一个有机的整体来研究的,尽管地区之间存在差异与不平衡,但是并未能抹灭民族地区经济发展的统一性特征。中国市场经济体制建立过程中的梯度发展的区域经济增长,是建立在商品经济社会这样一个大的体制背景下的,如同世界经济统一性的表征一样,民族地区经济发展中的生产、交换、分配、消费的规律都表现出商品经济的特征。同时,在一个地区、一个城市、一个集团或一个企业,即使其组织结构、规模发展、运行机理存在着差异与不同,但当它与整个市场经济国度中的其他经济主体在发生联系或交易时,必须奉行商品经济的原则,因为商品经济是各种形式的生产方式的共性之所在。在任何形式的经济活动中,追求价值的最大化将是一切经济活动的重心。随着社会生产力的迅速发展,在市场经济条件下的区域经济发展,必然带来区域间及区域内的经济联系与相互依赖关系的增强,随着要素的自由流动与统一市场的形成,逐步形成有组织、可协调、高效率的一国经济体系,不仅使举国经济变成了一个有机的整体,而且在区域内或区域间更呈现出一体化的特征与趋势。从微观层面看,企业的市场化经营战略,使得其内部分工、贸易、资本转移、人员流动、技术转让、信息交流、组织管理及生产活动等要素内容实现了一体化。从中观层面来看,随着经济发展中相互依赖和影响的日益增强,越来越多的地区或区域自觉不自觉地溶入到一体化发展的潮流之中,经济区域集团内部的区域经济边界越来越模糊,区域间的集团经济或社区经营成为经济关系中的主体,区域经济一体化特征越来越明显,范围、规模与内容越来越大,成为统一性的经济增长的主要方式。从宏观层面看,世界经济全球化趋势的加快,使得生产、交换、分配、消费越来越具有规范化与统一化的运营特征,要求在经济协调、经济合作等方面建立相关的工作机制与协调机构,制定统一的规则与准则,促进经济的有序、协调运营。事实上,经济关系的协调与平衡过程也就是经济一体化的过程。

民族地区区域经济发展不仅具有多元化、复杂性、不平衡性的特征,而且也具有其统一性、一体化的表征与要求。民族地区区域经济发展选择一体化道路有其客观必然与理论基础。我们认为用佩鲁的"增长极"理论和弗农等人的"区域梯度转换理论"以及在世界区域经济一体化中,形成的以分工、贸易关税为主要研究内容的区域经济一体化理论,来共同求解民族地区区域经济一体化的理论问题是恰当适宜的。

1. "增长极"理论

该理论创建于上世纪50—60年代。最早是法国经济学家佩鲁1955年在他的《增长极概念的解释》一文中提出的,他在1961年出版的《二十世纪的经济》一书中对增长极理论进行了充分的论证。该理论主要论述推进型产业或关键产业在经济发展中的作用,同时也把增长极概念应用于空间研究,提出推进型产业或关键产业并非同时出现在所有地方,它以不同的强度首先出现在一些增长点或增长极上,然后通过不同的渠道向外扩散,并对整个经济产生不同的最终影响。也就是说,在经济增长中,由于某些主导部门或有创新能力的企业或行业在特定区域或大城市聚集,形成一种资本与技术的高度集中,具有规模经济效益,自身增长迅速并能对邻近地区产生强大辐射作用的增长极,并通过其吸引力和扩散力不断增大自身规模,对所在地区产生支配性影响,从而不仅使增长极所在地区优先增长,而且能带动相邻地区共同发展。

佩鲁的增长极理论是以支配学说或不平等动力学为基础的。他认为社会是一个异质集合体，由于种种原因，社会内部的各个组织与团体之间存在着一种不平等的相互关系，即支配与被支配的关系。支配作用产生于历史的、偶然的原因，或产生于结构或制度方面的因素。支配单位可以是企业、部门，也可以是地区、国家。在经济生活中，支配作用是一种普遍现象，大企业对小企业、工业对农业、新兴产业对传统产业、城市对农村、发达地区对落后地区都存在支配关系，经济发展是一个支配单位起主导作用的不平等、不平衡的动态过程。佩鲁在其理论中，从四个方面阐述了增长极的作用机制：(1) 技术创新与扩散。增长极能不断地进行技术创新，从而使新技术、新产品、新组织和新的生产方法层出不穷。一方面吸引其他地区的最新技术人才，另一方面又将新技术扩散到其他地区。(2) 资本的聚集与输出。增长极良好的投资环境，能从其所在地区和部门或从其他地区和部门吸引和集聚大量资本。同时为了满足其对原材料、农产品等需求，增长极又向周围地区和部门输出资本。(3) 产生规模经济效益。增长极的企业和行业集中，生产规模庞大，可以形成规模经济，产生内在经济效益，同时由于完善的基础设施以及其他服务部门的建立，因而形成了显著的外部经济效益。(4) 产生凝聚经济效果。增长极的形成，将促使产业活动和技术、资本、贸易、人口在地域上的聚集，从而产生具有多种功能的经济中心，并通过与周围地区的密切联系，利用吸引和扩散作用机制，推动整个区域乃至一个国家的经济发展。

2. 区域经济梯度转移理论

梯度转移理论的基础是美国哈佛大学的弗农等人所提出的工业生产生命循环阶段理论，该理论认为工业各部门及各种工业产品都处于生命周期的不同发展阶段，而每个部门或产品必将经历创新、发展、成熟、衰退等四个阶段。区域经济学家将这一理论引入到区域经济学中，便产生了区域经济发展梯度转移理论。这一理论的观点包括：区域经济的发展取决于其产业结构的状况，而产业结构的状况又取决于该地区经济部门，特别是其主导产业在工业生命周期中所处的阶段。如果其主导部门由创新占主体的专业部门构成，则说明该区域具有发展潜力，因此将该区域列入高梯度区域。该理论以创新作为决定区域经济发展梯度层次的决定性因素，而创新活动大都集中于经济最发达地区的大城市。随着时间的推移及生命周期阶段的变化，生产活动逐渐从高梯度地区向低梯度地区转移，这种梯度转移的过程主要是通过多层次的城市系统扩展开来，创新在空间的扩展有局部范围与全面扩展两种方式。梯度转移之所以成为必要与可能，主要是由于市场的扩大及由此所产生的生产规模扩大、生产成本的节约等因素，从而使下一梯度的具有某些比较优势的城市或地区有可能成为该部门或产品的最大生产基地，而取代原来最高梯度的创新发源地，进而实现技术与产品生产的梯度转移。当然，由于地区接受能力等方面的差异，致使梯度转移只能顺次而行。

如果说以佩鲁为代表的"增长极理论"与弗农等人的"梯度转移理论"，从区域经济的差异与不平衡性方面来研究区域经济增长应采取何种发展战略的话，那么，在世界经济的区域经济一体化发展中形成的以分工、贸易、关税为主要研究内容的区域经济一体化理论则能从根本上解释为什么民族地区区域经济发展也能一体化。因此，"关税同盟理论"、"大市场理论"、"协议国际分工理论"和"相互依赖理论"亦成为民族地区区域经济一体化的理论背景，用其来描述区域经济一体化对民族地区的贸易、投资、社会福利等所产生的经济效应。

3. 关税同盟理论

该理论主要研究关税同盟组织及自由贸易区的成立，对世界贸易、投资和福利产生的影响。它是由美国普林斯顿大学的经济学家维纳（J·Viner）于1950年在《关税同盟问题》一书中提出,后来米德（J·E·Meade）和利普赛（R·G·Lipsey）对此理论加以发展。该理论认为,关税同盟具有贸易创造、贸易转移和贸易扩大效应。认为关税同盟内部取消关税,实现自由贸易,会使国内生产的产品被其他成员国生产成本较低的产品所取代,从而提高了资源配置的效率,扩大了生产赢利。同时由于该国减少了该项产品的消费开支,扩大了社会需求,增加了对外贸易量,最终使得关税同盟国的社会福利水平提高。关税同盟对内取消关税,对外实行统一的进口关税,使原来从同盟国外的非成员国低成本生产的产品的进口转换为从成员国较高成本的产品进口,从而实现贸易转移,单就贸易转移本身而言,减少了福利,因为它把生产从效率较高非成员国转移的效率较低的成员国,使国际资源分配恶化,使生产背离了比较优势的原则,而对成员国来讲,贸易转移既能增加也能减少成员国的福利。成立关税同盟后,在贸易制造与贸易转移的影响下,产生了贸易扩大的结果,一般来说,关税同盟的经济效益主要取决于贸易创造效应与贸易转移效应,结盟前的税率越高、差异越大,同盟后的效应就大。因为产品价格的下降会增加成员国之间的贸易量；而成员国供给与需求弹性越大,贸易创造的效应就越大,成员国经济规模越大,贸易转移的可能性就越小,区域内资源重新配置的可能性越大,提高区域内福利水平的可能性也越大。同时,成员国国民经济中对外贸易的比重越低,其贸易创造效应的可能性越大,各国经济结构越趋同,进出口产品越类似,建立关税同盟所获得的福利水平就越高,也就是说,由相互竞争的国家组建的关税同盟所产生的经济效益要比互补性的国家所产生的经济效应更显著。

关税同盟还通过其所产生的竞争效应、规模效应、刺激效应推动区域经济一体化的发展,促进各成员国更为广泛的经济联系。区域经济一体化组织的建立，打破了各成员国对市场的保护，使组织（厂商）面临更加激烈的竞争，厂商想方设法降低成本，提高劳动生产率，不仅能提高资源的配置效率，而且能提高社会的经济福利。区域经济一体化组织的建立，各成员有了一个比较稳定的扩大了的市场，厂商可以充分利用其优势，扩大生产规模，从而降低产品成本，提高经济效率，进而形成产业部门的关联性，一个部门的发展可能会带动其他部门的发展，从而形成规模经济。而随着市场的扩大，区域内的投资可能会大大增加，因为厂商一方面会通过扩大投资，进行产品的升级换代，改进质量，从而提高市场竞争力；另一方面，由于关税壁垒的存在，区域外厂商会通过各种方式的区域内投资，进行生产与销售。

4. 大市场理论

该理论是从动态的角度来分析区域经济一体化所取得的经济效应。其代表人物是西托夫斯基（T·F·Deniau）和"德纽"（J.F.Deniau）。该理论认为：当经济一体化演进到共同市场后，区域内不仅实现了贸易自由化，而且生产要素亦可以在区域内自由流动，从而形成一种超越国界的大市场。由于大市场的存在，一方面使生产要素在共同市场的范围内沿着生产可能线重新组合，从而提高了资源的配置效率；另一方面，区内生产量和贸易量的扩大，使生产可能线向外扩张，促进了区内经济的增长与发展。西托夫斯基在分析西欧国家高利润率问题时，认为只有共同市场和贸易自由化条件下的激烈竞争才能打破高利润率、高价格、狭窄的市场和低资本周转率的恶性循环。通过组建共同市场，加剧竞争，使内部市场趋于统一，生产要素趋向自由流动，使生产要素配置更加合理，形成规模经济，从而获得规模经济效益。

5. 协议性国际分工理论

日本经济学家小岛清在20世纪70年代出版的《对外贸易

论》一书中提出了"协议性分工"的理论。由于大市场理论提出的实现规模经济的目标和竞争激化的手段往往会导致以各国为单位的企业集中与垄断，从而不利于区域内贸易的扩大，而应该用"协议分工"来解决这一难题。该理论认为，为实现规模经济，可以通过国际间政府的协调机制来确定国际分工，发展国际贸易，即可通过经济一体化制度把协议分工组织化，从而使成员国间的分工与贸易保持相对的稳定。协议分工的国际协调可以有效地配置区域内的资源，增加区域各成员国的净福利。小岛清认为，达成协议分工是有条件的，一是协议国间的经济实力相接近，且均有能力为对方提供所需的产品；二是分工要带来成本降低与效率提高的前提是产品能实现规模经营；三是协议国所获得的利益应该没有很大差别，且改善的程度也不相近。

6. 相互依赖理论

世界各国经济之间存在着相互依赖关系，相互依赖是指一国经济运行对另一国经济运行双向的、相互的作用和影响程度，相互依赖是国际分工及生产力发展的产物，其理论内容十分广泛，既包括相互依赖的内容、相互依赖的条件，也包括相互依赖的指标确定及利弊分析。其理论，可以用来分析区域经济一体化问题。运用相互依赖理论分析区域经济一体化理论的主要代表人物是耶鲁大学的卡尔·多依奇。他认为相互依赖的作用具有积极与消极的正反作用，而正是由于其正向的积极作用，促使一些国家成立区域经济一体化组织，以有利于各成员国经济发展，相互依赖的反向的消极作用，会加剧区域内部的竞争，使成员国间发生利益冲突，因此，各成员国要进行协商，达到趋利避害。相互依赖理论强调的是各国间的相互依赖与相互联系，从现象上看，比较接近区域经济一体化过程中的政策协调，因此，它也是区域经济一体化的一种理论依据，但在进行运用分析时，应紧密切合实际趋利避害。

理论分析有其科学性，但是理论分析必须以实践为前提，不能生搬硬套。当我们运用上述理论来研究分析民族地区区域经济一体化问题时绝不能削足适履，也不能照搬套用，因为我们研究的对象是发展中国家相对落后的民族地区的区域经济一体化问题。诸如关税同盟、关税壁垒、贸易保护乃至于区域分工、区域政策协调等问题都必须符合民族地区经济发展和中国经济整体发展的现实，用一体化理论去指导区域经济一体化发展实践，用区域经济一体化发展实践去丰富经济一体化理论。区域经济一体化扩大了市场的空间，增加了区域间的贸易量，增强了区域间的竞争，形成规模经济，产生了规模经济效益，提高了区域内的资源配置效率和经济社会福利。同时，区域经济一体化增加与原有经济体制与运行机制的矛盾，加剧经济发展中的不平衡，带来经济发展中的环境、资源、人口等一系列全球性问题，影响经济的可持续发展及格局变化。

第3章 民族地区区域经济一体化发展战略

民族地区区域经济一体化是中国经济改革开放二十多年，实施梯度发展的非均衡发展战略的产物，也是由民族地区经济发展的内在性质与外在特征所决定的。民族地区区域经济一体化的形成与发展，不仅有效地推动民族地区经济的发展，而且将对中国经济的整体推动产生深刻的影响与积极作用，正如与珠江三角洲一体化经济带、长江三角洲一体化经济带及环渤海一体化经济带一样，影响着中国整体经济的格局与成长。因此，探索民族地区区域经济一体化的战略及组织模式问题，就显得尤为重要与迫切。

3.1 民族地区区域经济一体化发展的动因

民族地区区域经济的发展，使得民族区域经济一体化出现了一些基本的特点，表现在经济组织中，呈现出开放性与排他性；表现在经济组织的联系上具有广泛性与依赖性；表现在经济组织的合作方面，具有层次性与局部性；一体化区域中的地区经济又具有明显的不平衡性与差异性。因此，必须对民族区域经济一体化发展的动因进行分析。

3.1.1 民族地区经济发展超常战略的实施，推动了一体化的形成

对于民族地区而言，超常发展，即是根据客观经济规律，把国际国内有利因素同自身的经济优势合理地组合起来，使经济增长和结构进步超过全国一般发展水平，而又不发生大起大落的周期性波动。只有这一速度，才能迅速摆脱落后，缩小与东部沿海地区的差距，实现全国地区经济均衡增长目标。

这种寻求自身超常发展的新的经济增长方式，是有一定的实践背景。纵观世界经济及中国经济发展历史，落后国家或地区都出现过超常发展甚至"跳跃式"发展。比如美国从 19 世纪初到 70 年代的飞速发展，日本在二战后创造的"东亚奇迹"，"亚洲四小龙"在 60 年代经济的腾飞，中国改革开放后，以深圳为代表的特区经济发展与增长及浦东开发区的崛起，都属于超常发展之例。用著名发展经济学家波特的经济发展阶段论揭示：一国的经济增长将顺次经过四个阶段，一是要素驱动阶段，这时廉价的生产要素是一国或地区经济增长的源泉。二是投资驱动阶段，增长的源泉是大规模投资。三是创新驱动阶段，技术进步是增长的源泉。四是财富驱动阶段，处于这一阶段的国家或地区主要靠过去积累的财富来维持经济运行。并且波特特别强调经济增长的剧烈变化阶段必然发生在由投资驱动转为创新驱动，这一变化是市场自然选择的过程。波特的理论表明：不同的经济发展阶段，经济增长动力不同，而要达到超常发展必须从投资驱动转为创新驱动。可见，体制创新、制度创新、技术进步等是超常发展的秘密和根源。事实也是如此，据世界银行对东亚地区 1960—1980 年间的测算，香港地区、台湾地区、泰国等也赶上了国际"最优惯例"，即基本上与高收入国家的技术进步率相同。

波特的经济发展理论以及西方的经济增长经验可以为民族地区实现超常发展提供启示：由于我国民族地区资源富集且经济发

展水平基本上处于工业化初级阶段,因而推动经济增长要积极依靠"要素驱动"。另一方面,民族地区存在"二元经济"特征,要实现超常发展则必须依靠创新驱动。而技术进步驱动的基础则是要实现两个根本转变:一是增长方式由粗放型向集约型转变,二是经济体制要向市场经济过渡。可见,如果较早实现了这两个根本转变,经济超常发展必能实现。

从民族地区经济发展的特点来看,民族地区实施超常发展是可行的:

(1) 边境贸易为先导。外向型经济起步快,为沿边经济超常发展提供了物质基础。我国东部、西南、西北等民族地区,同周边15个国家的边境贸易,自上世纪80年代以来,尤其是90年代后,已经构成社会主义市场经济发展最迅猛的国际贸易形式。诸多边境口岸和市场架起了一座座沿边同国际市场连接的桥梁,形成了独具特色的陆边开放带。沿边开放带通过发展边贸,引进了设备、原料、资金、人才、信息等,为民族地区经济注入了活力。这种超常发展,或源于区位的重要而进行富有倾斜性的投入所导致;或因资源的开发利用而引发;或由组织制度创新的内在力量的推进;或因市场需求的牵动而飞跃;或由适度的政策投入而形成。边贸的快速发展——从资源、资金、技术、市场等方面支持了其他产业或行业的发展——产业结构发生适应国际需求的变迁——增加了国民收入和资金积累——推动民族经济的超常发展。

(2) 种类繁多,蕴量可观的自然资源和价格偏低的劳动力资源以及多彩的民族民间文化,是吸引直接投资,促使民族地区经济超常发展的客观有利条件。国际国内的直接投资,不仅增加了区域内资本存量,推动经济的增长,而且,流动的资本,带着技术、管理要素向资源土地要素靠拢,也向流动性相对较小的劳动力要素靠拢,从而给民族地区经济带来总效益的提高。以自然资源为例,民族地区不仅有丰富的农、牧、林业资源,而且稀土、钾盐、镁、铬矿储量占全国的90%,云母、盐矿储量占全国的80%以上,汞、锡、锰、石棉、砷矿储量占全国的60%以上,煤、铜、铅、锌、锑矿储量占全国的35%,天然气储量也相当丰富。这些在边远荒域里埋没的资源,是民族地区经济发展的禀赋优势,也是民族区域经济发展依赖的基础①。因此,在民族区域经济发展中应牢牢立足于这些资源优势,尽量延长产业链条,促使民族地区超常发展。

(3)广阔的国外市场是民族地区经济超常持续发展的支撑。民族地区同毗邻国家有相对应的外部市场。①远东市场,其空间范围包括俄罗斯亚洲部分等;②中亚市场,其空间范围是相邻的独联体成员国;③西亚市场,其空间范围有巴基斯坦、阿富汗、印度的一部分等;④东南亚市场,其空间范围含印度、缅甸等。自改革开放以来,中国与周边国家的贸易往来及互助合作频繁的开展;民族地区与其毗邻国家之间的关联度也愈来愈紧密。尤其是2001年中国加入世界贸易组织以后,中国经济融入了国际经济大循环,民族地区也获得了特殊的发展机会。在国家政策允许的范围内,民族地区可以大力寻求国外的资金支持、技术支持、人力支持和产业支持,从而有可能迅速而明显地改变长期以来经济发展的滞后局面。

(4)国家西部大开发政策的倾斜。世纪之交,中央提出实施西部大开发战略,把内蒙古自治区和广西壮族自治区划入西部大开发的范围。据此,西部就包括西北的陕、甘、宁、青、新和西南的川、藏、云、贵和重庆以及内蒙古和广西共12个省市区,包括了我国仅有的5个民族自治区和全国30个民族自治州中的

---

① 葛少芸、张民义:《略论民族区域经济发展中的几个问题》,《社科纵横》2001年6月,第27-30页。

28个自治州以及120个民族自治县中的90%的自治县。广阔的西部地区其实就是中国少数民族主要的聚居区域。因此，从一定意义上讲，西部大开发就是西部民族地区的开发。西部大开发中，国家出台了一系列优惠政策，民族地区可享有多重优惠，与非民族地区的合作也逐步有序地展开。加入WTO后，国内市场国际化的趋势将进一步明显，必然会推动各地内外开放的深化，以资产联动为纽带，以资源优势为基础，以产业要素优化组合为导向，合作领域不断拓展的新一轮区域经济合作将大规模地推进，地区之间的开放领域将进一步扩大，开放程度将进一步提高，全方位、多层次的区域合作将全面铺开，这必将进一步推动民族地区的发展。

3.1.2 规模经济与范围经济的形成与发展，推动了民族区域经济工业化、城市化发展

从经济学角度来看，所谓规模经济是指随着产出量增加而发生的单位成本下降。一般意义上讲，规模经济也就是生产力诸要素在"一定范围"内高度聚集和优化配置所获得的"经济"。规模经济可以在三个不同层次上理解：一是单个企业层次上的规模的扩大，其共享性表现在专业化和分工，生产要素的不可分割性，先进技术和生产组织的采用，大量购买和储备的节约。这主要是新古典经济学中所讲的规模经济；二是企业外部同一行业内部的规模经济，又称作"区域集中化经济"，这一层次上主要是指同一行业的企业向特定的地区集中，从而加速了相互之间的技术交流、信息传递造成的"免费搭车"，以及生产工艺的仿效竞争而带来平均成本的节约。正如美国麻省理工学院的克鲁格曼教授所说的，同类工业原料供应者和工人聚集到一个地区能够产生大批技术熟练的工人并把他们的新技术普遍带给各家工厂，从而造成繁荣；第三层次则是由于行业向同地区集中而带来的规模经

济,其共享性主要表现为一些交通运输、市场设施的公共性与便捷性上,也被人称为"城市化经济"[①]。

范围经济,又称种类经济,是指扩大企业所提供的产品或服务的种类会引起经济效益增加的现象,其反映了产品或服务种类的数量同经济效益之间的关系。其最根本的内容是以较低的成本提供更多的产品或服务种类。范围经济意味着对多种产品进行共同生产相对于单独生产所表现出来的经济,一般是指由于生产多种产品而对有关要素共同使用所生产的成本节约。

规模经济与范围经济虽然是微观经济学的概念,但对于区域经济学的发展也有很强的借鉴意义。专业化分工协作的不断扩大,"区域集中化经济"的形成以及城市化经济的形成与发展,这正是区域经济发展理论所研究的工业化、城市化关系理论的主要内容。中国经济发展的二元结构是发展中国家普遍存在的问题,是区域化工业经济发展呈发散变化的主要原因,工业化的地域推进已经成为我国区域经济发展的一个重要特征。我国的东部已进入工业化后期发展阶段,而中部与西部,还处在中期或由初期向中期过渡的发展阶段,使得我国城市化集中度和要素配置呈现高、中、低的分布格局。在市场经济条件下,城市化与工业化的联动发展,推动了区域经济的趋同化发展。工业化的回波效应与扩散效应以及城市化的发散效应与辐射效应,加速了区域空间结构中的供给与需求力量。区域内的经济主体间关系的演变,形成了比较优势。不同等级和组织化程度的市场往往与不同等级的城镇体系联系在一起,各类市场空间差异与整合关系表现为城市之间的空间差异。企业间的兼并重组,也会引起城市间垂直与分工的空间组织的演进。顺应经济全球化发展趋势,城市化经济在

---

① 袁莉:《聚焦效应与西部竞争优势的培养》,经济管理出版社 2002 年 12 月版,第 75-80 页。

经济发展中扮演着越来越重要的角色，城市将由一个区位转变为生产的节点，企业的微观活动将与城市和区域发展息息相关。这无疑成为区域经济发展的新思路。不仅如此，对于民族地区而言，由于其经济地理资源趋同、产业基础与结构趋同等因素，所以更容易发挥规模经济的作用，实现区域经济一体化。

下面以滇桂两省的北部湾地区的开发为例，来进一步说明规模经济和范围经济对于地区经济发展的推动作用：

北部湾丰富的海洋水产及油气资源是两省区经济互补与合作发展的首选和重要领域，同时充分利用了两省区相关人才、技术与资金、市场等要素和有利条件，加强合作，扩大规模，共同开发利用，收到了良好的经济效益[1]。具体的合作如下：

(1) 滇桂两省区开展海洋水产养殖、捕捞等方面的合作，充分发挥规模经济效益。广西有面积广阔的可发展海洋水产养殖的浅海、海湾或滩涂，两省区又有着较多相关的人才、技术及一定的投资能力。在此基础上合两省区之力共同发展海洋水产资源的养殖、捕捞方面的合作，包括优良品种的繁殖、浅海养殖、疾病防治、深海和远洋捕捞、捕捞船具制造等。

(2) 广西海洋水产品的养殖与云南组织市场销售之间的合作。云南远离海洋，不产海洋水产品，而海洋水产品在口味、营养等方面有其独特之处，一般海洋水产品价格适中，是内陆居民喜欢的消费品。云南省2001年的居民消费水平为2192元，有很大的消费市场。同时，云南作为西南地区的一个人口大省，是广西海产品在内地的一个消费市场，两省间通过建立一些相对固定的销售网络，将销售市场扩展到西部其他省区。两省区实行产供销联手，既能为云南及西部各省消费者服务，又能推动广西海洋

---

[1] 国务院发展研究中心课题组编：《中国跨世纪区域协调发展战略》，经济科学出版社1997年7月版。

水产业的发展。这也是范围经济的一个具体体现。

(3) 利用两省区的加工技术、加工能力和一定的投资能力，合作加工海洋水产品，开展海洋水产品的深加工。举两省区之力努力提高海洋水产品加工与深加工能力，推动提升水产品的加工业从粗放型向集约型的转变，形成了具有区域性影响的海产品生产能力与供应市场。尤其两省着力加快较高知名度的珍珠系列产品的开发研制，形成了一定的优势品牌。同时，海洋水产养殖的面积和规模也在不断扩大，养殖科技含量进一步加大，养殖成本不断降低，更多的水产品已打入国内外市场。

3.1.3 产业分工与要素流动，推动了民族地区区域经济合作与协调

区域资源禀赋条件的差异形成区域间的不同比较优势，从而导致了区域分工的产生，为了实现利益最大化目标，区域之间必须利用各自的比较优势进行合作，协调发展。

区域分工是区域之间经济联系的一种形式。由于各区域之间存在着经济发展条件和基础方面的差异，因此，在资源和要素不能完全、自由流动的情况下，为满足各自生产、生活方面的多种需求，提高经济效益，各个区域在经济交往中就必然要按照比较利益的原则，选择和发展具有优势的产业。于是，在区域之间就产生了分工。

区域分工的意义在于，能够使各区域充分发挥资源、要素、区位等方面的优势，进行专业化生产；合理利用资源，推动生产技术的提高和创新，提高产品质量和管理水平；有利于提高各区域的经济效益和国民经济发展的总体效益。

根据亚当·斯密的分工理论，我们可以认识到：经济增长是分工演进导致报酬递增产生的结果，而经济发展的各个侧面，如产业结构的优化升级、区域经济空间结构（城镇化）的高度化及

企业产权结构和所有制结构的变迁都不过是分工内生演进的必然结果，分工的广度和深度决定着经济结构的高度及经济发展的质量和水平①。产业分工的存在，使得成本优势的国家和地区获得了比较利益，贸易是比较利益的实现方式，而经济合作的发展，通过生产要素的移动来改善该区域内的要素禀赋，从而更直接地获取比较利益。可见，区域生产条件的成本差异促进了区域分工的产生，诱发了区际贸易与经济合作。

赫克歇尔——俄林的要素禀赋论（H-O模型），在斯密理论的基础上，把国际分工、贸易与生产要素（土地、劳动、资本）联系起来，提出了"生产要素禀赋差异"概念，认为区域化或国家存在着生产要素禀赋上的差异，生产要素禀赋的差异必然导致相对价格差异，进而形成不同地区或国家不同的生产条件和生产成本结构，相对商品的相对价格差异就产生了，因此产生专业化的区域分工。而生产要素在区际间的自由流动，使各国或区域能利用生产要素条件优化资源配置，从而使一国或地区产出实现最大化，H-O模式较好地揭示了区域分工与要素禀赋之间的关系。

继俄林之后，琼斯等人提出了"区域比较利益论"。认为不同区域之间的资源配置效益存在着差异，这种差异是由区域外部经济差异与区域间生产要素比较优势差异而造成的，区域外部差异形成了区域外部经济，区域间的生产要素差异形成了区域比较效益。区域生产要素优势可通过由利益驱动的要素的流动来实现，这一过程也是区域经济合作及一体化的过程。

随着经济全球化与区域经济一体化的发展，区域经济合作呈现出范围不断扩大，程度不断加深，层次不断提高的多样化、多

---

① Peter J.Boettke：《经济发展的政治基础》，www.sinoliberal.net/economic/ political%20infrastructure%20of%20economic%20development.htm。

层次、全方位的发展趋势，这为中国区域经济发展提供了经验并指明了方向。由于我国地域辽阔，自然经济条件千差万别，区域之间因具有很大差异而具有比较优势，客观上形成了区域合作的基础；但是在行政主导经济发展格局中形成的区域经济，依然存在着区域分工协作弱化、产业结构趋同、市场相对封闭、地方格局与地方保护等一系列问题，这都影响了区域经济的合作与协调发展。我们应该借鉴国际区域合作发展的经验，加强区域间的交流与合作，促进要素的自由流动，实现资源的优化配置，提高地区的综合竞争力，推动地区经济的协调发展，因为我们有着共同的利益，共同的地域空间，共同的合作基础，社会主义市场经济体制的确立为区域合作提供了广阔的发展空间。

在历史上，民族地区离散型的人口分布、边缘化的区位、恶劣的自然地理环境、落后的交通和信息条件等种种原因使得这个地区的交易成本极为高昂，市场交换无从开展，在这样的条件下，不仅区域内部的分工不能深入，区际间的分工和贸易也无法形成规模和气候[①]。新中国成立及改革开放以来，民族地区的区域分工和要素流动逐渐频繁地展开，地区间联系日益紧密，与其他地区合作也进一步开展。从民族地区的综合实际分析，其分工和要素流动能够进一步发展的动因如下：

（1）民族地区已改变了交通落后、信息闭塞的现状；随着川藏公路、青藏铁路等一批交通枢纽的建成，民族地区的面貌发生了根本性的变化，为商品交换活动提供了便捷的硬件设施和技术条件。

（2）民族地区的人口素质有了大幅度的提高，劳动者的技能和专业化程度都明显增强，这为民族地区分工的发展提供了充分

---

① 李皓、杜肯堂：《民族地区全面小康之路初探》，《中南民族大学学报》，2004年第2期，第29-32页

的人力支持和人才保障。

(3) 技术进步为分工经济的发展创造了技术上的可能性。从技术层面讲，分工的发展会受到技术的制约，人类社会每一次社会分工的大发展都是以技术上的革命性变革为其技术前提的。民族地区可以利用技术上的后发优势，通过消化吸收使技术长入经济中。同时，专业化生产也会促进经济组织的结构调整，深化经济组织内部的分工。

(4) 政府实际资源的投入和有效制度的供给为民族地区分工经济的发展提供了充足的后备力量。由于交易成本、技术人力等现实因素，使民族地区经济的分工和专业化缺乏自发演进的能力和内在动因，因此各级政府在民族地区扮演着极其重要的角色。民族地区分工经济的发展离不开政府实际资源的投入和有效制度的供给。

3.1.4 一体化区域经济成长的经验，是民族地区区域经济发展的前车之鉴

20世纪以来，随着经济全球化的发展，区域经济一体化也越来越成为一种趋势。区域经济一体化源于西欧，其本义在于以区域为基础，提高资源的利用效率。区域经济一体化有两大含义：一是区域宏观经济政策和环境的一体化；二是区域市场的一体化。区域经济一体化既是一种目标，又是一个过程，同时它又是区域经济发展的一种态势。作为一种目标在于加强区域内各成员的协调发展与相互依存，最终形成政治经济高度协调统一的有机体，为完成区域经济一体化的过程，而形成区域内各成员相互联系的开放经济的态势。本文具体以欧盟、北美自由贸易区以及中国的长江三角洲地区为例，来说明一体化区域经济的成长。

(1) 欧洲联盟——区域经济一体化的先锋

欧洲的历史和地缘因素决定了欧洲走向一体化的道路，经济

一体化的不断深入增强了欧洲的国际影响力，欧盟已经作为一个整体成为世界经济、政治格局中至关重要的一极。从欧洲一体化的发展进程来看，我们可以大致划分为四个时期：初创时期，以1952年欧洲煤钢共同体成立为标志；欧共体时期，以1967年煤钢、原子能和经济三个共同体合并为欧洲共同体为标志；欧盟时期，以1993年欧盟的成立为标志；制宪时期，以2003年欧盟宪法草案提交讨论为标志[①]。

欧洲一体化发展到今天，成员国已经扩大到27个，建立了内部统一的市场并统一了货币，成员国在政治、经济、文化等领域内的往来越来越密切。目前欧盟正在实现其政治领域的一体化，随着欧盟成员国数量的不断增加，它在世界上的政治影响力和经济影响力也不断扩大。无论在规模上还是制度建设上，欧盟都是区域经济一体化的先锋和典范。欧盟一体化对推动全球化和地区一体化的作用是不可估量的。它的经验将对未来国际经济政治秩序提供参考，并为未来其他地区的一体化提供借鉴和示范作用，为未来多极化格局下的多边合作提供范例。

(2) 北美自由贸易区——南北区域经济一体化的先例

20世纪90年代以来，美洲地区的区域经济一体化组织如北美自由贸易区、南方共同市场、安第斯集团等都有不同程度的发展。由美国、加拿大和墨西哥三国组成的北美自由贸易区，建立在原美加自由贸易区基础上，于1992年宣布成立[②]。北美自由贸易区协定为三国间的贸易和投资制定了许多法规，包括逐步取消关税以及其他贸易壁垒和投资限制等，加快了墨西哥吸引外资的速度，特别是美国投资。美墨之间的经济互补性强，墨西哥需要

---

① 郑必坚：《当代世界经济》，中共中央党校出版社2003年6月版，第189－194页。

② 同上书，第195－197页。

美国的先进设备和技术，美国需要墨西哥的市场和廉价的劳动力。对墨西哥来说，既增加就业机会和出口份额，又促使其进行内部调整并提升了本国经济的整体竞争力。墨西哥作为发展中国家与美加建立经济一体化组织，为其赢得了经济发展空间，尽管墨西哥的农业、机械设备行业受到一定的影响，但总体上看是受益的。

北美自由贸易区是世界上第一个由最发达国家和发展中国家组成的区域经济一体化组织，并促进了美国与拉美国家的双边或多边贸易协定的谈判，为实现贸易自由化目标奠定了基础。目前，除古巴以外的所有美洲国家已经确立了在2005年建成美洲自由贸易区的目标。这将是一个包括34个国家、拥有8亿多人口、产值超过10万亿美元的超大自由贸易区，对世界经济将产生巨大的影响。

(3) 中国的长江三角洲地区——中国区域经济的亮点

长江三角洲北起通扬运河，南抵杭州湾，西至镇江，东到海边，包括上海市、江苏省南部、浙江省北部以及邻近海域。面积约为99600平方公里，人口约7500万，是一片坦荡的大平原。这里岸线平直，海水黄浑，有一条宽约几千米到几十千米的潮间带浅滩[①]。

长江三角洲作为一个跨省、市的复合结构区域，按照区域经济一体化的要求，在基础设施建设上具有空间连续性，在产业布局上具有互补性，在资源利用以及环境保护等可持续发展上具有协调性。在我国经济中不仅成为率先融入世界经济的重要地区，而且也成为国家区域开发的先遣部队与中坚力量。长江经济带的形成，将带动全国经济的发展，在中国经济发展格局中具有十分

---

① 长江中上游与中国西部可持续发展研究课题组编：《长江中上游与中国西部可持续发展》，武汉大学出版社2002年4月版，第27-37页。

重要的地位。

长江三角洲以上海为核心,其城市化水平整体较高,城市体系完备。改革开放以来,长江三角洲的乡镇企业异军突起,小城镇建设加快,建制镇和县级市(小城市)的数量急剧增加。近几年,这一地区开始由重点发展小城镇转向重点发展大中城市,空间布局上再次由分散走向集中,各类开发区建设,成为原有城市外延扩张的主要标志。城市化进程的加快使沪宁杭公路、铁路和大运河沿线的9个城市基本连接成片,长江三角洲形成了完整的都市群。这个都市群汇集了产业、金融、贸易、教育、科技、文化等雄厚的实力,对于带动长江流域经济的发展,连接国内外市场,吸引海外投资,推动产业与技术转移,参与国际竞争与区域重组具有重要作用。

改革开放特别是20世纪90年代上海浦东开放开发以来,长江三角洲呈现出持续蓬勃发展的态势,成为全国经济发展水平最高、综合经济实力最强的地区之一,也是世界上最具活力和发展前景的经济区域之一。据统计,三省市国土面积占全国2.2%,财政收入占24.5%,进出口总额占28.5%,出口占29.9%,其经济在全国占有举足轻重的地位。在未来的经济发展中,长江三角洲经济带将会出现更具区域特色的变化趋势,该区域的发展将呈现都市圈经济替代区划经济,城际间的联合替代城市间的合作,都市联盟与企业联盟共同成长,相互推进的协调替代单例协调,开放型经济将替代外向型经济,责任政府替代权力政府。一个极具生命力的合理分工定位、有序产业布局、效率公平协调的区域经济体将成长为影响中国经济发展的区域经济带。

由以上三个国内国外区域经济一体化发展的实例我们可以看出,区域经济一体化是在分工不断深化、市场不断发展而形成的市场一体化、生产一体化以及由此发展起来的经济调节一体化的综合。在新的条件下,随着市场发展和经济往来的日益频繁以及

国家西部大开发战略的实施，民族地区也必然会逐步实现区域经济的合作与发展

3.1.5 民族区域经济文化战略，推动了民族区域经济的协调与发展

我国民族地区区域经济发展除具有自己的特点，这些特点规定了民族经济发展中的区域特色。表现在两个方面。其一，民族地区经济发展除具有与全国一致的特点外，最为明显之处在于鲜明的民族性，广大少数民族群众成为本区域经济发展的主体[①]。因为民族的差异性，决定了区域发展观存在着差异性，广大少数民族群众对本区域经济发展目标、模式的理解，构成独具特色的民族地区区域群众发展观。其二，民族地区具有各具特色的传统文化、社会结构和价值观，对民族地区区域经济发展产生重要影响。少数民族地区是中华文明的重要发祥地。几千年的历史发展中，少数民族地区留下了无数的文化遗产和丰富多彩的民族文化艺术。在一些偏远的少数民族地区，经济的落后和交通的闭塞影响了人们的视域，却使这些地方得以保留下来一些久远时代的艺术品种，如各地的民间歌舞、戏曲、剪纸、刺绣、岩画和民间故事、宗教艺术等等，犹如一个巨大的民族民间文化艺术的宝库。另外，在不同的地区曾一度发达的吐蕃文化、西夏文化、红山文化、东巴文化、大理文化等，都曾在文字学、文学艺术、哲学、建筑学和文化制度方面取得过辉煌的成就。蒙古族的《江格尔》、藏族的《格萨尔王传》和柯尔克孜族的《玛纳斯》三大史诗，其鸿篇巨制可与古希腊的《伊利亚特》和《奥德赛》相媲美。所有这些都是民族地区得天独厚的历史文化资源优势。

---

① 徐梅、徐娟：《区域经济发展与区域群众发展观——以我国民族地区区域经济发展为重点的分析》，《云南民族学院学报》，2003年5月，第32－35页。

从某种意义上讲，文化是经济发展的灵魂。这些少数民族地区的文化尽管各有特色，但实际上存在着很多方面的共性；尤其对于地理位置上比较接近的地区而言，他们的风俗习惯、价值观等有很多的一致性，甚至是相同相融的。这种文化方面的相融为其经济方面的相融奠定了良好的基础，从而更有助于推动民族地区区域经济一体化的实现。另一方面，文化的发展也成为经济发展的先导。由于民族地区多处内陆地区，历史上就自然形成了民族地区的封闭状态，不仅影响了人们的眼界，也直接影响了人们观念的更新。所以民族地区越是要发展，越需要开阔眼界，越需要广泛的文化交流，不仅要同兄弟省市区进行文化交流，还要同国外进行文化交流。

目前，我们加强民族地区文化建设，要注重以下两个方面：一是要建立科学文明的思想观念和生活方式，引进和传播一切有利于民族地区文化建设和发展的先进文化，努力跳出民族地区相对落后、保守和封闭的状态。二是要在制度上进行必要的创新，清除阻碍文化发展的陈规旧习。当前，尤其要制定符合实际的经济文化政策，拓展文化建设的资金来源渠道，吸收区内外乃至国外的资金共同建设民族地区的文化事业，改变民族地区文化建设被动滞后的局面。形成一个地域相邻、人缘相亲、经济相联、文化相融，具有区域协调联动发展的民族区域经济文化发展的厚实基础。

3.2 民族地区区域经济一体化的条件与模式

民族经济区域经济条件的差异与区域分工的存在是区域合作的前提，区域经济分工理论为区域经济一体化发展奠定了坚实的理论基础。区域经济一体化是企业、法人、组织及政府为了共同的经济利益,以产业为龙头带动生产要素的移动与资源的最优配置为主要内容的经济协作活动,以达到区域内经济点协调持续发展。可见,追求区域经济共同利益是区域经济一体化的出发点,而强化区际间的经济合作与区域经济的共同发展是区域经济一体化的归属点。

3.2.1 民族地区区域经济一体化的条件分析

民族地区区域经济一体化能否顺利有序的推进,取决于区域内经济合作的条件状况。而当前国家西部大开发战略的实施及社会主义市场经济体制的建立,国家宏观经济政策特别是民族政策的支持以及民族地区经济发展的格局与现状,都为民族地区区域经济一体化的发展创造了条件与机遇。

1. 区域经济差异与分工是民族地区区域经济一体化的基础

有关理论告诉我们,生产要素禀赋在空间上的不平衡必然导致经济活动内容和活动方式的不同,这种分化表现必然促使不同地区之间的商品交换与生产要素的流动,使得不同地区之间形成一种分化竞争与融合互补的一种经济关系。生产要素的差异性越大,区际之间的分工就越明显,从而形成具有区域特色的区域专业化生产部门;而区域差异上形成的社会分工,又为区域内的经济协调提供了较为广阔的空间。众所周知,区域间的差异与分工既源于区域间的自然、经济、社会状况,又直接影响着区域协作的范围、内容、方式等。民族地区的区域经济具有双重性的差异,表现在与中国整体经济方面是自然资源丰富,经济基础薄弱,市场需求旺盛,资金、人才、技术奇缺,开放化程度不高,产业布局不尽合理,文化差异大等;表现在区域方面是经济发展不平衡,产业结构不合理,地方保护及地方特色明显。经济的差异为区域合作提供了宏观基础。

2. 市场经济体制的确立是民族地区区域经济一体化的制度

前提

1992年，中共"十四大"明确提出了社会主义市场经济的体制目标，建立社会主义市场经济体制，就是强调市场在资源配置中发挥基础性作用，通过市场供求变化所形成的价格杠杆与竞争机制，通过要素的自由流动，提高资源配置的效率，实现经济的增长。

市场经济是一种自主经济。在市场经济条件下，各个经济主体的行为是自由的，其经济决策是各行为主体自主做出的。具体表现为企业的生产（供给）决策与家庭的消费（需求）决策。市场经济下产权明确，利益独立的多元化主体，决定它是一种自主经营、自负盈亏、自我发展、自我约束的经济组织，生产者与消费者作为市场主体，把利润最大化、资产增值最大化、效用最大化作为其追求的目标，市场信息的变化，不仅决定着生产者的方向、规模与结构，而且也决定着消费的方向、数量与结构。供求双方在市场上相互作用，形成了以价格为中心的市场运行格局，多元化的行为主体在市场上形成了一种总体的经济活动，而在这一经济活动中，不仅形成了供求双方、供给方之间、需求方之间的相互竞争的机制，而且作为总经济活动的一部分，也经受着市场规则的约束，每一个行为主体在追求自身利益最大化的过程中必须承担相应的责任，从而形成一种有效的约束机制。

市场经济是契约经济。平等经济主体之间的契约自由是市场经济的一个重要特征，其具体表现为消费选择自由、开业自由、择业自由、交易自由。市场上的一切活动都围绕着市场需求而展开，企业生产什么，生产多少，如何生产，都是由市场需求的规模与结构决定的，要素市场的需求结构与规模，决定了要素生产的规模与结构。

市场经济是竞争经济。在市场经济中，市场价格与竞争机制调控着经济运行过程。资源配置的核心是把有限的资源配置到最有效益的地方，从而实现资源配置的最大效用，最大限度地满足生产与消费的需求。由供求关系决定的市场价格，引导着生产要素的流动，以实现整个国民经济的资源配置。而优胜劣汰的竞争机制则有效地保证资源始终掌握在能够有效地运用它的经济主体手中，剥夺资源浪费者的占有权。同时，为了使市场价格与竞争机制能够有效地调控资源配置，就需要建立完善的市场秩序及规则，强化监督管理。因此一定意义上讲，竞争性的市场经济又是法制经济。

市场经济是开放经济。随着科学技术的发展，生产社会化程度不断提高，经济规模逐步扩大，市场分工与协调进一步增强，市场经济在价值规律的作用下，必然导致市场规模的扩大与拓展，使得经济主体之间的联系更加密切，客观上促进了商品价格、资本运动、技术开发与合作、资源的互补等区域性的合作与全球化的发展。市场的开放已成为一个普遍现象，一国一地区的经济成为整体经济的一部分，经济的对外对内开放已成为市场的必然选择。

我国社会主义市场经济的建立，有效地打破了传统计划体制对经济的控制，曾被长期"条块分割"与"部门所有"的政府主导型模式开始被"区域分工协调"与"要素自由流动"的市场竞争型模式所取代，特别是建立股份经济为主的现代企业制度的改革，进一步推动了要素的流动，有效地打破了区域分割与地方保护的禁区，内外开放的经济格局在政府的推助下，越来越受到市场的青睐。区域经济之间的合作与一体化正成为经济发展的一个重要策略。

开放自由的市场经济是有效解决地区经济差距和发展不平衡的重要措施。加强区域经济的合作与协调，一方面可以通过经济发达地区对落后地区的经验介绍、技术转让、人才流动及资金物资的支持，帮助落后地区加快经济发展；另一方面可以利用落后地区的资源、土地、劳动力等相对优势，加大落后地区的开发利用力度，提高社会就业率，推进整体经济的发展，发达地区与落后地区通过优势互补、互惠互利、联动发展，整体推动经济的增长。经济的联动与合作，不仅加强了发达地区与落后地区经济的沟通与融合，而且经济发展类同的地区通过要素的流动实现区域经济的发展。

市场经济的发展必须要有可持续性，而经济一体化发展中的诸如人口问题、环境问题、资源问题，都是人类共同面临的。就我国的情况而言，广大的西部特别是民族地区在经济发展及资源开发中，都涉及到全国经济的可持续性问题。由于种种原因，近些年来西部的生态环境恶化呈加剧趋势，资源渐趋枯竭，荒漠化、沙漠化不断扩大，水土流失、涝灾、旱灾频繁出现，凡此种种都不仅危害到当地经济的可持续性，而且进一步危及到全国经济的可持续性。改善生态环境不只是西部、民族地区的责任，不能仅仅依靠经济发展相对落后的西部地区，东中部地区必须加强与西部地区的经济合作，加大对西部地区的支持力度，只有通力合作，才能真正有效解决生态环境问题，保持经济的可持续发展。

3. 政府的干预与调控是实现民族地区区域经济一体化的重要保证

市场也有缺陷，也存在着失灵，在民族地区区域经济一体化的过程中，政府干预仍然起着主要的作用，这是市场经济发展的要求，更是民族地区经济发展的要求。发挥政府的推动、引导、协调、服务的功能是实现民族地区区域经济一体化的主要保证。

首先，政府的干预可以弥补市场失灵。相关理论告诉我们，市场机制本身存在着无法解决或解决不好的问题与缺陷。如果完全依靠市场，那就不能充分实现资源与福利的最大化（或最佳状况），从而实现帕累托效率。民族地区社会经济中，不可避免地存在着垄断、信息不对称和不充分、收入分配不公、经济起伏波动以及公共产品与外部效应的问题，这些问题尽管表现不一，但仅靠市场是难以解决的，需要政府进行有效的行政干预。按照市场的法则，劳动力、资本、技术等生产要素是流向收益较高的地区与部门，民族地区经济相对较为落后，往往会出现资本的流失、劳动力的流失与技术流失，资本、劳动力、技术都集中在经济较为发达的地区，并且会产生一个因果循环的过程，使市场体系越来越偏离均衡，从而拉大区域间差异，要素本身不会纠正其流向与流量的偏差，必须通过外力（也就是政府的干预），通过制定政策，颁布法令，加大投入来影响与引导。近些年来，在国家实施的"西部大开发"等区域战略过程中，国家通过财政转移支付与专项建设资金的投入等方式给民族地区予以支持与援助，带动与推助了民族地区经济的进一步发展，初步实现了区域经济差异背景下的相对平衡发展。

其次，政府干预可清除市场分割的障碍。区域发展的不平衡导致了市场的分割，而市场分割则主要表现为行政区域的地方保护。地方政府利用行政手段、经济手段及法律手段，为了地方经济利益进行市场封锁，层层设防，关关设卡，阻止要素的自由流动，造成了资源的浪费与效率的低下。要打破这些区域性的保护壁垒，消除障碍，必须要借助外部的力量。消除市场分割，就政府而言，应该是大有作为的，当前的确需要政府加快自身改革，转变职能，客观定位，转换角色。在民族区域经济一体化进程中，政府不但要成为"动员者"，更应该成为"清障者"与"服务者"，从思想上、体制上、政策上消除障碍，打破地区间的条块分割，按照经济区划的发展规范市场，推进市场体系的建设与完善，加快市场化的进程，充分发挥政府的推动、引导、协调、服务的功能与作用。

再次，政府干预也是实现边疆安全与民族团结稳定的保障。众所周知，市场的分割与地区差距的扩大，最终会演变为重大的政治与社会问题。我国民族地区，一般都沿边沿界而居，有着十分重要的战略地位与国防作用，多年来，一些别有用心的人与敌对势力，一直没有停止过利用民族问题与宗教问题对我国搞颠覆与分裂活动，边疆的安全与民族的稳定是战略大事，政府必须放在突出的地位。只有边疆安全了，国内民族团结了，局面稳定了，我们才能最终挫败各种挑衅与阴谋。我国是一个统一的多民族国家，约一半的少数民族居住在西部的沿边沿江一带，如果没有少数民族和民族地区的经济繁荣与社会进步，就没有整个国家的兴旺发达和文明昌盛。做好民族工作，推进民族团结进步事业，是一个重大的政治问题。历史反复证明，一个国家如果其民族和边疆地区不稳定，其他地区以至全国的改革、发展和稳定的大局都会受到严重损害。

4. 相近的经济发展水平、相似的比较资源优势及趋同的产业结构是实现民族地区区域经济一体化的客观基础

由于历史与文化背景的变化，广大的民族地区人们对商业与市场行为的认识相对东部地区滞后，人们所受的文化冲击与思想观念的不同，在观念上存在轻商品经济、轻市场行为，害怕商品经济、害怕市场，缺乏驾驭商品经济的能力。受地理与交通因素的影响，资源优势难以转化为经济优势，形不成规模经济与强大的生产力，资本、劳动力、技术等生产要素分布不合理，回报率较低，流失严重。改革开放以来，国家在制度安排上的非均衡性，民族地区在制度改革措施的速度、密度及层次上的滞后，导致其经济体制与市场化进程中的差异，表现在所有制结构方面，民族地区所有制结构转换能力弱，非国有经济发展缓慢，国有经济的比重过大；表现在企业制度上，传统企业多，现代企业少，国有企业多，非国有企业少；表现在市场制度建设上，不论是商品市场，还是要素市场建设缓慢，市场化程度偏低；表现在分配制度上，受所有制结构、企业制度制约与顾虑就业及社会稳定因

素，传统用工制度与平均分配制度依然严重；表现在政府宏观调控方面，政府规模过于庞大，负担重，行政审批过多，直接干预多，间接调控少且不力；表现在法律制度上，市场经济法律体系建立滞后，行政与地方法律法规不够健全。

尽管民族地区的经济发展水平落后，市场发育程度不高，技术知识人才储量不足，但民族地区仍然具有丰富的自然资源、特色的产业结构及深厚的文化底蕴，有其一体化的比较优势。

能源矿产资源丰富。长江、黄河、珠江、澜沧江等江河上游的水能资源，塔里木、柴达木、陕甘宁、川渝盆地的天然气石油资源，陕西、内蒙古、青海、贵州、云南、新疆、广西、甘肃等地的稀土、钾磷、铜、铝、铅、锌、镍等矿产资源，可以为经济发展提供有力的动力和原材料支持。我国已发现的160种主要矿产中，西部地区均有相当储量，其中水能资源占全国的80%以上，天然气储量占70%以上，煤炭储量占60%左右。黑色金属矿产中，锰、铬和钛铁矿中西部具有一定优势。锰矿主要分布在湖南、广西、云南（其中云南富锰矿占全国的1/2）。铬矿主要分布在西藏、甘肃、新疆。钒钛磁铁矿集中分布在四川西昌攀枝花一带。有色金属在中西部也有比较优势：铝土矿主要分布在山西、贵州、广西、河南，其中河南、山西、贵州三省产量占全国的96.2%。铜矿主要分布在安徽、山西、内蒙古、黑龙江、甘肃。镍矿主要分布在甘肃金昌地区，产量为全国的76%。金、银等贵重金属矿产在西部分布较广泛，铂金属主要集中在甘肃。中西部地区也是化工原料矿产重要基地。钾盐几乎全部分布在青海柴达木盆地，磷矿以湖北、云南、贵州居多，产量占全国的66%。开发中西部地区的化工原料矿产，将对我国化肥生产起重要作用。

农牧业资源条件得天独厚。西部地区辽阔，未利用土地较多，草地面积占全国的1/4以上，水资源年均总量占全国的一半左右，光热资源丰富，气候类型多样，物种资源独特，农产品生产历史悠久，农业和农村经济发展的潜力很大。

从有关资源对西部地区的比较优势系数的分析看，西部（民族地区）大农业具有明显的比较优势。在大农业内部，农业、林业和牧业1999年的比较优势系数分别为1.071、1.047和1.108，其中牧业系数最大。第一产业的比较优势远远大于第二、三产业的优势。

旅游资源具有组合优势。历史上，西部曾经是中国最繁荣的地区之一。秦始皇以陕西为中心统一了中国，著名的"丝绸之路"、"开元盛世"、"西夏王朝"等都发生在这里。西部地理风貌独特、民族风情多样、人文遗迹丰富，自然、社会与文化因素相结合，使西部旅游资源独具魅力。云南、贵州等中西部12个省区将旅游业列为本地优势产业之一。

人力资源成本低、市场潜力较大。据相关资料统计，民族地区的劳动力成本较低，平均成本只有沿海地区的40%，为发展劳动密集型产业提供了廉价的劳动力资源。

产业与技术发展已有了一定的基础。在"一五"、"二五"与"三线"建设时期，西部地区（包括民族地区）国家投资建设了一大批项目，建立一批技术含量高的国防军工企业及相应的科研院所，集中了一大批重要技术人才，具备了协作生产的基本条件。

民族地区具备通往亚欧一些国家的重要通道与沿边开放的条件。民族地区有较长的边境线，与周边国家有着密切的族源关系、交往的悠久历史和良好的经济技术合作基础。

西部地区（包括民族地区）这些资源产业优势，将为民族地区区域经济一体化提供有力的支持与保证。

促进民族地区区域经济一体化的因素很多，但从深层次看，或者从区域经济一体化形成的可行性而言，区域内的产业结构及分工是推动一体化形成的主要动力。对一个国家或一个民族来说,从经济安全与发展的角度出发,有必要建立一个相对完整的产业体系,但就一个区域而言,受资源、技术等生产要素的限制,不可能完整建立一个产业体系,而只能从区域内要素条件出发,在某些产业上形成专业化与规模化优势,参与全国完整的产业体系分工,在提高区域内经济福利水平的基础上,通过区域间经济合作,提高整体经济福利水平。可见,产业间的分工与结构,是寻求区域经济一体化的前提条件。民族地区的产业分工与结构上的趋同化,正为民族地区区域经济一体化提供了条件。

从产业结构的层次差异来看,按照有关学者的观点,区域经济发展的差异,致使我国的产业结构出现了差异,产业结构的差异性反映了不同地区所处的工业化阶段,客观描述了地区之间经济发展的差异(限于资源整理上的复杂性,这里把第二类地区情况视同为民族地区的情况,差别不影响实质性的分析,借用杨大成、张宏培的数据)。

表3-1　　　　　全国各地区产业结构分类特征表

地区类别	第一类地区	第二类地区	第三类地区
地区特点人均GDP	三个直辖市20514元	西部所有省区、中部落后地区4440元	东部大部分省区、邻近的中部省区8323元
三次产业产值构成	40:46.2:49.8	26.1:39.0:34.9	16.7:48.7:34.6
三次产业从业人员构成	14.1:40.2:45.8	60.6:14.7:24.7	45.2:26.0:28.8
产业结构特点	主导产业已逐渐转向第三产业,形成了"三、二、一"的产值结构和就业结构,开始进入后工业化阶段	三次产业产值接近,就业人口主要集中于第一产业,从经济水平结构和产业结构看,接近工业化初始阶段	第二产业处于主导地位,因工业化水平提高,产业结构升级潜力较大,目前属于工业化中期阶段

资料来源:杨大成、张宏培:《我国三次产业结构的地区比较和国际比较分析》,《统计与信息论坛》,2000年第6期。

从各省市区产业结构的层次差异看,大致可以将全国各省市区分为三个层次。如上表所示,第一类地区包括三个直辖市,三次产业产值构成为 40:46.2:49.8,三次产业从业人员构成为 14.1:40.2:45.8,产业结构的特点主要是形成了"三、二、一"的产值结构和就业结构,开始进入后工业化阶段。第二类地区包括西部所有省区和部分中部落后地区,三次产业产值构成为 26.1:39.0:34.9,三次产业从业人员构成为 60.6:14.7:24.7,产业结构的特点主要是三次产业产值较接近,就业人口主要集中于第一产业,经济发展水平和产业结构接近工业化初始阶段。第三类地区包括东部大部分省市和毗邻的中部省区,三次产业产值构成为 16.7:48.7:34.6,三次产业从业人员构成为 45.2:26.0:28.8,产业结构的特点为第二产业处于主导地位,产业结构升级潜力较大,目前属于工业化中期阶段。

如表 3-1 所示,西部所有省区及中部落后地区,三次产业产值构成为 26.1:39.0:34.9,三次产业从业人员结构为 60.6:14.7:24.7,三次产业产值较为接近,就业人员主要集中在第一产业,经济发展水平与产业结构接近工业化初始阶段。不仅如此,长期以来,由于产业结构地区间的趋同化与专业分工的滞后,产业间的关联系数明显提高,经济发展更多地表现为地区内部的循环。产业分工还处在最基本的横向分工阶段,纵深拓展的力度尚小,在一个地区内形成的是分割的产业供应链,经济之间的竞争性多于互补性,造成了产业的重复建设与资源开发上的画地为牢,影响了全国统一市场的形成,不利于提高产业与企业的竞争能力,造成这种局面的根本原因就是产业趋同与市场保护。

3.2.2 民族地区区域经济一体化模式的选择

区域经济一体化是否能够形成,主要取决于资源的优势与条件、经济集中的规模与效益、运输与通讯的成本以及制度安排的统一整合性。因此，区域经济一体化就其本质来说，是一个突破壁垒、打破障碍、扬长避短、发挥优势、追求联合的超经济效益的开放式经济。要有效地完成区域经济一体化，即从发育、生长到成熟、壮大，必须依靠生产要素的区域流动与循环，通过制度设计与安排，在合理分工与协作的基础上，给区域间的成员带来共同收益及福利最大化，从而形成一个共同体。因此在一定意义上说，区域的分工与协作、要素的区域流动与循环，就是区域经济一体化的整个（全部）过程，它是一种区域经济联合，是一种紧密型的、具有内在必然性的联合行为，是一种在市场背景下的、受利益支配机制作用的能够给区域一体化成员带来超额（较高）利润的一个联合体。

区域经济一体化最初是由研究有关产业组织理论中衍生出来的，是企业合并的纵向一体化与横向一体化，运用最为广泛的是世界经济发展过程中，国与国之间组建的经济共同体。改革开放以来，受区域发展战略的制度安排，国内的一些地域、社会条件相近的地区，为打破原有行政割据，变封闭经济为开放经济，率先引进了区域经济一体化的理论与内容，更多地在相关产业关联研究中应用，因此，区域经济一体化在内容上应该说是没有严格的界定。区域经济一体化的概念是随着实践的发展而演进的，其基本内涵是消除贸易壁垒，谋求最佳的生产分工与协作，获取比单个利益更大的利益。因此，研究民族地区区域经济一体化的模式就更具有实践性价值了。我们认为民族地区区域经济一体化的模式应该有以下几种类型：

1. 资源型产业发展一体化

资源是在一定技术经济条件下能为人类创造福利的各类要素的总和，按照作为生产活动原材料性质和产业布局的外部条件可将资源分为两类，第一类是一定地域内的环境背景资源，它包括土地资源、水资源、气候资源及地缘和地理位置;第二类资源包括一定地域内的矿产资源、能源资源、生物资源等。资源的分布结构在其产业开发利用中,对地域内的经济发展有着重要的作用。世界主要的产业地带的形成一部分是基于优越的地理位置发展起来的,另一部分是基于优越的资源结构而形成的。作为前者,是近半个世纪以来区域开发与产业布局的主要方向;作为后者,形成的历史较长,在区域开发中都面临因非经济的因素而调整,以求振兴与超前。

从资源结构的角度出发,研究其在产业结构演进的多阶段的作用及与主导产业群的关系,将有助于认识区域发展的内在机制,促进资源的合理利用与区域经济的健康发展。当经济发展处在工业化社会以前的农业社会阶段,产业结构中农业占绝对优势,这个阶段人类对资源的利用主要停留在第一类资源的水平上,资源结构中,气候资源、水资源、土地资源的组合特征决定了产业结构的特点,如三角洲地区以耕作业为主,草原地带以畜牧业为主;当经济发展进入工业化的初期与中期阶段,农业在产业结构中的地位迅速下降,工业迅速上升,人类对资源的利用主要是第二类资源,资源结构中的诸如煤、铁、石油、天然气、金属矿产,对地区的产业发展与产业结构的形成起着决定的作用。区域内产业地带的形成,一般都是将资源结构中比较优势的资源开发作为先导产业。当经济发展进入工业化后期与后工业化阶段,资源型产业将出现大的调整,新技术的出现"湮没"了资源型产业,资源型产业出现了衰竭。

以上分析表明,在整个工业化过程中,尽管资源产业的地位在不断下降,但资源型产业在很长一段时间内处于坚挺发展之势,特别是在工业化中期。我国民族地区处在工业化的初中期阶段,资源型产业的发展应该是其最合适的选择。在发展资源型产业的过程中,一定要遵循与研究资源型产业的特点,资源型产业跨区域一体化是其内在特征。

资源与生态是民族地区经济发展的一对矛盾，在国家实施西部大开发战略与民族地区自治地方政府经济发展政策中，将资源与生态问题放在一起，既要考虑生态环境的长远建设，又要加快资源的综合开发与利用。在民族地区资源开发中，存在着资源利用结构不合理，开发利用方式粗放化，水土流失与荒漠化严重，生态环境脆弱，市场化程度偏低，行政地方割据严重，分散化，规模经济不明显。资源型产业一体化，就是按照资源分布的特点，以资源为纽带，整体开发，在摸清家底的基础上，推动资源的跨行政区划的整合，通过对各种资源的专业梳理与整体需求，提高资源整合的程度与水平，既考虑实际经济需求，又要从长远可持续发展入手，确保资源的安全与储备。另一方面，对资源型产业进行统一协调，以资源为重心，建立系统的资源开发产业组织、产业发展体系，这一模式就是以资源禀赋为基础，确立资源在产业链中的"重心"或"极致"，发展产业链，拓展产业圈，形成规模开发，获取规模经济与可持续发展。建立市场化跨区域企业集团（可以是国有企业或国有控股）。如水资源的开发与利用，就是要加快水利产业化进程，在国家宏观调控的背景下，强化流域职能，赋予流域机构更多的职能，对流域内的水资源实行滚动、梯级和综合开发。

2．产业整合型一体化

民族地区作为一个整体，其经济特点有一定的相似性，它与国内的其他地区相比有一定的差异性，因此，在国家开发西部与发展民族地区经济中，要从民族地区的自然条件、天然资源、产业结构与经济特点出发，本着"因地制宜，发挥优势"的原则，以产业分工为基础，整合民族地区产业，形成极具特色和规模的民族产业。以能源工业为例，西北民族地区以煤炭、石油、天然气以及火电生产具有明显优势，国家可考虑在西北民族地区重点

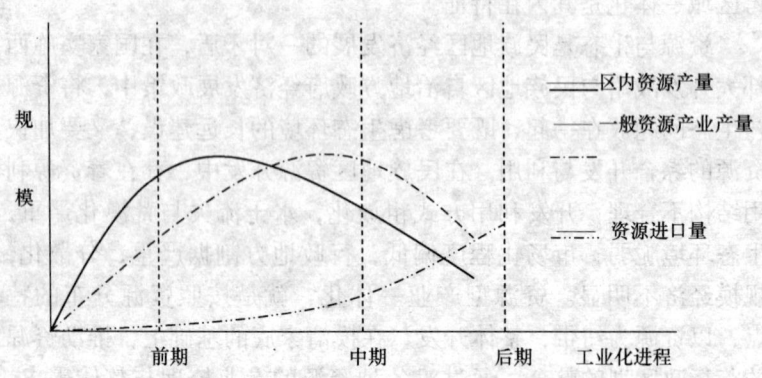

图 3-1 工业化进程中资源型产业的演变趋势

发展"煤—焦—化"、"煤—电—化"、"煤—气—化"产业链;西南民族地区拥有丰富的水利资源,应该重点发展"水电"产业,可根据地区的产业布局划分若干个经济类型区,对辖内产业进行整合,以产业链带动民族经济的增长,不搞大而全、小而全的产业生产布局。西部民族地区的农牧业有其特点,国家应加大民族地区农业的产业化进程,走特色与优势之路。内蒙古在发展农业产业化的经验值得推广与借鉴。

企业是市场的主体,是区域经济合作或一体化的主体。企业集团及现代化的跨国公司,作为在区域内实现资源最优配置的组织形式,以其市场化的运作方式,在微观层面上实现了消除要素自由流动的障碍,从而使生产要素根据利益最大化原则进行组合,降低投资成本,优化了资源配置,更进一步实现了一体化。

一个地区的主导产业或大型企业集团产生的外部经济能力有赖于其向前或向后联系的强度与广度,强度越深、广度越大,其外部经济能力就愈强。地区主导产业通过其关联扩散的作用,带动其他相关产业的发展;大型企业集团通过其核心企业的专业化生产，扩大分工与协作，带动与吸引一大批关联企业，主要是关联的中小企业，实现技术、产品、人才、信息的交流与扩散，刺激中小企业的成长与发展。因此在民族地区区域经济一体化的模式选择中，要从产业发展的角度来选择产业关联度高、扩散辐射能力强的主导产业率先进行一体化战略，以培育区域经济的增长点。值得强调的是在实施产业一体化过程中，一方面要创造企业集团形成与发展的区域环境与条件，更重要的是要给企业集团带来更多的经济效益。

3. 市场推动一体化

民族地域经济受山地文化、高原文化、草原文化及干旱农村文化的影响，主要以家庭经济、乡村经济、县城经济、小城镇经济为主，保守陈旧的价值观和思想意识、宗教习俗等倾向阻碍与延缓了经济的发展，市场化程度偏低。市场经济是通过市场的价值规律来配置社会经济资源，它是竞争性经济、开放型经济与法制型经济，市场运行是以市场选择和分散决策、自愿交换与自愿合作及自利与互利兼容为条件的，在一定条件下，它解决了生产什么和生产多少、怎样生产、为谁生产、由谁决策的问题。长期以来，意识、体制与政策上的雷同，民族地区按照行政区域形成了"小而全"的地方经济体系，一些建立在非竞争环境下的劣势产业与企业，在地方庇护下，仍然延续着政企不分、产权不清的传统体制，而地方政府又打着发展本地经济的旗号，制造了更多的地区壁垒，阻碍了商品及要素的流动。在民族地区，要使经济快速发展，就必须予以"市场"互动的空间，从观念转变到制度设计，从商品交换到要素流动，从传统的区域均衡到区域一体化都要按照市场的法则来运行，优胜劣汰，适者生存，打破市场割据，建立统一协调的市场体系，促进商品与要素的流动，让"看不见的手"来创造"一般和谐"。

4. 政府拉助型一体化

中国改革,一条成功的经验,就是政府的参与式改革,在从计划经济到市场经济的改革过程中,政府与市场走过了一个博弈的轨道,尽管这个过程在时间上与空间上并不均衡。改革初期,改革是由中央政策推动地方政府及地方企业改革,形成了"双轨制"的经济运行轨迹;进入第二阶段,在中央政府的推动下,地方政府与企业在向中央政府争取经济资源外,更多地向中央政府争取允许市场化改革的政策,市场化的程度在提高;进入第三阶段,中央政府与地方政府分权后,地方经济利益成了地方政府的主要经营目标,政府推动的市场化改革深深印上了行政区划的烙印,市场化的半径被限制在地方政府范围内,出现了地方保护与割据;进入第四阶段后,地方间的经济差距进一步拉大,区域经济发展出现了不平衡,中央政府在保护地方政府发展经济积极性的前提下,加强了集权,通过中央政府的宏观调控来实现经济发展的协调与平衡。从以上的分析,我们可以清楚地看到,在改革进入第四阶段后,政府的作用,尤其是中央政府对区域经济发展的作用越来越明显。特别是经过20多年的发展,经济发展的格局形成了东部的"强市场,强政府"和西部的(民族地区应在其列)"弱市场,强政府"的体制环境,强强联合,自不待言,政府亲善市场,市场依赖政府,既不能扶弱抑强,更不能抑弱抑强,用市场解决"政府失效"的问题,用政府干预解决"市场失灵"问题。

在区域经济一体化中,政府应发挥规划、协调、服务、监督的职能作用。政府要制定一体化的发展战略及规划,并对关系重大的规划(专项规划)直接参与实施;建立与发展区域性经济组织,并提供资金、信息及中介服务;制定鼓励开发区域经济合作的优惠政策措施,开放市场;彻底转变职能,依法行政,消除一切阻碍经济发展的制度性障碍。

3.3 民族地区区域经济一体化的困难与问题

加入 WTO 后的中国区域经济发展，不论是区域经济合作的领域，还是规模、方式都有了新的变化与发展，多层次、多方位、多元化的区域经济协作日益增多，区域性协调组织机构也层出不穷，政府的区域发展政策与战略也越来越明晰，应该说作为发展趋势而言，区域经济合作及一体化的前景是十分广阔的，但我们也必须清醒地认识到，在经济转轨及发展过程中，中国的区域经济发展，特别是民族地区区域经济发展，还面临着许多问题与困难，其中有机遇，也有挑战。

纵观民族经济的发展历史与现状，不论是从民族发展的视角，还是从部门、行业、区域经济发展的视角，乃至宏观层面的视野来看，民族经济按照其经济行为、组织结构、运行机制的特点，可将其全部内容蕴含在家庭经济、乡村经济、县城经济及城镇经济之中。

3.3.1 民族经济中的家庭经济

家庭经济中的家庭经营，其直接目的是为了满足自身的消费。交换只是作为一种补充手段，市场的作用被限制在一个十分狭小的范围，严格意义上说，它是一种自然经济或半自然经济。这种家庭经济在民族地区又主要地体现于农业之中。中国传统经济是"男耕女织"式的自给性很强的小农经济，农业具有绝对主导地位。家庭几乎是唯一的生产实体。虽然占有土地较多的一些地主可能会因自家劳力不足而雇工，但这种合作不是一种超越家庭生产力水平的合作，而是在农业生产资源的占有不均衡的情况下，对劳力和资源结合的调节。传统社会里家庭也是最基本的其至是唯一的消费实体。家庭是最小的利益共同体，家庭内部成员没有利益分享的差别。家庭成员同甘共苦，劳动能力强和劳动能力差甚至丧失劳动能力的家庭成员共享家庭的财富，家庭之外不存在一种组织和机构能对家庭提供任何帮助。

家庭之外的经济活动就是购买家庭所不能自足的少量商品，如盐、烟、手工制品等，同时出售家庭少量剩余产品。这些交易活动都能通过在方圆10里的社区内集市贸易完成。所以，少量的经济活动也就限制在这一社区范围之内。

改革开放后，尽管市场的春风也吹进了民族地区，但是更多地表现为家庭经济而且被动地参与市场或家庭消费剩余后的一种市场化趋势。这种相对封闭的家庭经营主要表现为以下两个方面：

1. 缺乏商品生产观念。少数民族地区，尤其是村寨的生产活动几乎集中在农业上，其他方面的劳动并不多见。从劳力的分布来看，常年在家生产的占全部劳力水平的90%，外出生产的仅占10%。即强劳力固守在土地上，日出而作，日落而息。外出的人员，要么是一些年轻人，觉得外边世界新鲜想换换环境；要么是偶尔出去几个人，一时减轻家里负担。从在家生产拿的项目所花费的时间来看，人们至少用80%的时间花费在粮食作物的生产上，剩余的时间用来种植蔬菜或饲养家禽，投入到生活必需品上的劳动太多。从土地使用的状况来看，绝大部分土地用来栽种粮食作物，只有少量的土地或房前屋后，才种植蔬菜水果。即种粮食为了交够国家，留足集体，满足自己，种蔬菜瓜果则完全为了自己食用，没有再进入市场买卖的意识。

由此可见，人们的生产只限于粮食作物的种植，农业生产的成果，是他们生活的唯一支撑。

2. 自足自给的自然经济观念。少数民族贫困地区的人民，大都没有市场交换观念，自己需要什么，就生产什么，是一种小而全的生产，只获取使用价值，不追求市场价值。生活上，习惯于自足自给，不习惯市场交换，即便是在农忙或建房急需人手等不得已的情况下，也是以换工的方式，交换自己的劳动力。

由于上述原因，民族贫困地区人民几乎无经济来源。以云南省为例，调查显示，云南贫困地区村寨人均年收入最低只有183元（马龙县通泉镇隆昌办事处大庆村、墨江县坝溜乡哈布孔村龙潭社），最高也仅1500元（宣威市田坝铺新化村），大多数村寨都是700元。需要指出的是，经济收入是不能准确地衡量出他们的真正消费水平的，由于他们有许多东西是自给的，不通过市场交换，从而确定不了他们的实际消费水平。但必须承认，在商品经济社会里，经济收入又可以确定出一个人的大致消费水平，缺少货币，终究要限制购买能力。这些村寨小而全的生产是落后的，这种自给在品种、范围和质量上，都是有限度的。调查证明，由于经济匮乏，购买力弱，用于扩大再生产的开支就不可能多，许多村寨的生产，是年复一年的简单再循环。

造成民族地区家庭经济运行现状的原因很多，其中主要有：

1. 不具备商品经济条件。首先，交通条件差。交通不畅，与外界交往困难，是民族地区尤其是贫困山区不能栽种经济作物的原因之一。假如种植经济作物，由于交通不便，丰收后也存在很大的输出困难。譬如在云南省彝族、白族、瑶族、哈尼族等民族群居的闭塞山区中，人们曾经试图种植过西瓜等水果，但最后还是以失败告终。其次是由于信息闭塞，作为个体经济主体的单个家庭，对外界市场信息掌握存在困难，市场行情不熟悉，因此很难融入市场经济当中。再次，民族地区尤其是贫困山区，文化意识不强，家庭成员的文化素质普遍低下，这是造成其固守自足自给经营的重要原因之一。

2. 缺乏经济效益观念。在少数民族人民的传统观念中，粮食是安身立命之本，粮多是丰产的标志，粮少则是减产的证明。

一直以来，政府以粮食作为财政收入，提倡以粮为纲，"深挖洞、广积粮"，"国以粮为本，民以食为天"等等成为人们熟悉的口号，这些观念导致了人们心中只有使用价值，而无其他价值，轻商观念严重，甚至鄙视买卖商品。

我国的少数民族家庭经济运行深受其历史、文化、习俗、信仰等因素的制约。以家庭为基本细胞的社会经济结构使传统中国社会具有以下两个特征：即宏观上的离散性和微观上的紧密性；宏观上的开放性和微观上的保守性。

以血缘为纽带的家庭在经济利益上的高度一致性和在道德上的强约束，使家庭成为社会的一个具有强烈排他性的、难以改造的、高度紧密和保守的坚实的微观组织，任何外力都难以改变家庭以家庭利益为中心的价值取向。而在家庭之外，人们基本上没有什么经济、文化的共同利益能把无数个家庭再凝合在一起，形成更大的组织和社会力量。家庭利益是人们唯一的价值中心，只要对家庭有利，什么都可以做，而家庭之外的事都可以不管。所谓"各人自扫门前雪，莫管他人瓦上霜。"

一般来说处在传统农业社会中，追求经济家庭的独立与自我运行，减少对外界的依赖的家庭经济，是以家庭分工为基础，以自身经济安全为目标的一种内循环式的非社会化运行。这种内循环式的运行一方面表现为生产与消费的自给性，另一方面表现为社会分工的家庭化，把本应在社会分工中完成的各种经济活动尽可能置于家庭内部。家庭经济在较低层次的社会分工中运行，其要素的流动被限制在较小空间，人们很难享受到社会分工的益处，也很难超越家庭经营的笼子，只能从事小而全的低水平运行，限制了生产与消费的扩大，在一定意义上阻碍了民族地区经济的发展。

3.3.2 民族经济中的乡村经济

乡村经济在民族经济中占有很大的份额。当代民族地区的乡村经济是有明确边界的,国家的政治和行政权力介入的基层区域经济,它是乡(镇)域经济与村域经济的合称。人们的经济活动一般都限制在这一区域内,乡域或村域边界是人们共同生活空间。在这个基层区域中,人们对土地、牧场、水源等一些基本资源共同享有,同一乡域或村域每一成员有着共同的利益,这一共同利益体是一个经济单元,在这一经济单元中,家庭、村级共同体与地方政府(乡镇政府)之间既相互独立又相互联系。乡村经济更多地从事以农牧业为主的第一产业,从事非农业的第二、第三产业占有很小比重。

民族地区的乡村经济活动主体,首先是个体的人,每一个人实际上都生活在一定的社会关系和文化环境之中,并受到这种文化环境和社会关系的约束,单个经济活动主体的主要经济行为在一定程度上受他生活于其中的社会和文化塑造,具有相对的稳定性和群体行为特征,乡村经济是一系列具有稳定性和群体特征的经济行为的集合,从而形成为一种稳定的群体性的经济行为模式。民族地区的社会文化目前正处于从传统向现代转型的过程中,尽管各民族所实现的转型在程度上有种种差异,一些民族地区的这种转型甚至刚刚因为外力的推动而起步,但只要这样的转型已经启动,那么在民族地区的经济活动主体的经济行为中,就会出现不同于传统模式的因素,就会发生超出传统行为模式范围的变化,并通过示范、模仿和扩散等效应而推动整个群体行为模式的现代转型。

从历史与文化的角度出发,结合少数民族乡村经济的实际,民族地区的乡村经济大致可分为四种类型:集约农耕与种养相结合的乡村经济,非集约的耕猎或耕牧相结合的乡村经济,畜牧经济和牧农结合型的乡村经济，以及农工商复合型的乡村经济。

集约农耕是一种比较成熟的农业，这种农业的特点是，在单位耕地面积上投入密集的劳动力和技术，以图增加产品的数量。正是因为劳动力和技术的投入十分密集（以致有一种内卷化或过密化的特征），所以它成为最主要的乡村经济活动类型。

非集约的耕猎或耕牧结合型乡村经济指的是劳动力以从事非集约耕猎或耕牧结合的生产活动为主。由于环境条件的限制和生产力水平较低的历史传承的影响，这类乡村经济的一个典型特征是难以对土地进行劳动和技术密集的集约化经营，虽然粮食种植是重要或主要的经济活动类型，但不足以满足基本生活或生存需要，因而要结合进行家庭养殖、狩猎甚至采集等经济活动，商品性的生产经营活动即便不是没有，也非常少见。

畜牧经济或牧农结合型乡村经济是指劳动力以从事畜牧业或牧农结合的生产活动为主，这种经济类型主要分布在内蒙古、新疆、青海、西藏等草原牧区。草原放牧是这类经济活动的基本内容，逐水草而居的游牧直到不久前仍然是主要活动模式，马是最基本的生产生活工具。

农工商复合型经济是劳动力就业多样化的乡村经济类型，也是改革开放以后出现在民族地区的一种崭新的乡村经济类型，它的出现，意味着乡村经济结构的根本转变。根据历史的传承、社区的生态和人文条件，这种乡村经济类型的形式可能表现为农牧业与工业的结合，或者是农牧业与商业的结合，或者是工与商的结合（农牧业在这里已经无足轻重），也可能是农工商的结合。

相应的，在中国民族地区的乡村，至少存在上述四种不同的乡村经济类型可以分为两种模式，即前三种为"结合型"，后一种为"复合型"。"结合型"行为模式的一个共同特点是人们的经济行为与季节的变化高度一致，受到自然条件和资源的强约束；"复合型"模式更多地体现了人的经济行为与季节变化的分离及资源条件约束的广泛性。这些经济行为模式集中体现了满足生存，满足消费，追求共享利益，表现财富积累的特征。随着改革开放的进程，在体制推动、文化冲击下，通过模仿、示范、扩散、创新，也出现了商品化、市场化的倾向，但这种商品化、市场化依然被限制在一个较为狭小的范围之中，不论是商品化的数量，还是市场化的程度都远不是现代意义上的商品经济与市场经济，依然打上了自给自足的自然经济的烙印。家庭经济仍是乡村经济的主体，乡村经济依然留有"传统"计划经济的痕迹，社会化的程度依然不高。

以上我们从形式上对民族地区经济行为模式进行了分析，但更本质的分析则要求对其不同行为模式的动机体系进行考察。可以看到，民族地区人们的行为模式的动机体系与其经济发展水平和社会文化特征紧密相关。概括地说，民族地区人们的经济行为大致有三种基本的动机体系：

第一种动机体系的核心特征是满足于最简单也是最粗糙的生存，同时追求劳动成果的共享，这是一种原始共产主义性质的动机体系。这种动机体系主要存在于非集约的耕猎或耕牧结合型乡村经济中。而具有这种动机体系的比较典型的民族则有东北的鄂伦春与鄂温克族，还有云南的拉祜族等。

第二种动机的核心特征是在满足基本生活需要的基础上，追求炫耀性的物质性财富积累，或是为了炫耀性消费、宗教性消费等而积累财富。这是一种自给自足的自然经济性质的动机体系。从经济学的角度看，这种动机体系对经济发展的刺激力要大于第一种动机体系。

第三种动机的核心特征是追求更高水准，追求更多的以货币表示的收入与财富，即追求更高的利润。与受前述两种动机体系支持的行为模式相对照，受这种动机体系支配的经济行为模式有着不同的导向，即产品或服务的商品化、市场化。也就是说，产品和服务的生产经营的目的不是行为者的自给自足,而是市场交换。

民族地区的实践表明,人们的动机体系或行为模式的转化是可能的,而促使这种可能性变成现实的影响因素有许多。其中,比较重要的影响因素有以下几种:

首先是乡(镇)政府、具有准政府性质的村集体组织以及其他各种组织的推动、示范和劝导作用。对一部分民族地区来说,政府与组织的这种努力尤为重要。目前,民族地区大多数经济较为活跃的乡村,其乡镇企业的发展是红火的,这就是政府引导、乡村居民观念和行为模式改变的典型。

其次,体制改革推动了民族地区人们行为模式的转变。在国家经济体制逐步向市场转型的宏观背景下,按照社区共享原则把土地(或草场)的使用权分配给广大农牧民以后,追求私人利益的行为动机被合法化。此后,农民对土地的劳动与技术(主要是良种、化肥、农药以及地膜等)投入更为密集,相当一部分农民还根据市场行情与需要的变化来调整其生产经营结构;牧民牧养的牲畜数量迅速增加,甚至多到普遍使草场因严重超载而严重退化的程度,在草场的所有权和使用权都属于公有的牧区,或在实行草场承租制的牧区,这种情况更为严重。

第三种因素是外界文化的移入和冲击,外来的生产技术、经营行为和生活方式等的移入,会在民族地区的人们当中产生文化诱导或冲击作用,让置身于封闭环境中的他们了解丰富多彩的外部世界,从而产生新的欲求、新的希望,这些欲求和希望在传统的社会文化背景中原本是无法产生出来的。文化移入的有效途径主要有移民迁居、流动打工、教育参与和接触媒体(尤其是电视)等几种。政府部门要对这些非正式的制度因素给予足够的重视。各个地区不但自然环境空间差异明显,而且由于发展历史、人口和民族状况差异也较大,决定了各个地区存在着民俗、习惯、风情及宗教等的差异。而在这众多的非正式制度因素中，有些是健康的、积极的、与现代人类的文明与进步相一致，对可持续农业的建立与发展会产生促进作用，这类非正式制度因素应加以弘扬；有些则属于原始的和封建落后的，与现代人类的文明与进步相悖，对可持续农业的建立与发展会产生负面影响，必须通过一定的方式和手段加以引导和根除。如，我国居民喜爱品尝山珍海味的饮食习惯和宴席中的铺张浪费问题等，就不利于我国农业的持续发展。应通过生物及其多样性保护的法律约束及饮食习惯的积极引导，使之朝着有利于生物多样性保护的方向演变。同时进一步提倡勤俭节约，反对铺张浪费，并将其作为我国的一项基本原则加以发扬光大，必要时，可以通过消费税等手段进行抑制。

3.3.3 民族经济中的县域经济

县域经济是指在县域范围内以城镇为中心，农村为基础，由各种经济成分有机构成的一种区域性经济，是农村经济研究的重要内容。它既是宏观经济和微观经济的结合体，又是工业经济与农业经济的交汇点，是国民经济极其重要的组成部分。民族地区县域经济的发展一方面影响着区域经济的发展，另一方面直接关系着民族经济的发展。在县域层面上，区域经济与民族经济具有较高的一致性。

截至2003年12月31日，全国县级行政区域有2861个（港、澳、台除外），其中市辖区845个，县级市374个，县1470个，自治县117个，旗49个，自治旗3个，特区2个，林区1个；县域内陆地国土面积874万多平方千米，占全国陆地国土面积的94%；县域内人口达9.16亿，占全国人口的70.9%，县域GDP为6.45万亿，占全国GDP的55.15%。2003年民族自治地方县数为640个，行政区域土地面积为6315160平方公里，年末总人口为 15413 万人，国内生产总值为 75222129 万元，乡村人口为 12519 万人，县均 GDP 为 117534.57 万元，人均为 4880.43 元，单位面积产出为 11.91 万元，乡村人口占总人口的 81.22%，县域人口占总人口的 89.54%。

民族地区各县由于自然条件、地理位置、发展历史等方面的不同而存在着多种类型，发展也不均衡，地区间差异较大。同时由于存在着不同类型的县域经济，对民族地区县域经济发展的认识，不能从总量上与发达地区相比，而应主要看人均指标。如我国县域人口平均是 45.53 万人，县域经济 GDP 平均 32.04 亿元，地方财政收入平均 1.21 亿元。而东部、中部、西部不同的区域间平均的人口规模是不同的，即使在西部地区内部，城市周边地区与边远地区又存在着较大的差别。大部分民族自治地方人口密度低，人均产出与单位面积产出不一致，甚至会出现单位面积产出低，而人均产出高的情况。而总产值和单位面积产值在很多情况下由于产业结构、人口规模、自然条件等的差异，不具有可比性，如对种植业为主和草原畜牧业为主的地区进行比较，或自然条件较好的地区和荒漠化地区比较，还有城郊县与边缘县比较等，很难从根本上说明问题。

无论从政治上、经济上还是文化上看，县域经济都是一个比较独立的经济单元。县域处在政策落实与行政管理的前沿，是城乡各种矛盾的交汇点，在经济社会发展中起着"承上启下"的特殊作用，具有宏观经济与微观经济的双重特性，是宏观与微观经济的有效结合体。县域经济发展具有有别于乡村经济且不同于城市经济的特点，具体概括为以下几个方面：

1. 县域经济属于区域经济范畴。县域经济具有一个特定的地理空间，是以县级行政区划为地理空间，区域界线明确，是一种行政区划型区域经济，它是以县城为中心、乡镇为纽带、农村为腹地的区域经济。

2.县域经济具有明显的地域特色。这与人文历史、地理区位、要素禀赋等条件密切相关,并表现为县域经济类型的多样性和发展的差异性。

3.县域经济以县级政权为调控主体,有明确的利益主体和相对独立性,并具有一定的能动性。

4.它是国民经济的基本单位。大部分县域内,三大产业齐全,经济活动涉及生产、流通、消费、分配各环节。

民族地区县域经济在具备以上基本特征的基础上,还存在以下自身特点:

1.县域经济竞争力不强。县域经济竞争力是衡量县域经济发展水平的综合指标,开始于2001年的全国县域经济竞争力评价已经进行了5届,从历届评价结果看,虽然都有一些新的变化,但从区域角度看,竞争力强弱与区域经济发展高度一致,东部地区县域经济竞争力最强,中部次之,西部最弱。

2.县域经济规模小。民族地区县域经济规模小、实力不强,不仅表现在经济总量上,而且还表现在人口规模、财政收入等方面。2003年全国县域平均人口是45.65万人,GDP是38.44亿元,财政一般预算收入为1.32亿元;民族自治地方平均人口为24.08万人,GDP是11.75亿元,财政收入为5590.90万元。全国县域人均地区生产总值为8150元,是全国的77.4%。

3.根据中国县城经济网数据,民族8省区除宁夏外,其他省区县域经济占地区GDP的比重均超过50%,超过60%的有5个。说明县域经济在这些地区国民经济中占有十分重要的位置,但同时我们也应该看到,这些县域的工业化水平较低。除京津沪三个直辖市外,江苏、福建、浙江和山东等整体经济实力强的地区,县域经济占GDP的比重也都超过50%,主要是由于这些地区中小城市发展快,县域工商业发达,而且这些地区大多都是在20世纪80年代后快速崛起的。还有一部分是老工业基地,这些地区大企业多、工业企业主要集中在陕西、甘肃等城市，从而县域经济比重偏低。

县域经济一般都包括了县城、乡镇与村落经济，囊括了一、二、三次产业，包含了不同的所有制组织形式，存在着多种不同的经济主体。

首先，农业往往成为县域经济的基础。从目前我国的情况来看，农业在大部分县域经济中占有较大的比重，特别是在经济尚不发达的西部地区。而且，从我国产业结构转变的进程来看，县域经济在今后较长的时间内是不会改变的，这一点对于西部民族地区尤其重要。对于我国少数民族地区来说，农业仍然作为一个支柱产业存在，民族地区的县域中吸纳着80%—90%的劳动力，目前，我国城市大多处于结构转型期，城市经济社会发展面临着较大的就业压力，还难以为县域内的劳动力资源提供转化渠道。这就决定了我国民族地区县域经济在今后相当长的时期内仍要以农业为基础，农业仍是民族地区县域经济中的重中之重。

其次，在县域综合性的经济体系中，工业是经济的主导。工业化是地区经济发展过程中必然出现的一个阶段，因此，逐步向工业社会过渡是县域经济发展的必然路径。从我国目前县域经济的实际看，工业在县域经济总量中的比重是较大的。从产业关联的角度看，县域工业的发展水平直接关系到县域农业以及第三产业的发展规模与水平。从民族地区的角度讲，当前，我国大多数县域都是以本地资源禀赋为基础、在对本地的农产品进行深加工的基础上发展起来的，因此相关工业部门也成为民族地区工业的主体。县域工业的发展为农业的进一步发展开创了空间，并以农业发展为前提。工业的发展能够带来居民收入水平的提高，从而带动消费的增长。同时，工业的发展离不开交通运输、金融保险等行业的支持，从而全面带动了第三产业的发展。对于处于转型时期的民族地区来说，产业关联的良性循环将成为其经济转型的润滑剂和经济发展的催化剂。

再次，第三产业在县域经济中的作用越来越突出。县域经济的健康运行客观上需要在三个产业之间建立起良性的互动关系。同时，从第三产业的特性来看，第三产业本来就是以服务生产、服务生活为目标的。对于少数民族地区而言，发展第三产业不仅能够健全其整体经济运行机制，并且第三产业在民族地区发展有着得天独厚的优势。少数民族地区拥有长期积累的优秀的民族传统文化资源，有利于相关文化产业的建立。文化产业的建立，对于少数民族地区文化品牌的建设提供了平台，使外省市乃至世界各国能够更直接和深刻地接触民族文化，从而提升了我国民族文化的品牌价值，促进文化旅游业的发展。由文化旅游作为依托，进一步促进了民族地区第三产业的其他行业诸如交通、金融、餐饮等的快速发展。

民族经济中的县域经济，受到地域、民族、历史体制等因素的影响，一方面表现出县域经济的一般特征，另一方面又表现出民族地区县域经济的特殊性。例如，在少数民族人口占县域人口的绝大多数，其人口与职业构成与县域人口及职业构成基本一致，但少数民族从事的经济活动是县域经济的主导产业的地区，县域经济就基本反映了民族经济；相反，在少数民族人口占县域人口比例很低，或国家项目投资改变了民族地区经济结构，或民族经济仅仅在县域内表现为乡村经济的地区，县域经济就不能真实反映民族经济。因此，在观察民族地区县域经济时，必须深刻了解民族经济与县域经济的总量与机构关系，只有当少数民族成为县域经济的活动主体时，两者才是一致的，少数民族经济与县域经济才是重合的；而县域经济表现为多个主体共同作用和运行时，县域经济就存在着差异与变化，少数民族经济与县域经济的发展就有可能出现分离。

不论是重合的县域经济，还是分裂状态下复杂表现的县域经济，作为民族地区的县域经济有这样一些特点：一是带有明显的计划经济的痕迹，县城在县域经济的发展中起着举足轻重的作用，部分地替代了市场的作用。二是县域经济的产业化程度偏低，绝大多数是以农（牧）业为核心的，农业的产业比重较高，第二、第三产业的增长十分缓慢。三是城镇化程度较低，城镇化人口较少，村落经济、家庭经济依然是县域经济的主体，城镇与乡村经济的差异较大。四是县域经济自身造血功能很差，财政只能是吃饭财政，政府的"输血"与"给奶"仍然是维持与发展县域经济的主渠道，经济上的依赖性较强，自主能力较差，经济发展依然遵循着"自上而下"的发展轨迹。五是县域经济依然是民族地区经济发展的主战场与主要形式。

3.3.4 民族经济中的城镇经济

3.3.4.1 城镇化的概念

城镇化，通常是指人口向城镇地区集中和农业人口转向非农业人口的过程。这一过程使城镇人口增加，城镇人口比重提高，城镇规模扩大，城乡之间在生产方式和生活方式方面的差距逐渐缩小等等。城镇化不仅包括城镇人口比重的增加和地域范围的扩大，而且也包括社会经济形态、经济结构和居民生活方式的变化。城镇化既是经济社会发展的必然结果，又是经济社会发展的重要动力，它能带动以工业为主体的密集型经济的发展，创造出比农村高得多的生产效率。

1975年，城市地理学家诺瑟姆（Ray M·Northam）曾把一个国家和地区的城镇化过程分为三个阶段，即城镇化水平较低、发展较慢的初期阶段，人口向城镇迅速聚集的中期加速阶段，进入高度城镇化后城镇人口比重的增长趋缓甚至停止的后期阶段。一般来说，在城镇化初级阶段，工业化和城镇化物质基础薄弱，规模小，发展缓慢，是城镇化大发展的准备阶段和打基础的阶段；

中期加速阶段是城镇化和工业化飞跃发展，第三产业进行增长的阶段，这个阶段的发展对一个国家民族的振兴具有决定性的意义；进入高度城镇化以后的阶段，经济社会各方面发展趋势渐趋成熟，速度明显下降，进入城镇化的晚期。

3.3.4.2 我国少数民族地区城镇化现状

随着社会生产力的发展，农村人口向城镇集中和转移是世界各国经济发展的趋势与共同之路。城镇的形成与产生有其一定的客观基础与社会经济发展条件，其根本原因就在于社会分工的扩大与商品生产与交换的发展。历史上少数民族地区的城镇主要是军事要塞与机构设置而形成的城镇；由宗教中心发展而成的城镇；由赶集等一些原始贸易而形成的城镇；也有由于生产规模"农牧业"扩大而推动分工与交换发展而形成的城镇；国家运用行政力量进行工业布局，通过资源开发形成的新的工矿型城镇；这些年来，对外开放政策带动兴起的边贸城镇。可见，传统意义上的城镇将被现代开放发展的城镇所取代。

我国的少数民族，社会生产力水平较为落后，城镇化起步较晚，城镇化水平较低。据张天路教授研究，1990年，我国少数民族人口城镇化率在25%以下的多达41个民族，占西部46个民族的89.13%。其中相对最低的为布朗族（2.18%）、东乡族（2.28%）、德昂族（2.58%）、拉祜族（2.72%）。可见，我国少数民族的城镇化率尚处于城镇化水平较低、发展较慢的初期阶段，同时也表明西部少数民族在西部大开发中提高城镇化率任务的繁重性和艰巨性。

如果从少数民族地区来看，据对5大自治区和云南、贵州、青海、甘肃、海南5省的统计，1980年民族地区的市镇人口比重为13.7%，1990年增长到17.7%。到1993年，10省区市镇人口达3286万人，占10省区总人口的18.7%。这也表明，民族地区的城镇化水平与全国相比还存在一定的差距，与发达地区的差距更大。

我国少数民族地区的城镇化具有自身的特点：

1. 小城市比重较高。与全国城市发展的总体态势一致，小城市在民族地区的城市中占有很大比重。民族地区小城市的比重高于全国平均水平11.94个百分点，而中等城市、大城市、特大城市的比重均低于全国，分别低7.38、3.18、1.38个百分点。

我国从1983年后开始试行整县改市（撤县—设市）和"市领导县"（市管县）的体制，并于1986年正式颁布了新的设市标准和市领导县的条件。在此之后，我国形成了"设市热"。据统计，1984—1999年，民族八省区新设立的城市有：内蒙古的霍林郭勒、丰镇、根河、临河、额尔古纳、阿尔山；广西的防城港、贵港、北流、桂平、岑溪、东兴；新疆的阿图什、阿勒泰、阜康、乌苏、米泉；云南的畹町、瑞丽、思茅、河口、宣威、潞西、安宁；贵州的铜仁、兴义、赤水、清镇、毕节、仁怀、福泉；青海的德令哈。另外，如从民族自治地方来看，还有甘肃的合作；海南的通什、东方；吉林延边朝鲜族自治州的敦化、珲春、龙井、和龙；湖北恩施土家族苗族自治州的利川等。上述新增设的40个城市中，除广西贵港等少数中等城市外，其余均为20万人以下的县级小城市，占90%以上。而且这些新设的城市中上世纪90年代增设的占70%。可见这些城市基本上是由于其自身经济发展，改革开放后我国设市标准的降低，以及所推行的"县改市"模式的产物。

2. 城镇社会经济的首位度突出。少数民族地区属欠发达地区，地域辽阔，自然环境差，人口密度小且分布不均，交通不发达，距全国经济重心较远，现代工业基础薄弱，大部分地区尚未根本打破自然经济的格局。二元经济结构较明显，城镇化处于初级阶段，即个别大都市突起，而其周围只有数量少、实力小的小城镇，城市的首位度高。

城市首位度（首位城市人口/第二位城市人口）是反映城市人口聚集程度的指标。一般说来，首位度指数越高，表示区域城镇人口越相对集中在首位城市，城镇人口分布也不平衡。正常的首位度应该是 2.0。相关数据显示，除内蒙古、广西、宁夏外，其他省区的首位度明显偏大，超过正常值两倍的有青海、云南和西藏，尤其是青海的首位度高达 8.48，是正常值的 4.24 倍。区域城市首位度过大，由此带来两大问题：一是民族地区由于缺少大城市，导致个别特大城市的"大而全"产业与人口过分集中。1997 年，昆明市区的非农业人口占云南省城市市区非农业人口的 54.23%；西宁市区工业产值占青海省工业产值的 57.94%。省会城市的工业产值占全省工业产值这么大的比重，在我国东部地区是没有的，以致城市负载量过重，城市空间和环境容量制约了城市的可持续发展。当然，也从另一方面说明大城市在民族地区经济发展中的主导作用。二是特大城市与周边地区缺乏其他各级规模的城镇作纽带、桥梁相配合，既削弱了大城市的辐射力，也堵塞了周边地区对特大城市的向心力。

除以上特征外，民族地区的城镇化特点还有：城镇的经济基础和综合经济实力较弱，第三产业不发达；民族地区在城镇化水平较低的情况下存在着类似于"超城镇化"的现象，如失业率高、污染严重、城市基础设施不足、交通和住宅紧张、城镇的社会生活质量与东部发达地区相差悬殊等。

早在 1983 年，著名社会学家费孝通先生就提出"小城镇，大问题"的看法，强调"小城镇建设是中国社会主义城市化的必由之路"，此后的改革开放政策与我国城乡经济的发展，使人们对城镇化的认识更加深刻，从"大问题"发展到了"大战略"的高度，发展"小城镇"对解决城乡二元机构，促进城乡共同进步具有十分重要的战略意义。尤其是民族地区，长期以来城镇化率偏低，城镇密度偏低，不仅影响了民族地区产业结构的调整，直接制约着民族地区经济的发展水平,而且在城镇化建设中存在着布局不合理、设施不配套、建设资金不落实、缺乏长远发展规划等问题,限制了城镇化的建设与发展。

在城镇化建设的同时,民族地区的都市化建设也严重滞后,大城市不仅数量少,而且规模也不大,严重制约了都市化的带动辐射作用,抑制了都市经济发展对民族地区经济社会发展的巨大推动力。不论是城镇化,还是都市化,在其发展过程中,都深深地打上了民族特色的烙印,既带有浓厚的民族色彩,又浸透着民族特点;既改变着民族文化、语言,又影响着民族信仰与关系。与国内的其他地区相比,民族地区的城镇经济与都市经济除了在规模上与程度上的差距明显外,还带有浓厚的民族地域特征,大都是资源型城市、贸易型城市、旅游型城市与宗教圣地城市。在城镇化过程中,一方面使得民族地区的经济发生了变化,城镇经济与民族地区的经济存在着明显的互动关系。在城镇与少数民族地区的互动中,城镇作为民族地区经济的增长极,通过吸纳地区的要素流入,促进都市的自身发展;另一方面,城市又不断向民族地区扩散和输出技术、资本、产业和信息服务,推动技术进步和产业升级,促进商品、技术、劳务、资本及信息流动,促进民族地区的对外开放,直接带动民族地区的经济发展。都市经济较发达,具有很强的辐射力,尤其当城镇发展到一定程度,自身容量逐步趋向饱和时,都市的产业和技术转移会更有力地促进周边小城镇的经济发展,加快地区工业化和城镇化进程。

以云南省昆明市为例,在1990年代,昆明的一大批技术力量和工业设备转移到曲靖、玉溪、楚雄等小城市和安宁、富民、禄劝、呈贡、晋宁、禄丰等小城镇,带动了这一地带的工业发展,也带动了该地带城镇化水平的提高。至2000年,这一地带除昆明、曲靖、玉溪三个地级市外,还有楚雄、安宁、宣威三个县级市,初步形成了以昆明为中心的城市群。同时,依靠昆明的技术信息和产业转移，富民、禄劝、呈贡、晋宁、路南（石林）、澄江、禄丰等小城镇的现代工业和乡镇企业以及小城镇周边的农村经济呈现较快发展的势头。呈贡县（昆明的近郊县）的斗南村正是依托昆明的市场、人才、技术和信息，才发展成为目前我国最大的鲜切花交易市场。另一方面也形成多元化的城镇民族文化，在城镇经济的发展上，体现在产业方面更多的是民族文化产业。较发达的城市，是各民族向往集中的地方，而且无论是城市的物质外壳，还是文化内涵又是各个历史时期各民族之间不断进行交流、相互吸收、补充，最终塑造成的。我国历史上汉唐长安城、宋沐梁城、元大都等各个朝代的都城，都留下了各民族文化交融的深深烙印。这些当时繁庶的都市，是当时中国各民族甚至许多国外官员和商人汇聚的地方，朝贡、互市等形成的经济交流，成为各民族人民之间经济文化联系的纽带。另外，我国历史上有许多少数民族建立了自己的城市，如呼和浩特、拉萨、伊宁、大理等，在中原的一些大城市里也形成了少数民族聚居区、回族聚集区。元、清两朝，蒙古族、满族入主中原的时候，蒙古族文化、满族文化对我国城市的发展产生了很大的影响，至今北京城里有关元、清两朝蒙古、满文化的遗迹数不胜数。总之，各民族优秀的传统文化不断丰富着城市的文化宝库。从物质方面的建筑艺术、工艺制品到文化方面的文学作品、语言艺术等在我国的各大城市中都能寻觅得见。我国都市文化的多样性发展同样迅速，已经深入到人们生活的各个方面。据统计，目前我国几乎所有的城镇均由数个以上民族成分的居民所组成。另据不完全统计，目前中国城市里的流动和常住少数民族人口约有 900 万人，已形成上千个大大小小的居住群落。另一方面，少数民族地区的都市一般均为多民族聚集，除有相当数量的汉族外，还由一个或数个少数民族人口成片居住着。如乌鲁木齐，居住有大量的维吾尔族；在拉萨，居住着大量藏族；在银川，居住着大量的回族；

在呼和浩特，居住着大量的蒙古族；在南宁，居住着大量的壮族，等等。

综观民族区域经济的发展，我们可以看出，在民族经济发展中，特别是在民族地区区域经济发展中，面临着不少的问题与困难。一是地区间的差距明显且有不断扩大之势。二是民族区域经济发展中的市场化程度偏低，市场分割与区域保护突出，要素的贡献差异明显。三是产业结构趋同化严重，企业的经营效绩较低；四是区域开发与整体经济发展之间、政策的统一化与特殊化之间、政府与市场之间存在矛盾与悖理。凡此种种，都严重桎梏着民族地区经济一体化的进程，换句话说，增加了民族地区区域经济一体化的难度。因此，在研究与实施民族地区区域经济一体化时，既不能照搬发达地区区域经济一体化的模式，也不能套用世界经济一体化的范式，必须从民族地区的实际出发，走出一条具有民族地区特色的一体化之路。

3.4 民族地区区域经济一体化的目标确立与战略安排

区域经济发展理论揭示，各类经济在区域分布上的合理与否，主要取决于资源条件与优势、经济集中绩效及运输通讯成本。区域经济从发育、生长到成熟，必须依靠生产要素的内循环，形成一个良性的合理分工与协作的发展格局，区域内分工、协作的各成员为了共同的利益目标，联合起来，形成一个统一的地域性的经济组织，联合体性质的经济组织，通过要素的区域流动，推动区域经济的协调发展，实现区域经济的一体化。一体化的区域经济，在市场经济规律的作用下，以市场为导向，以追求区域利益最大化为目标，实施推动区域内经济发展、给一体化成员带来较高收益的经济活动行为，它是一种扬长避短、发挥优势的开放经济。当今世界经济在追求超额效益时，国与国之间发展了各种形式的经济共同体，以打破各种经济壁垒。各国在发展国内经济、追求经济增长时，率先在一些地域、社会条件优越的地区实现区域一体化，打破行政区划分割，消除条块分割，跨越制度障碍，形成关联产业的有机统一体，发挥优势推动区域经济发展。

民族地区区域经济一体化目标的确立及实现经济一体化的战略安排，必须从民族地区经济发展的实际出发。

3.4.1 民族地区经济及其发展特征

1. 幅员辽阔，人口分布不平衡。中国有56个民族，少数民族人口很少，但分布广泛，全国20个省、市、区均有少数民族，占到了国土面积的63.72%，5个自治区，77个盟市，700多个旗县，9500多个乡镇，是少数民族比较集中的地区。少数民族受历史上朝代更迭、民族迁徙、移民戍边及屯田的影响，主要居住在边疆省区的边缘地带，形成了以边疆为中心的民族聚居区或交错居住区。民族地区的人口密度很低，2001年，全国民族自治地方总人口约为16870.10万人，其中少数民族人口7799.47万人，占自治地方总人口的46.23%。

2. 地处边界，周边国家大都为发展中国家。我国绵延21000公里的陆地边境线大部分是民族地区，跨界而居的民族就多达33个，目前沿边开放的13个城市中就有11个是民族地区。沿边开放使民族地区的地位与功能发生了变化，它为充分发挥民族地区的区位优势、经济技术优势、资源产业优势和人文背景优势提供了便利，对促进我国的对外贸易与对外开放具有十分重要的作用。但是我们也应该看到，民族地区主要分布在西部，西部地区处在边缘地带，没有出海口，交通不便，信息闭塞，技术进步与经济增长较慢，与其相邻的周边国家大都是发展中国家，经济优势得不到互补，资源优势也得不到充分利用，只能成为经济发达地区的原材料输出地，产品的附加值很低。

3. 资源丰富，开发任务艰巨。民族自治地方的总面积占到国土面积的63.72%，草原面积占到全国面积的75%，森林面积占42.2%，水力资源的蕴藏量占全国的66%。这些资源有着丰富的储量，但受经济能力、交通条件的制约，开采成本过大，规模效益较低，资源优势转化为经济优势的难度颇大，开发程度不高，开发任务依然十分艰巨。

4. 产业规模、结构不尽合理。由于历史与地理条件的影响，民族地区的经济发展很不平衡，占据其主导地位的产业是农牧业，但机械化程度偏低，经营方式粗放，产业分工与协作水平十分低下。国家建设过程中先后在民族地区根据其资源分布状况建立了一批资源型的骨干国有企业，形成了较大规模与能力，但产值高、效益低成了民族地区工业企业的通病，企业的辐射带动能力小，工业化程度低，综合发展势力弱，机构单一且产业趋同。

5. 文化富蕴，但人力资源匮乏。民族地区是四大文化的汇合点。一个国家或一个地区的发展，是由许多因素交错在一起而促成的。虽然文化的发展离不开经济，可经济的发展没有文化的支撑也是不行的。在讨论西部民族地区经济发展问题时，不能忽视其具有明显特点的多元文化汇合这个事实。早在秦汉以前，孔、老之学就已通向西域，所形成的以儒家为经、道家为纬的东方文化一直在西部地区处于主导地位；汉唐伊始南亚印度佛学文化北上，由云贵高原、青藏高原直抵蒙古高原；唐宋以后通过丝绸之路，阿拉伯文化大举东来；明清开始随着斯拉夫民族向东扩张，俄罗斯文化也由北南下伸向蒙古和新疆。由此，西部民族地区形成了两个带有明显特色的文化圈：一个是以亚洲圆心点新疆地区为代表的伊斯兰文化,另一个是以世界屋脊青藏地区为代表的藏传佛学文化,而这两股文化都流汇于东方文化源流之中,又成为我国西部诸种文化的主体,成为中华民族整体文化不可分割的组成部分。利用民族文化和宗教文化的积极作用,对促进经济发展是有利的,而且能够增强民族凝聚力。如果我们在发展民族地区经济过程中,能够把握好这些民族文化的历史特征,利用它的内在本质特征以调动民族内部的各种积极因素,同时又利用它的外在现象特征以交往跨界民族,与周边国家扩大对外贸易,无疑对加快民族地区经济开发与发展是有特殊意义的。① 民族地区人力资源匮乏,这是不争的事实,不论是思想观念,还是人口的整体素质与东部及非民族地区相比都有很大的差距,教育水平低下,观念保守陈旧,人才外流,素质技能偏低等等都严重制约着民族地区经济社会的发展。

6. 地位重要,但发展难度较大。我国是一个多民族国家,维护祖国统一,加强民族团结,促进民族发展,保护边境安全,是关系到国家前途命运的重大问题。但是民族地区也往往是经济发展比较落后的地区,贫困与落后一直困扰着民族地区的发展,生态环境的保护与资源开发的悖理增加了民族地区经济社会发展的难度。

3.4.2 民族地区经济一体化的 SWOT 分析

要实现民族地区经济一体化,必须对民族地区的现状进行深入的分析,即对民族地区的优势(S)、劣势(W)、机会(O)、挑战(T)进行 SWOT 分析,以准确了解这一地区的状况,从而作出相应的战略选择。

1. 优势(S)

---

① 参见施正一:《差距与加速》,《民族经济》1995 年第 4 期。

从以上的分析可知，民族地区的优势主要有：
① 区位优势：重要地理位置，较长的边界，农业区位优势
② 资源优势：自然资源，文化旅游资源
③ 文化优势：四大文化的交汇
④ 政策优势：西部大开发，民族政策，区域性政策
⑤ 产业优势：农牧业的比重较大
⑥ 空间优势：基础薄弱，交易成本与建设成本较低

2. 劣势（W）
①经济基础薄弱，经济实力较弱
②市场化程度偏低
③产业结构单一并趋同，工业化程度较低
④资金短缺，技术滞后，人才匮乏，交通运输成本偏高，信息闭塞

3. 机会（O）
①国家实施西部大开发战略，政府投资与政策投入加大
②民族自治地方政策享有各项优惠
③加入WTO后的民族地区对内对外开放
④政府的职能转变与区域间的协调机制的逐步建立
⑤市场化体制的建立与完善，法制经济的发展

4. 挑战（T）
①东西部差距的进一步拉大
②要素的市场流动
③生态环境的开发与保护
④长江三角洲、珠江三角洲及环渤海一体化经济的竞争
⑤民族、宗教及边境安全与稳定

5. SWOT矩阵分析
以横坐标表示机会（O）和挑战（T），以纵坐标表示优势（S）与劣势（W），交叉部分为可能选择的战略。用图表来分析

民族地区可能的战略选择。

表 3－2　　　　　　　SWOT 分析表

外部环境 　　战　　　（O、T） 　　　略 　　　　选 　　　　　择 内部因素（S、W）	机会（O） 国家政策与政府投资 WTO 后的对内对外开放 区域性的协调机制的形成 市场化进程的加快	挑战（T） 东西部差距的进一步拉大，要素的市场化流动，生态环境的保护与开发，民族、宗教与边境安全与稳定
优势（S） 区位优势 资源优势 文化优势 政策优势 产业优势 空间优势	优势机会策略（S、O） 形成以资源型产业为主体、市场与政府为两翼的民族地区经济共同体	优势威胁策略（S、T） 发挥资源、文化、区位优势 扩大对内对外开放 加快市场化进程 用足用活政策
劣势（W） 经济基础差，实力弱 市场化程度低 产业结构单一并趋同 资本、技术、人才短缺及交通运输落后，信息闭塞	劣势机会策略（W、O） 加快一体化进程 • 政策投入 • 市场运营 • 制定规划 • 落实实施步骤	劣势威胁策略（W、T） 加快民族地区区域经济一体化的发展

结论：以资源型产业为主体，加快市场化进程的步伐，加大政府的干预力度，形成统一的协调机制，制定一体化发展规划，加快一体化发展进程。

3.4.3　民族地区区域经济一体化的战略安排

在梯度开发理论的指导下，随着西部大开发战略的不断实施及社会主义市场经济的不断深入发展，中国的区域经济联系日益紧密，区域合作的范围、领域不断扩大，规模不断增大，方式不断创新，区域合作与联系也将逐步由传统的政府主导下的"对口支援"及"专项合作"逐步转向市场化的、集团化的、产业化的多层次、多方位、多元化的区域经济联系与合作发展。在政府与市场的推助下，区域协调机制正在不断发展与完善。作为区域经济发展中的民族地区的区域一体化发展，将成为推动民族地区经济增长，推动中国区域经济进一步发展的一项重要区域开发与发展战略。一个以资源优势为基础，以产业开发与联合为纽带，以市场化的要素联合为导向，以政府推助为动力，以集团化企业为主体的民族地区区域经济一体化的发展格局，将成为推动民族地区经济发展的战略安排。

1. 依靠资源优势，强化产业关联。随着工业化、市场化进程的加快，在区域开发与发展中，产业结构的调整与优化将成为中国区域经济增长的主要内容，从全国的区域分布来看，局部"小而全"或"大而全"的产业布局结构将成为历史，要从各地优势出发，按照市场化的运作模式，较为发达的沿海地区进一步向技术和资金密集型的产业方向发展，而欠发达的中西部地区（包括民族地区）应向劳动与资源密集型的产业方向发展。并随着产业分工的进一步扩大，地区间的产业分工将由部门间的分工向产业、产品的分工转换，按照产品间的分工与产业间的关联的要求，形成规模产品、规模企业，从而实现规模效益与规模经济。在二元经济结构的背景下，进一步发挥中心城市的辐射与带动作用和产业转移功能，进一步明确大中城市的产业分工，高新技术产业、集团化企业的总部与研发基地将主要聚积在大城市或地区首位城市，制造业等一些深加工生产基地向城郊或中小城市转移。从而形成一个多层次、全方位、垂直化、水平式的区域开发格局。

2. 依托市场开发，组建跨区域的产业化集团。日臻成熟的市场经济将催生出大批具有独立行为能力的微观主体企业，而在市场条件下成长起来的企业，必然通过跨区域的经济联合，遵循市场化要素流动的轨迹来拓展自身的发展空间，从而形成具有较强竞争力的区域化的产业集团。产业集团可以是多业结合的横向综合性集团，也可以是以产业链为条件的纵向一体化的企业集团，发挥龙头带动作用。企业集团可以通过资产重组，实施跨部门、跨区域、跨行业产业的收购与兼并；可以通过企业集团之间的相互参股控股，组建跨地区的经济联合体或共同体，实现强强联合；可以通过政府的"搭桥"与"牵线"，发挥地区间的优势组建共同体的新的企业集团。彻底打破行政割据与地域分割，让要素自由流动起来，推动区域经济的开发与发展。

3. 转变政府职能，完善市场化体系建设。在现阶段乃至于今后一个时期，在民族地区区域经济的合作中，政府依然会起着十分主要的作用，国家自实施西部大开发战略以来，在中央政府的积极干预与政策推动下，西部地区（包括民族地区）基础设施、投资环境、生态条件、特色产业都有了较大的发展，特别是市场体系的建立与市场竞争观念的确立，为西部的发展打下了基础。政府的行政干预与财政投入应该说较好地解决了区域性经济发展外部效应问题，初步解决了地区发展不平衡问题。但是，我们应该看到，在中央政府政策支持的同时，下放权限于地方政府，深化市场化政策，地方政府在地方利益的驱使下，出现了地方政府间的竞争，在制定发展规划与发展纲要时，过多地强调本地优势与特色，在资源开发上"竭泽而渔"，在产业布局上"以邻为壑"，出现产业趋同，结构雷同，带来重复建设、多头开工的问题，造成了地区间的恶性竞争，从而浪费了资源，也产生不了较高效益。在西部开发中，在民族地区区域经济一体化的过程中，政府要处理好与市场的关系，政府的作用要严格地限制在市场失灵的领域，消除市场分割的障碍，发挥推动、引导、服务的职能，要从"无限政府"向"有限政府"和"责任政府"转变，重点放在确立基本的市场规则并有效维护规则上,建立与完善市场化体系建设,创造一个适宜于有效竞争的市场环境。在政策放入方面,要积极推行"非管制化政策",推行法制化管理,增加透明度,依法行政,切实保护投资者与经营者的合法权益,推动要素的自由流动。

不可否认,我国是一个统一的多民族国家,民族地区是少数民族聚居区,又处在沿边地带,维护民族地区的安全与稳定,推动民族地区经济的振兴与发展,不仅是一个经济问题,也是一个重大的政治问题。只有有了民族与边疆的安全与稳定,才有稳定发展的大局。因此,在民族地区区域经济一体化进程中,要从政治的高度和战略的角度,来审视与实施国家对经济的干预。

总之,以资源为基础,产业为主体,集团化企业为龙头,市场化为导向,政策投入为动力,推动民族地区区域经济一体化是民族地区经济发展的战略选择。

3.5 民族地区区域经济一体化的实施

民族地区区域经济一体化是民族地区经济发展的取向与趋势,其目标的实现与完成,需要有一个过程,在一体化过程中涉及到许多方面的问题与困难,其实施必须有重点、分层次、划阶段。就目标而言,我们认为可从以下几个方面来加以实施。

3.5.1 加强市场化建设,提高生产要素流动与配置效率

生产要素是一国或区域经济增长的基本元素,生产要素理论是20世纪30年代诞生的,但其渊源却可以追溯到18世纪的古典经济学,以亚当·斯密的"绝对成本论"和李嘉图的"比较优势论"最为典型,生产要素禀赋理论是其核心内容。生产要素不

仅具有异质性、变动性、密集变换性和转移性的特征，而且它随着分工贸易的不断扩大而更加丰富，其运动变化也更具有变动与转移特点。由于经济发展的不平衡性与要素自然禀赋的差异，要素的运行机制合理与否直接影响着一国或一地区经济增长与发展。现代经济中要素机制的建立，主要是以其流动与效率为主要目标的，也就是说，要素的自由流动与有效配置是其运行机制的核心内容。

生产要素的流动与配置方式有市场机制与非市场机制之分，前者是一种自发过程，它主要通过价格杠杆来进行调节；后者则主要通过政府及有关组织，是一种自觉过程，是政府及组织通过计划、规则与协定来有意识地进行调节的。而要素的自由流动则主要是通过市场来实现的，有效配置则是在"市场有效"与"有效干预"的不断博弈中获得的。一般而言，流动是前提，只有资源要素向效率高的行业、部门流动，才能最终实现其有效配置。因此，建立流动自由与配置有效的要素市场，是民族地区区域经济一体化发展的实质与内容。

1. 理顺、规范市场与政府的关系

党的十四大确立的市场经济改革目标，其内在要求就是发挥市场在资源配置中的基础性作用，通过发挥价格杠杆和竞争机制的作用，提高资源配置的效率。市场经济中的微观主体，要按照利润最大化的原则根据市场的供求变化，进行决策和运营，与市场上的其他主体进行公平平等的竞争。市场经济中的市场环境建设，要按照加速要素流动与发挥比较优势的原则，建立公开、公正、公平的市场交易制度与规则，引导要素向效益高的地区、部门与企业流动，同时遵循价值规律，从节约成本，降低费用，提高效率方面发挥资源的优势，通过市场的帕累托改善来实现帕累托效率。在宏观经济指导中，要尊重市场规律，弥补市场失灵和纠正市场缺陷。

我们必须清醒地认识到，市场不是万能的，市场有时也会失灵，市场也存在缺陷，比如公共产品的生产与供给问题，市场微观主体的外部效应问题，过度竞争与集中引起的市场垄断问题以及信息的不对称、不完整，市场的不完全、不规范，宏观经济总量的不平衡等问题，都要求政府必须予以介入干预。特别是在民族地区区域经济的发展中，区域间行政区划及区域发展中的区域保护政策，会造成市场的分割与壁垒，形成区域发展的差异与不平衡，由于历史沉淀与政府导向上的差异，再加上民族地区经济发展中多元化与复杂性，政府的介入与干预更具有效应。同时，我们也必须明确，政府的介入与干预要严格限制在市场失灵的领域，政府不能替代市场，政府的活动要立足于非盈利性的公共产品的生产与供给领域，要着眼于市场失灵"缺陷"的纠正、市场运营规则的制定与市场秩序的维护，干预经济的方式主要采取经济手段调控经济运行，对经济运行实行计划指导与宏观调控。

2. 培育市场主体，建立现代企业制度

构建市场经济的主体，是社会主义市场经济体制的基础工作与核心内容，离开了具有独立经济利益和自主经营的市场经济实体——企业，市场机制就缺乏载体，也就没有市场经济可言。而现代企业制度是与市场经济发展相一致的企业制度，其核心就是要建立法人治理结构，而规范的法人治理结构就在于：在所有权与经营权相分离的背景下，形成一套有效地选择经营管理者、激励与约束经营管理者的机制，以及适应现代市场经济要求的企业经营制度。一般来讲，现代企业制度主要包括三个方面的内容。即完善的企业法人制度。企业必须能够独立地享有民事权利，承担民事责任，国有企业中必须拥有企业全部资产的法人财产权，真正是市场经济竞争的主体，企业实行自主经营、自负盈亏，此其一。有效的有限责任制度。现代企业享有并承担有限义务与责任，不仅对企业的债务承担责任是以全部法人财产为限，而且各出资者以其出资额的多少为限承担责任，此其二。科学的组织结构与有效的管理制度。就是要在企业内部建立起权力机构、决策机构、执行机构和监督机构，它们之间是相互独立、责权利明晰、相互制约的关系，企业形成一套包括激励、约束、制衡的现代经营机制，从而提高企业的经营效益。此其三。以上分析，我们清楚地看到，适应社会主义市场经济发展的现代企业制度应该是产权清晰、权责明确、政企分开、管理科学的本质内容的体现。

我国民族地区的企业如同中国的国有企业一样，它的发展与成长都是与我国工业化建设同步而行的。正如金碚所指出的，在中国工业化进程中最主要的组织要素就是政府的行政系统，所以整个系统的运行，不像西方国家那样主要由企业家和经理阶层所构成的组织要素系统，通过市场关系的协调来组织和推动。企业的活动主要由政府行政系统所左右，表现出高度的有序性、有组织性，企业的设立，乃至企业内部分工和组织结构安排都是由政府按统一的计划进行的。因此，严格意义上讲，不仅企业的目标是非市场化的，而且企业是国家行政附属物，不是产权主体，不具有法人产权。随着市场经济体制的确立，特别是民营企业的出现与成长及国有企业的建立现代企业制度的改革与发展，中国的企业开始或初显现代企业的内容与成分，企业也开始以市场化经营为其经营目标。但是受非均衡发展战略的影响，广大民族地区的市场化进程还比较缓慢，表现在企业制度方面存在着三大差异。一是企业的所有制结构上，民族地区国有经济的比重过大，非国有经济发展比较缓慢，国有企业转型转制严重滞后。二是现代企业制度的改革与建设缓慢，产权制度改革与科学管理制度的建设也严重滞后。由于"三线"建设时期形成的军工重型结构，包袱重，转换能力弱，转让、出售、转制速度不快，一些地方性的中小企业改制也因此步履维艰。三是在企业的经营目标与分配制度上，过分地强调稳定与倾斜，改革力度不大，企业有较强的外部依赖性。再加上企业经营中观念陈旧、管理落后、资金短缺、结构不合理、规模小、档次低等问题，企业的效率不高也是难免的。因此，必须加快民族地区建立现代企业制度工作的速度。当前，应从以下几方面开展工作。

(1) 积极调整所有制结构，大力发展非国有制经济。首先，转变观念，深刻认识非国有制经济在民族地区经济发展中的地位与作用。改革开放20多年的实践证明，哪里非公有制经济发展快，哪里的经济就越发达；哪里的非公有制经济发展慢，哪里的经济就落后，就发展不起来。其次，制定一个明确的发展目标，公有制经济要加大其退出竞争性行业及垄断竞争行业的力度，放宽民营经济的经营范围及相关限制，凡是民营经济有积极性，而又对民族地方经济发展有利的，并具有较高经济效率的行业、项目要优先安排，政策扶持，特别是民族地方的乡村经济、县城经济的发展中要加大力度，加快进度。再次，要对非国有经济进行大扶持，要在土地审批、资金落实、项目安排及税收政策、用工制度上予以优惠，放水养鱼，优化经营环境。

(2) 加快国有企业现代企业制度的改革与建设。民族地区的国有企业改革严重滞后，建设现代企业制度的核心是明确产权，企业的产权不明确，或者说公有制企业的产权主体"缺失"，很难做到责权分明、政企分开和管理科学，企业也就不能成为自主经营、自负盈亏的市场主体，就会造成资源的浪费与效率的低下。按照"委托——代理"的现代公司管理方式，通过"市场契约的联结"方式，投资方将企业的经营管理权授予职业经理人——企业家，把决策权授予所有者的代表——企业董事会，构建企业权力制衡机制，实现两权分离，从而保障企业所有者与经营者的合法权益。在企业经营管理中，要建立一套以市场为导向，以发挥人力资本与技术作用为重点的科学管理制度。

(3) 大力发展现代股份制经济，组建现代企业集团。首先，要进一步明确国有并不就是公有,股份制是公有制的最好形式,国有股要实行战略性转移,国家垄断经营的企业和产业,在努力适应市场经济要求的同时,国家要给予支持;竞争性企业和领域要吸引更多的投资,并通过重组、兼并与联合等多种方式,加快发展,形成规模经营。一些债务负担较重、产品没有市场、且长期亏损而又扭亏无望且资源浪费与枯竭的企业,实行关停与破产,国有股要以统一进行产业升级与产品换代,提高市场竞争力为其投资方向,强化国有股的效能。同时要鼓励要素的跨区域流动,积极培育法人股东,要鼓励发达地区对民族地区国有非国有企业的兼并、收购及控股,实现优势国有及非国有企业集合效应;民族地区要加大开放的力度,吸引外资股东,以优惠的政策加大吸引外资的力度,从而实现技术、资金、管理人才优势效应。当前,尤其要鼓励民营企业和外资企业参与国有企业的资产管理。在我国民族地区,处于竞争性行业的大批国有企业效益不高,所有制调整任务很重,政府应当消除所有歧视,积极鼓励民营企业和外资企业通过兼并、控股、参股、托管等方式参与国有企业改革与管理,以推进民族地区国有企业的战略性调整,提高民族地区经济市场化程度,推进民族地方区域经济一体化的发展。鼓励员工、经营者持股,培育内部职工股东,建立有效的激励机制,增强凝聚力,提高积极性。通过股东多元化来实现民族地区股份经济的发展,通过股份制企业的建设,形成一批成为民族地区经济一体化发展龙头的现代企业集团。

(4) 创新适应现代市场经济的企业家制度。现代市场经济要求建立现代企业制度,现代企业需要现代企业家经营与管理,而如何建立与现代企业制度相适应的企业家制度也是国有企业改革成败的关键。民族地区的企业更加缺少高素质的企业家人才,缺少一套行之有效既能调动企业各方积极性,又能使企业管理层行为长期化、合理化的企业激励与约束机制,一定意义上讲,这是影响民族经济一体化发展的关键问题。现阶段应着手从两方面做好此项工作，一是经营者报酬制度的构建，要大力推行股权激励机制，鼓励经营者持股，对经营者进行激励，构建多元化、激励性的薪酬制度，二是推进经营者市场职业化改革，培育独立的适应现代化市场经济发展需要的职业经理阶层。

3. 建立与完善市场体系

开放性、平等性和竞争性是市场的本质属性，不论是发达地区，还是欠发达地区或民族地区，完整而有效的市场在区域布局中是统一的，在运行规则上是规范的，市场的效率体现在要素与资源的流动与有效。在民族地区区域经济一体化进程中，建立完整的市场体系是至关重要的。目前问题的关键就是要打破区域分割，消除制度障碍，实现规范运行，以提高与发挥市场配置资源的效率。

市场化的区域经济一体化发展依赖于完善的市场体系，完善的市场体系不仅包括多样、流动、分散、易变的商品市场，而且包括劳动力市场、资本市场、技术市场、土地市场等要素市场与产权交易市场。市场建设不仅包括有形市场的建立，更为主要的是市场机制的建设。在推进民族地区区域经济一体化发展的进程中，要扩大与规范产品市场的范围空间与运行机制，打破地区封锁与各种壁垒，扩大商品交易的品种与范围；要建立适宜劳动力流动的劳动力市场，撤除阻碍劳动力人才流动的篱笆，目前要逐步取缔传统的户籍管理制度和过于僵化的人事档案制度，制定优惠政策，加强人才的合理流动；要建立适宜资本流动的资本市场，积极推进市场化利率政策，加速资本的流动。资本要素短缺是民族地区区域经济发展的突出问题，在中央财政及国家政策银行加大投入的同时，要大力培育与发展民族地区的资本市场，尤其要拓宽民族地区对内对外直接融资渠道，优先支持民族地区的基础产业与资源型企业的资金需求，放宽与加大民族地区企业筹融资的规定和力度，不断寻求国际资本市场的支持。同时，针对民族地区企业结构的现状,加大国有股和法人股流通的力度,充分发挥资本市场配置资源的优势。要建立适宜技术扩散与技术创新的市场,加快民族地区区域经济发展的技术支持力度,扩大技术对经济发展的贡献。建立有利于提高土地使用效率的土地交易市场,建立包括国家土地市场、土地开发市场和土地使用权转让市场的三级市场体系。在产权交易市场建设方面,取消所有制限制与歧视,积极鼓励企业间的兼并、收购与破产。这些完整的产品与要素市场构成一个有效的市场体系,确保产品及要素的流动与效率,有利于发挥市场在资源配置中的基础性作用。

不仅如此,在市场体系建设中,必须重视市场的法制建设,建立健全市场运行的法律、法规,要加大市场法制化建设的力度,规范市场主体的行为,规范政府的行为。同时,还要加强统一市场的组织建设与基础设施建设,充分发挥企业和中介机构在区域经济发展中的作用,建立沟通区域间经济联系的现代市场网络,充分发挥市场的空间优势作用,同时还要强调市场建设中的网络化。

3.5.2 扩大民族地区投资,充分发挥投资对民族区域经济发展的作用

国际国内区域经济发展的经验告诉我们,经济发展相对落后地区要实现经济的跨越式发展,必须重视和解决好投资问题,区域投资规模与布局,直接影响着区域经济的结构、规模与增长。投资问题是我们研究民族地区区域经济一体化发展中必须面临与重视的大问题。

凯恩斯乘数理论告诉我们,投资可引起收入的成倍增长,一般投资的乘数与边际消费倾向呈同向运动,而与边际储蓄倾向呈反向运动。投资通过直接刺激生产资料的增长和间接转化为个人及社会的消费发挥作用,实现经济增长。依照工业化理论,有人预测过,在工业化初期和准备进入中期阶段,不仅制造业已超过

初级产品对经济增长的贡献，而且在要素生产率对经济增长的贡献中，资本增长对经济增长的贡献达到52%，劳动与技术增长对经济增长的贡献分别为23%和25%。我国民族地区区域经济发展尚处在这样一个资本推进型的发展阶段，在这一阶段，资本投入的规模与效益直接决定着民族地区经济增长的速度。因此大规模资本投入是今后很长一个时期内民族地区区域经济一体化发展的主要推动力。

客观地讲，不论是在传统计划体制下的均衡发展战略影响下的国家对西部工业布局中诸如"三线建设"时期的资本投入，还是自"九五计划"特别是2000年实施的西部大开发战略下国家对西部开发的资本投入，都是富有成效的，形成了广大西部的基本工业格局和基础产业与基础工业的发展。但是，受制于西部经济落后与政府投资的局限，再加上西部工业化进程中的强大资本缺口，投资的规模与效益依然存在着不少问题，投资"短缺"与"饥渴"症状依然较为突出，正如有的学者所分析的存在于西部大开发中出现的"政府热，民间冷"的问题，政府的投资没能很好地发挥其"投入效应"，相反，在有些领域甚至带来"挤出效应"。总结近年来西部投资的情况（注：西部情况基本代表民族地区），主要有以下几点结论。一是总体规模依然不大。政府对西部的投入主要是通过财政转移支付等手段直接投资，一方面它与西部经济发展对资本的需求相比，仍然存在着较大的缺口，另一方面投入的总量仍不及过去政府在东部沿海地区的投资规模。二是政府投资依然是西部地区投资的主体。自国家实施西部大开发战略以来，在全社会固定资产投资构成中，虽然公有制经济政府投资部分有所下降，民间投资部分有所上升，但总体格局并没有改变，投资的主体仍然是政府，西部经济增长的动力主要依赖政府的投入。三是民间投资的规模及外资利用规模依然不大，不论是从总量上，还是从增长速度上看都赶不上全国平均水平，更不及东部沿海发达地区。这样的一个投资规模、投资结构限制了西部发展的进程。因此，当我们研究与发展民族地区区域经济时，必须对投资问题引起足够的关注，资本是纽带，资本是现代企业集团发展的最直接动力。

1. 遵循投资布局的一般规律，把握中国区域投资的趋势

生产力发展水平决定着投资布局的态势，市场经济条件下，投资布局除受经济规模支配外，更多地体现着社会化大生产与市场的特色。现代投资布局明显显示出分散与开放的变化趋势。分散是指投资一般在其相对优势的地域形成生产力，在某些区域相对集中，但随着时间的推移，原有投资区域的相对优势丧失，投资会转向另一些相对优势的地区，由此形成投资的均衡，在总体规模上呈现出均衡分散的趋势。这种动态的均衡分布态势，直接导致了工业布局结构，所以，在相对优势地区，工业是先成长起来的，多数国家的经济发展中，都形成了工业密集的城市与大城市等工业重心。但有限的优势伴随着生产力的发展，投资会转向新的优势地区，形成新的工业重心与工业聚集地。开放是指地区间社会分工的出现，使得区域间的经济交往更加广泛密切。要使地区间生产要素合理而有效地流动，就必须保持投资的开放性；随着社会化大生产的发展，不同经济区间的经济联系趋于开放，开放的经济体系，要求投资布局也具有开放之势。

回顾中国经济发展的历史演进，可以清楚地看到，我国的投资布局呈现出随着经济发展重心的转移运动的轨迹，投资遵循了一个从建国初期到"五五时期"发展重心西移的投资低效运作期和"六五时期"到"九五时期"发展重心东移的投资有效运作期，进入"十五"时期，受投资边际效益规律的影响，西部地区又显现出其相对的发展优势，国家发展的重心开始西移，西部经过50多年特别是改革开放25年的发展，有了一定的基础与优势，投资运作进入了西部有效运作期。因此，我们要把握这样一

个难得的机遇,加大对西部地区(包括民族地区)的投入,充分发挥投资的效用。

2. 继续加大与优化国家财政资金的投资规模与效应

建立规范的财政转移支付制度,逐步加大中央对民族地区的财政转移支付的力度,提高民族地区自治地方政府公共产品的生产与供应,公共产品的生产与供应主要应集中在社会保障和医疗保障制度的建设、基础教育与技能培训以及扶贫开发的项目上。利用政府的信用,通过发放债券及向外国政府及组织举债的方式,组织更多的资金,继续加大对民族地区基础设施和生态环境建设的投资,加大对重点工业发展区与边疆开发区工业的基础设施的投入;加大对优势资源产业与特色产业的投入。借鉴国外政府支持落后地区开发以及国家对东部沿海地区战略发展的经验,采取财政贴息、低息、减免税收等政策优惠,诱导民间资本与外资参与民族地区经济发展项目的建设。积极发展政策性银行信贷资金的优势。国家三大政策性银行要继续加大对民族地区的投入。积极争取世界银行等国际金融组织的贷款项目,政府要简化手续,适当放宽担保条件。大力发展项目融资,放宽项目融资的政策限制。允许民族自治地方政府发行地方债券和大力推行资产证券化业务。

3. 优化投资环境,吸引民间资本与外资投资民族地区

从历史发展观点看,世界上至今没有哪一个国家能够依靠中央政府财政的投入来改变一个地区的贫困落后的境况。这方面失败的情况很多,相反成功的区域开发与发展都概莫能外地由中央政府财政诱导民间资本参与开发,发挥其挤入效应。因此,政府一方面要解决包打天下的做法,另一方面通过对基础设施的投入、投资环境的优化、扶持政策的配套以及增加教育与人才培养等,吸引更多的民间资本进入到民族地区区域经济开发与发展中。政府特别是地方政府,在改善投资的软环境方面,要规范政

府行为，规范市场运行规则，保证司法公正及在土地、劳资、社会保障与社会治安等方面制造一个良好的投资环境。民族地区的自治地方政府还应该注重人文环境的建设，把悠久的富有特色的民族文化演化为吸引投资的优势。在吸引外资方面，一个根本的政策就是要给予外资与内资相同的待遇，不搞区别，更不能歧视，要通过税收优惠、放松管制、信贷便利、放宽行业限制等办法，加大政府的诱导力度。进一步开放市场，将长期处于保护、垄断，并已经形成既得利益的金融、电信、中介服务及商业领域向外资开放；鼓励外资参与国有企业并购与重组，放宽及取消部分产业对外资参股的比例限制。进一步开放外商投资项目，开展包括人民币业务在内的项目投资，支持外资企业在境内外发行债券与股票融资上市；积极鼓励外资参与并发起产业投资基金与风险投资等多种形式的基金，吸引外资用境内的投资利润再投资。实施资源置换战略，在矿产资源的勘测及开发方面除严格限制战略资源外，一律开放，允许其进行勘测开发和后续经营。在引进外资方面要树立"民族经济转向全球经济"、"政府变小，企业变大"和"按照国际惯例运作"的整体观念，实施"点开放、线开放、面开放、体开放"的总体开放战略，形成可持续发展的对内对外扩大开放的机制。

3.5.3 规范并优化区域政策，加大民族地区区域经济一体化发展的政策投入

区域政策是政府干预区域经济发展与区域经济关系的主要工具，是政府公共政策的一个主要组成部分，是经济发展空间格局发展到一定阶段的产物。区域政策是对区域问题与问题区域开出的药方。我国民族地区是处在落后区域中的落后问题的地区，其突出的特点是经济、社会、技术等发展程度低，人民生活和地方财政收入水平较低，经济增长速度不高，失业率高，产业结构低

下，科学教育与文化事业不发达，可持续发展能力差等。只要存在区域问题和问题区域，就需要区域政策，区域政策是随着区域问题与问题区域的动态变动而不断调整的，区域政策始终致力于解决区域问题与协调区域利益矛盾。区域政策所关心的问题不仅存在于国家内部，也存在于国家之间，但相比之下国内问题就很难处理。就国际贸易而言，比较成本决定了一个产业的长期活力，国家之间的成本差异可以通过税收与汇率等其他政策工具加以解决，而在一个国家内部，既不存在关税，也不存在一般物价水平的显著差异，其产品价格与工资水平往往由中央决策或全国性谈判安排确定，其目的是为了防止商品和劳务价格出现明显的区域差异。

要发挥区域政策解决区域问题与协调区域利益的矛盾的作用，必须要明确区域政策的目标，因为有些目标是一致的，有些目标在一定范围及区域内是有矛盾的，区域政策一定要体现其主要实现目标，作为集中与倾斜，推进区域经济的发展。纵观世界各国区域政策的实现目标，主要集中在区域经济发展与区域利益协调两个方面（见表3-3）。

表3-3

政策目标内容	政策目标效应	区域对政策的反映
提高区域内资源的利用水平 更为有效地在区域内各种用途间分配资源 实现区域内的最快增长 区域内有效地分配生产要素使收入最大化，增长率最高	追求效率 关注区域经济的增长与发展 可能牺牲部分公平	发达地区期望的政策，落后地区的利益会受到不同程度的损害 区域发展差异较大
实现区域内增长的均等化 实现区域间收入均等化 缓解通货膨胀压力而缩小区域差异	实现公平 关注区域经济发展中的区域利益协调 可能以牺牲效率为代价	落后地区期望的政策，发达地区利益会受到一定的损害 区域发展差异较大

续表

政策目标内容	政策目标效应	区域对政策的反映
减少区域拥挤度与其他由布局造成的外部成本，以重新进行人口、产业布局而形成最佳社会利益的空间发展结构诸如区域文化与发展个性等非经济目标任务实现与保护	兼顾效率与公平 既关注区域经济发展， 又重视区域经济发展中的利益协调	区域发展基本实现平衡发展整体社会期望的理想政策与发展目标

注：根据《区域经济政策—理论基础与欧盟国家实践》（张可云著，中国轻工业出版社2001年版）有关内容整理。

国家在对民族地区进行区域政策的投入中，首先要有合理、科学、规范的制度设计基础，核心是明确责权利，并要有相应的制衡机制。必须明确，要消除社会经济发展差异，实现经济一体化发展，维护国家的安全与稳定，没有行之有效的区域政策，上述目的是难以实现的。科学而有效的政策，既包括一定时期内在公平承忍范围的效率提高，也包括对效率提高的促进，在区域政策实施的主体选择上，权力（包括经济权力）不宜过度下放，区域政策的主动权要掌握在中央手中，同时也要从区域的实际出发，考虑区域经济社会的现状诸如民族、宗教、习俗、文化等因素，增大区域政策的灵活性与透明度。区域政策要与区域发展的每一阶段的区域经济和人口的地域结构、布局因素与宏观经济和社会发展的转变相符合，并建立区域政策评价、监督与奖惩机制。

在区域政策工具的选择上，要处理好"胡萝卜"与"大棒"的关系，"胡萝卜"政策指的是政府的直接援助，包括政府财政投资、贷款优惠和税收减免，还包括改善投资环境等诸如基础结构发展、创建工业园区和科技园区的间接援助政策。"大棒"政策主要是指政府的管制包括控制与处罚以及许可制度。一般而言，在利益约束机制与获利规则尚不完善时，"胡萝卜"政策容易使政策倾斜区产生"偷懒"的机会主义行为，诸如思想上的"等靠要"，行动上的无休止的政策"寻租"；而"大棒"政策，有时会出现"鞭打快牛"问题，抑制地区积极性与创造性的发挥，这两种现象并不是区域政策设计者与实施者所看到的，但在现实生活中又不可避免，很难防范，实践中应尽可能减轻政策的负面影响，尽可能使政策完善。

民族地区在区域经济发展中，应在一体化经济发展的总体目标要求下，以深化改革与区域推动为动力，以可持续发展为主线，从产业发展的互利性与整合性特点出发，加快产业间的合作与协调，发挥产业优势，提高整体产业水平；从区域资源和生产要素的流动性与聚集性特点出发，充分发挥区域内中心城市与重点地区经济的聚集与扩散功能，形成空间广阔的区域经济协作体系，促进民族地区经济的协调发展；从民族地区区域经济关系的依存性与融合性特点出发，不断加速区域内外的产品、资本、人才、技术、信息等要素的交流与传输，使区域经济的运转步入有序发展与协调平衡的轨道，建立和谐的区域竞争与合作关系，保障区域经济的持续协调发展。从区域政策环境的无差异性与协同性特点出发，构建低成本的兼顾效率与公平的区域政策体系，减少经济发展中的冲突与矛盾，以机制创新与市场建设为手段，充分发挥市场的基础性作用与政府的理性干预政策的作用，构建民族地区区域经济发展一体化体系，实现民族地区经济的可持续协调发展。

在民族地区区域经济一体化发展中，各级政府要发挥其组织协调职能，完成由"无限政府"向"责任政府"和"作为政府"的转变。政府在推进民族地区区域经济一体化发展进程中的职能应切实转移到规范市场，消除区域内产品、要素流障碍，改善区域的投资软环境,保护地区平等竞争与公平合作;进行基础设施等公共物品的建设与环境生态保护的区域协调;制定产业规划与产业发展政策,确立区域分工、定位,引导产业的有序发展与布局;协调效率与公平的矛盾,推动区域经济共同发展。

第4章 民族区域经济一体化发展中的产业问题

在"民族地区经济一体化的 SWOT 分析"的研究中得出结论，我国民族地区经济的劣势主要表现在以下四个方面：经济基础薄弱，经济实力较弱；市场化程度偏低；产业结构单一并趋同，工业化程度较低；资金短缺，技术滞后，人才匮乏，交通运输成本偏高，信息闭塞。这些问题都与民族地区的产业状况有直接的关系。因此，产业的理顺和优化对民族地区经济一体化的实现至关重要。

前面的分析已经告诉我们：民族区域经济一体化的实现要以资源为基础，产业为主体，集团化企业为龙头，市场化为导向，政策投入为动力。推动和实现民族地区区域经济一体化是我国民族地区经济发展进程中一个非常重大的战略选择。民族地区区域经济一体化战略的实施，对推动我国民族地区经济和各项事业的发展，对我国经济整体的腾飞和社会的发展具有深远的战略意义。因此进一步研究民族区域经济一体化中的民族地区的产业以及民族区域经济一体化与民族地区的产业之间的关系等问题，将有助于研究主题与内容的深入。

4.1 民族地区产业的现状与问题

西部民族地区的经济总量规模经过建国 50 多年特别是改革

开放 20 多年的发展，有了很大增长，为西部大开发奠定了良好的基础。但西部地区的产业结构与全国的产业结构仍有相当的差距，虽然都同属于"二、三、一"型产业结构类型，但优化升级所需的调整时间，西部地区要比全国长，困难程度要大一些，而且西部地区产业结构的优化升级直接影响到全国的产业结构优化升级进程。西部第一、二、三产业增加值占西部国内生产总值的比重比是 22.2∶41.5∶36.3，全国的是 15.9∶50.9∶33.2。西部地区的第一、第三产业所占比重分别比全国的比重高 6.3 个百分点和 3.0 个百分点，第二产业所占的比重比全国的比重低 9.3 个百分点。我们看到，我国民族地区的产业，目前主要呈现出以下现状和问题。

4.1.1 产业结构层次较低

西部地区的第一产业比重较高，第二产业比重较低，工业化水平明显低于东部和中部。单就工业结构而言，西部地区采掘工业和原材料工业比重高，高附加值的制造业特别是高新技术产业比重低，带有明显的资源型结构。第一产业中，粮食生产比重大，农业产业化远未形成，靠天吃饭局面仍未改变；第三产业中，低层次传统服务占有很大比重，现代服务业严重不足。民族地区的状况更是如此。

中华人民共和国成立以来，民族地区先后经历了"一五"、"二五"等几个五年计划建设时期、大小"三线建设"时期以及西部大开发时期国家的大规模投入和建设。其结果是，民族地区基本形成了比较齐全的产业体系。但是，我们必须承认，民族地区经济社会发展的起点较低，而且，"一五"、"二五"等几个五年计划建设时期和大小"三线建设"时期国家在民族地区的投入形成的产业体系没有及时进行结构调整与升级。改革开放以来，随着产业梯度演进理论的盛行，民族地区主动接受了相当数量国内较发达地区和西方工业发达国家转移出的产业，但这些转移的产业层次多半不高。西部大开发的起点虽然较高，但民族地区的产业层次总体较低，民族地区工业技术老化，产业结构畸形，基础设施薄弱，自我积累能力差，储蓄率、投资率和人均投资额均落后于全国平均水平。

4.1.2 产业规模小

2000年西部12省（区、市）城镇居民可支配收入和人均纯收入算术平均值分别为5094元和1636元，分别只相当于全国平均值的81%和72%。这在很大程度上是产业落后和产业规模小所致。因此，西部地区除了自给自足的产业外，相当一部分产业需要到东部和中部地区乃至国外开拓市场，以改变现状增加产业的规模。产业结构素质较差是民族地区与全国经济发展水平差距扩大的重要原因，提升产业素质是缩小民族地区与全国经济发展水平差距的核心内容之一。加快民族地区开发的关键是要加快西部地区产业结构的调整和升级，推进其工业化进程。民族地区的产业结构只有早调整、早升级、早优化，才能早脱困、早主动、早受益。

4.1.3 传统产业占据主导，新兴产业成长缓慢

民族地区虽然在各个时期陆陆续续地都有国家的大规模投入，但是在"一五"、"二五"和大小"三线建设"时期国家投入形成的产业部门，到今天基本都已经成为了传统产业部门。目前相对于世界各国和国内其他相对发达地区而言，西部地区仍然是传统产业占据主导地位。

民族地区新兴产业成长缓慢，服务业和高科技产业发展滞后，尚处于形成初期。由于民族地区城镇化水平较低，农村人口较多，加上受当地自然条件的制约，使民族地区对第三产业的需

求相对较少，制约了第三产业的发展。同时，目前民族地区绝大多数居民的生活水平不高，人均收入比较低，人们的消费结构中，用于吃、穿等支出所占比重较大，也制约了第三产业的发展。高科技产业属于高投入、高风险、高回报的产业，民族地区由于资本市场发育不完善，使企业直接和间接融资都非常困难，资金的"瓶颈"作用和高素质人才的缺乏，制约了高科技产业的快速成长。这样一来，高成长性的产业在民族地区成长缓慢。

4.1.4 基础产业投资大，形成周期长

基础产业是指在国民经济产业链中处于"上游"地位，为其他产业部门的生产和运营提供必需的投入或服务，以生产基本生产资料为主的产业部门。主要是指农业、能源、交通运输业、原材料工业、邮电通讯、城市公共设施建设等基础性的实物生产部门。基础产业部门像铁路、电站、水利设施等部门从设计到投入使用往往需要几年甚至十几年、几十年的时间，而且每一个环节均需要大量的投资，这些产业往往要政府组织投资开展建设。西部地区由于资金短缺，基础设施整体水平较低，其基础产业部门的建设周期更长，使民族地区基础产业更需要优先和超前发展。

4.1.5 偏重强调资源开发

在近30年里，民族地区的经济规划和经济发展战略过分强调以资源开发为支柱的单极型经济，而忽略了民族经济的多型性。

针对上述产业结构层次较低、产业规模小、产业结构素质较差、传统产业占据主导成分等现状特征和问题，民族地区产业发展的根本途径应当是用产业链将目前层次低、规模小、结构素质差的产业整合起来，将各地区的优势通过整合实现互补。在经济全球化的背景下，我国民族地区产业链的整合可以是区域内的整

合，也可以是跨区域的整合，还可以是跨国界的整合。

正因为此，在寻找和确定"从实现民族区域经济一体化的要求看目前民族地区产业发展的对策"的过程中，要明确产业链整合的主体，确定围绕哪些产业进行整合，研究怎样进行整合，以及实现整合所必需的环境和条件。

4.2 民族地区区域经济一体化与民族地区产业整合

4.2.1 产业链整合的主体

在相关研究中，我们发现，由厉以宁教授主持的"九五"国家社会科学重点研究项目"中国社会发展不平衡对现代化进程的影响与对策研究"的成果为研究民族地区产业整合问题，奠定了一个非常有价值的研究基础。[1]

"中国社会发展不平衡对现代化进程的影响与对策研究"表明：中国社会经济发展不平衡是在多种因素起作用的条件下形成的；社会经济发展不平衡与中国现代化进程之间存在着互动关系。那么，如何针对现实中存在的社会经济发展不平衡状况，使中国各地区的经济协调地发展？主要有两种战略可供选择：一是梯度推进战略，二是中心辐射战略。

考虑到梯度推进战略有较大的缺陷，而单纯地中心辐射战略也有不足之处，他们提出一种新思路：按专区或县级行政单位的经济发展程度把全国分为四类地区，在地图上分别用红、黄、蓝、白四种颜色表明。其中，红色地区是经济发达的专区或县，

---

[1] 厉以宁：《区域发展新思路——中国社会发展不平衡对现代化进程的影响与对策》，经济日报出版社 2000 年版。

黄色地区是经济较发达的专区或县,蓝色地区是经济欠发达的专区或县,白色地区是经济落后的专区或县。在这样的区域分类的方法下,发达省份中有蓝色或白色的专区或县,经济欠发达的省份中也有红色或黄色的专区或县。这样以各个发达或较发达的专区或县为中心,实施点辐射、点辐射基础上的线辐射、线辐射基础上的面辐射,分期分批缩小地图上蓝色和白色地区的面积。

在辐射理论中,"点辐射"是"线辐射"的基础,"线辐射"又是"面辐射"的基础。说到底,"点辐射"中这个"点"的培育和形成及点辐射中"辐射"作用的发挥,是该理论在实践中实施的两个最根本的基本问题。"星星之火可以燎原",这个"点"就是我们首先要寻找或培育的"星星之火"。在"辐射"理论中,所谓"点"指的是一个省份中发达的几个专区或县,但是,如果进一步剖析,就会看到,能够支持一个专区或县成为闪亮"点"的经济基础是该专区或县中的那些经营状况比较好的企业。因此,说到底,那些经营状况比较好的企业才是我们要寻找或培育的"星星之火",也才是"辐射"理论中所谓的"点"。

上述理论同样适用于一定区域内的产业发展问题,即我们所研究的民族地区的产业发展问题。某产业中那些在市场上能够保持较强竞争力和生命力的企业就是我们要寻找和培育的"星星之火";"星星之火"的辐射会带动同一产业内其他企业的发展;一个产业的发展经过一段较短的时间就会带动或推动与之相关的其他产业的发展,而这个带动或推动的效果就是我们定义的在线辐射基础上产生的面辐射。点辐射、线辐射、面辐射三种辐射的递进式发展的总体效果就是我们所构想的民族地区产业发展和整合的蓝图。

显然这个蓝图实现的基础是"星星之火"的存在,民族区域产业中那些在"市场上能够长时期保持较强竞争力和生命力的企业"即"星星之火"是屈指可数的。所以,民族区域内各个产业中"星星之火"的培育是发展民族地区经济的根本。

那么,什么样的企业才是"市场上能够长时期保持较强竞争力和生命力的企业"?市场上能够长时期保持较强竞争力和生命力的企业就是那些拥有核心竞争力的企业。所以,民族地区产业发展的根本是在民族地区的各个产业中,特别是在当地经济要重点发展的产业中培育一批拥有核心竞争力的企业。

作为公司战略基础的核心竞争力的研究,可追溯到20世纪60年代。H·伊格尔·安索夫在他的《公司战略》一书中指出:公司应正确地认识自身的优势和劣势以进行业务组合,尤其是在进行多角化机会的选择时。他认为企业对自身内部潜能的把握是非常必要的。肯尼思·安德鲁斯在他1971年出版的《公司战略的概念》一书中指出:公司战略定义了公司参与竞争的业务领域,并将公司的资源进行集中,使各种不同的能力转变成竞争优势(安德鲁·坎贝尔)。戈登·R·康拉德在他的"多角化经营的未开发资产"[①]一文的开头列举了人们对多角化经营的一些一般性的认识,并指出这些认识是不够充分的。原因是"过分注重技术、研究和具体的市场或行业以及其他一些更广泛的东西,而忽略了那些组织中更具体化、更细微的竞争力因素。竞争力是一个汇集了企业的才智和经验的更深的层面……如果组织的经理人员从更深层次上了解组织并分析其才智和经验的'核心'的特性,就可能不致发生多角化经营中像营销短视这样的一些问题。对组织的更广泛的了解可以使决策者更清楚地认识到组织的独特优势,而这种独特的优势对于寻求一条不同于竞争对手的多角化路线是至关重要的。对于大部分企业而言,那个核心是一系列具有战略意义的能力的组合。"他还进一步地解释说,他所说的"才智"是建立在

---

① 参见 Gordon R. Conrad: Unexplored Assets for Diversification. Harvard Business Review, 1963, 9 – 10, pp67 – 73.

一个公司及其主要成员独一无二的经验的基础上的，因此，在一定的程度上是独立的。

之后，相继有一些学者对核心竞争力的问题从不同的角度进行了研究。其中，最有影响的是 C·K·帕拉哈拉德和 G·哈默在《哈佛商业评论》上发表的"公司的核心竞争力"一文。关于"提升企业核心竞争力的途径"的研究，在国外有关的文献中，持明确的观点而又比较有代表性的有：雷·戴维与荷提·迈克尔在"通过超级学习和战略获得动态的核心竞争力"一文中指出的"核心竞争力是通过组织的'超级学习'而形成"的观点；吉尔特·迪斯特与约翰·哈格多斯在"世界计算机领域核心竞争力与绩效的关系"一文中提出的"通过并购和战略性技术联盟从外部获得核心竞争力"的观点。

上世纪 90 年代末期，我国学者也开始了对核心竞争力的研究。已有的研究成果从研究内容方面可以归纳为：一是关于核心竞争力的内容和构成要素的研究；二是核心竞争力的定量研究；三是培育和提升企业核心竞争力途径的研究。

关于培育和提升企业核心竞争力途径的研究，可以从核心竞争力的内容和构成要素展开。原因是，培育和提升核心竞争力的途径取决于核心竞争力的内容和构成要素。它们之间的逻辑关系可以表述为：核心竞争力的内容决定着核心竞争力的构成要素，核心竞争力的构成要素决定着培育和提升核心竞争力的途径。经过系统研究笔者发现，我国理论界关于核心竞争力的内容和构成要素的认识可以分为"窄"、"中"、"宽"三种视角。从培育和提升核心竞争力的途径这个角度分析，"窄"、"中"、"宽"各种视角分别提出了各自多种的方法体系。经过抽象，笔者发现，它们彼此之间也有一个共同的特点，那就是，各种方法都可以概括归纳为内部和外部两类途径。

外部途径，总体来说，是来自企业所处的整个外部环境。在供应链和供应链管理存在的条件下,企业所处的最直接的外部环境就是企业所在的供应链。因此,研究提升企业核心竞争力的途径离不开供应链和供应链管理。

核心竞争力的建立是企业发展战略的一项重要内容。不同行业的企业、不同规模的企业、不同性质的企业,其核心竞争力的表现是不同的,在核心竞争力的培育和建设中,我国已有相当数量的企业根据自身的状况进行了艰苦的探索,相应地也取得了一定的成效。这里我们想以伊利集团为例来说明企业核心竞争力的培育。内蒙古伊利集团等企业核心竞争力的培育和提升为我们树立了非常好的典范。伊利集团之所以能够健康地成长,最根本的是依靠其优良的奶业基地建设和快速的科技创新步伐。奶业基地建设和科技创新是伊利集团核心竞争力建设的重要途径。具体讲,该集团在奶业基地建设和科技创新中主要采取了下列一些措施:

(1) 从源头上抓起,保优质奶源

为了促进当地奶牛业的发展,考虑到奶户购牛资金不足的问题,伊利集团出台了基地奶户购牛可向公司贷款的优惠政策,并帮助农民联系优质的牛源。

(2) 对奶源基地加大配套服务的力度

乳品业的发展离不开优质的奶源,奶源基地的建设为提供优质奶源提供了保障。伊利集团自 1993 年以来,一直在奶源基地建设上狠下功夫。通过"公司+农户"的奶源基地建设模式,与千万个奶户建成了相互依托的利益共同体,把分散的小农户引入大市场,提高了奶农抵御风险的能力。在奶源基地建设上,伊利集团大胆创新,形成了奶站、养殖小区相呼应,规模与效益同步增长的新格局。为了使奶源基地建设跟上企业发展的步伐,近几年,伊利集团在奶源基地上进行了资金、科技、服务等多方位的投入,包括:建设现代化奶站;相关基础设施建设;科技服务方面的大力投入,等等。

(3) 引导科学饲养

伊利集团与大专院校、科研院所建立了全面的长期合作关系,与他们共同进行科技创新,共同研究、不断改进奶牛的饲养方法,并同奶源基地共同开展新的科研项目以解决传统的粗放式饲养的问题。

(4) 解决饲料的配套问题

伊利集团接收了呼和浩特地区最大的饲料厂(原呼和浩特市白塔饲料厂),在内蒙古自治区畜牧科学院营养专家的指导下设计科学的饲料配方,并对饲料的生产进行严格的把关。实施科技创新,开发了适合不同牛龄、不同生产阶段的配方饲料,使饲料生产与奶牛的分阶段饲养紧密结合,使生产更加科学化,形成配套服务体系和信息反馈体系。

4.2.2 产业链整合的对象

围绕哪些产业进行产业链的整合?这个问题解决的前提是我们必须明确民族地区的优势所在,因为,优势是制定战略和实现战略的基础。依据民族地区的优势来确定产业链整合的对象是我们必须坚持的一条准则。

1. 民族地区产业发展的优势

众多经济学家曾相继证明了比较优势的客观存在及其合理内核。如亚当·斯密的绝对成本论,要求各地区生产并出口成本绝对低的产品,通过交换可以获得更多的经济利益。大卫·李嘉图的相对成本论,要求各地区生产并出口成本相对低的产品,通过交换,双方都可以获得比较利益。斯密、李嘉图之后,约翰·穆勒的相对需求理论,哈伯勒的机会成本学说,赫克歇尔和俄林的要素禀赋论,弗农的产品生命周期论,都包含着这样的重要思想:即找到决定相对优劣势的条件,按比较优劣势的解释及其原则来进行国际分工与贸易。特别是哈伯勒用机会成本来取代生产成本，俄林用多种生产要素的禀赋来代替单一的劳动，突出了不同生产要素在不同地区丰歉不同，因而要素之间可以相互替代，从而节约并合理利用资源。只要使用某种最丰富的生产要素从事专业化生产，就能形成优势产业，实现规模经济，建立比较优势，获得比较利益。

因为，比较优势是一个客观存在，而且它是建立优势产业的前提。所以，民族地区优势产业的确立和发展仍应突出民族地区自然资源丰富、劳动力丰富、土地面积大等优势，并在此基础上，加大科技投入的力度，把资源优势与高科技相结合，变资源优势为经济优势、科技优势，努力形成有资源优势的特色经济。

(1) 民族地区具有自然资源优势

西部12省（市、自治区）自然资源"综合优势度"、"人均优势度"、"总丰度"三项指标均居于全国前12位，其中"总丰度"高达东部的4.17倍。西部地区的煤矿探明储量为375亿吨，占全国总量的38.6%；可开发利用的水电资源达2.74亿千瓦，占全国总量的72.3%，石油与天然气的储量也较大；西部地区的土地面积约为540万平方公里，占全国土地面积的56%，人口约为2.85亿，占全国的22.8%；西部地区生态环境比较脆弱，却是风景名胜聚集之地，莫高窟、九寨沟、秦始皇陵、兵马俑、黄果树瀑布、丽江古城和玉龙雪山等风景名胜闻名于世。

(2) 民族地区有广阔的边境开放市场

我国西部地区与蒙古、俄罗斯、印度等14个国家接壤，陆上边境线长达一万公里。此外，我国西部地区有一部分少数民族人口跨界居住，与毗邻国家形成了密切联系。这就为我国民族地区发展边境贸易提供了有利条件，有助于民族地区与接壤国家通过边境贸易进行相应的分工与协作。西部边境是民族地区及东部地区与中亚和西亚进行联系的纽带，成为我国向西开放的门户。

新疆、西藏、云南与西亚、中北亚相连,口岸众多,经济往来历史悠久,经济互补性强,漫长边境地区是理想的向西开放、发展边贸的绝佳地区。

(3) 民族地区有发展畜牧业的条件

我国牧区集中分布于内蒙古高原、新疆和青藏高原等边境省区,范围广阔,天然草场类型较多,大致可以分为两块,即蒙新干旱牧区和青藏高寒牧区。蒙新干旱牧区包括内蒙古的北部、西部,新疆的全部及甘肃的部分地区,草原面积近22亿亩,居全国各牧区之首,是放牧业最为集中的地区,绵羊毛、山羊绒、驼绒产量居全国之首。特别是新疆,其草场资源相当丰富,有效利用面积达7.6亿亩,人均可利用草场60.5亩,是全国的16.3倍,为世界的5.3倍。因此,发展畜牧业潜力很大。其中天然草场以北疆最为丰富,有草甸草场、草原草场、荒漠草场、疏林草场和灌木草场等草场类型,优良牧场约占46%。

青藏高原牧区包括西藏全部及青海的西部地区,天然草场面积达20亿亩左右,约占全区土地面积的2/3。川藏以北、青藏公路以东为草甸草场,是我国牦牛分布最集中的地方,牦牛头数约占全国的70%,今后可建成肉乳绒兼用的牦牛基地;青藏公路以西为草原草场和荒漠草场,以放牧藏绵羊为主,约占当地牲畜总数的60%~70%。总之,民族地区丰富的畜牧资源为乳肉加工业及毛纺织工业的发展提供了良好的条件。

(4) 民族地区有丰富的旅游资源

民族地区的奇山异水、浓郁的民族风情、茂密的森林及独特的宗教与文化等构成了极为丰富的旅游资源。西部是风景名胜的聚集之地,敦煌莫高窟、九寨沟、秦始皇陵、兵马俑、黄果树瀑布、丽江古城和玉龙雪山、桂林山水都是世界级的风景名胜。五个自治区都在西部,也是少数民族聚集的地方,独特的风土人情千姿百态,吸引了众多的旅游者。民族地区只要加强铁路、公路建设，让火车、汽车穿行于崇山峻岭之间，就能迅速发展旅游业。特别是在社会主义物质文明和精神文明飞速发展的今天，人们对大自然的向往更加强烈，返璞归真的意识使越来越多的人从沿海到沿边、从城市到山区去旅游观光，旅游业将成为民族地区经济发展的新的增长点和经济支柱。

(5) 民族地区拥有环境优势

民族地区高原、山区风蚀造成地表土壤和水资源流失的同时，也使土壤中有毒有害物质难以聚集和存储，化肥、农药等化学要素投入较少。加之西北地区的光、热、土资源丰富。冬季寒冷，夏季作物生育期短，病虫害相对较少，农药污染较轻，有利于发展无公害、天然型、生态型绿色农产品的生产，是祖国大陆最理想的绿色食品生产基地；民族地区复杂的地形、多样的气候导致地理条件复杂多样，是民族地区发展以资源、气候条件为基础的特色农业的良好基础。

西部地域辽阔，环境容量较大。我国民族地区土地多，人口少，人口密度远远低于全国平均水平，而环境容量一般与人口密度正相关。这表明民族地区增加人口的潜力大。

我国西部省区工业发展水平低，"三废"排放量一般低于全国平均水平，尤其是内蒙古、甘肃、新疆、西藏，环境污染程度很低，这表明发展经济的环境容量潜力巨大。

民族地区草原多，又是河流的上游地带，因而污染自净能力强。新疆有一些内陆河，其水污染也仅限于本自治区，不会对其他省区造成污染。青藏高原地处西风带，其大气净化能力也很强。这表明民族地区发展农业、畜牧业潜力大，是生产绿色食品的理想区域。

(6) 新亚欧大陆桥开通后贸易成本降低

东起我国连云港的新亚欧大陆桥，横穿西部，直至荷兰的鹿特丹，全长共1.09万公里。其中，4331公里在我国境内，连接东、中、西部，80%穿过西部，成为我国北方货物通往中亚、西亚、欧洲最便捷的通道。由于节省了运费和运输时间，从而大大降低了出口货物的交易成本，特别有利于民族地区在低成本条件下有效地参与国际分工和国际贸易。我国西部地区是中亚五国通往东亚各国开放和贸易的必经之地。中亚五国独立后，看到东亚的迅速发展，因而加强了同东亚国家的经贸往来。他们利用丰富的资源，实行资源出口导向战略，以此带动经济发展。中亚五国的产业结构极不合理，主要以采掘业和加工业为主，消费品不足，需要从国外进口大量消费品和工业品。由于离中国最近，加上中国经济发展快，商品丰富，这就成为中亚五国扩大经贸往来，实施对外开放战略的首选地区。民族地区应该抓住这一历史机遇，大力发展与中亚五国的经贸关系，有可能使民族地区成为我国向中亚、西亚出口消费品和高技术产品的重要阵地。

(7) 民族地区的后发优势

后发优势是一种综合比较优势，是指落后地区在一定条件下转化而来的比较优势，是相对于"不发达"、"落后"在积极意义上的理解，主要体现在以下几个方面：一是技术上的后发优势。由于民族地区涉足新技术的时间总体晚于东部，民族地区的产业技术形态长期处于较低价位上，技术层次较低。一旦引入新的技术并融入知识经济发展的轨道，将产生新的加速效应。这不仅为民族地区产业技术的升级换代提供了较大的技术选择余地，而且节约了时间和成本；二是产业结构调整上的后发优势。民族地区产业结构层次低、效益差且内部结构极不合理，总体水平仅相当于全国20世纪80年代中期的水平。第一产业比重过高，二、三产业发展滞后。一旦实施产业结构战略调整，特别是要赶上信息与高科技的发展步伐，其后发优势要远远超过其他地区。而且，民族地区产业结构调整中还有许多发达国家实施经济开发的成功经验可以借鉴和仿效，因而可以增加调整过程中的可预见性，减少盲目性；三是体制上的后发优势。由于西部经济体制改革总体相对滞后，市场经济新体制、新机制尚未充分发挥出其积极性。改革的力度一旦加大，新体制所产生的威力就会形成新的后发优势，对西部经济发展产生加速效应；四是加入 WTO 产生的后发优势。与东部的对外开放相比，西部大开发是在加入 WTO 的新环境下进行的，新的游戏规则和发展中国家可以享受的权利将对西部的发展产生强烈的影响，从而产生更加积极的经济社会效应；五是经济全球化所产生的后发优势。纵观全球，各国、各地区间经济发展产生巨大差距的重要原因之一，是他们参与经济全球化的程度和时间存在较大差异，西部一旦参与到经济全球化进程中，与世界经济融为一体，将产生一系列后发优势；六是观念更新上的后发优势。观念的更新是生产要素效率转换的重要基础。对于观念长期落后的西部而言，只有将先进的观念导入资源、资金、技术、市场等要素中，才能产生经济发展的加速效应。随着对外开放步伐的加大，观念革新所产生的推动力将成为民族地区发展的重要后发优势。

优势是产业发展的基础，也是产业链整合的基础。那么，应该围绕哪些产业进行产业链的整合呢？

2. 民族地区产业链整合的对象

(1) 发展资源型产业

来自大自然的天然禀赋，给我们提供了发展民族地区区域产业的"地利"，但是长期以来粗放式的资源型企业和资源型产业的规划和发展已经向我们提出了警示。因而循环经济的设计和实现，将是拥有"地利"的民族地区在产业发展中的长期战略。

"循环经济"一词，是由美国经济学家 K·波尔丁在 20 世纪 60 年代提出的，是指在人、自然资源和科学技术的大系统内，在资源投入、企业生产、产品消费及其废弃的全过程中，把传统的依赖资源消耗型增长的经济，转变为依靠生态型资源循环型来发展的经济。循环经济是一种以资源的高效利用和循环利用为核心,按照"减量化、再利用、资源化"为原则,以推进资源节约、资源综合利用和清洁生产为重点,以"低消耗、低排放、高效率"为基本特征,符合可持续发展理念的经济增长模式,是对"大量生产、大量消费、大量废弃"的传统增长模式的根本变革。循环经济倡导的是一种建立在物质不断循环利用基础上的经济发展模式,组织成一个"资源—产品—再生资源"的物质反复循环流动的过程,整个经济系统以及生产和消费的过程基本上不产生或者只产生很少的废弃物。循环经济的实质是以尽可能少的资源消耗、尽可能小的环境代价实现最大的经济和社会效益,力求把经济社会活动对自然资源的需求和生态环境的影响降低到最小程度。循环经济是指"资源—产品—再生资源"的经济增长模式,也是目前国际上最能代表可持续发展的一种战略模式选择。其核心是以物质闭环流动为特征;运用生态学规律把经济活动重构组织成一个"资源—产品—再生资源"的反馈式流程和"低开采、高利用、低排放"的循环利用模式,使得经济系统和谐地纳入到自然生态系统的物质循环过程中,从而实现经济活动的生态化。而与循环经济不同的传统经济是一种由"资源—产品—污染排放"所构成的物质单向流动的经济。

根据循环经济的要求,从点源开发扩展为全面建设,从平面构思延伸为立体规划,从观光旅游过渡为绿色教育,从随机发展演化为稳定增长。将生态资源转化为旅游资源,将潜在优势昭显为现实优势,通过生态旅游、自然教育等产业开发模式,有力提升产业竞争实力,进而逐步优化地区经济结构体系,将是民族地区产业发展的一个新的定位。

以绿色技术为支撑的循环经济模式促进生态屏障建设:利用现代科技与绿色技术,充分发挥地区资源优势,依据经济发展水平及"整体、协调、循环、再生"的原则,运用系统工程方法,全面规划、合理组织替代型产业，促进生态屏障的经济效益和生态效益的进一步发挥，并由此完成地区替代产业的发展，重点解决天然林保护和退耕还林还草地区的生态能源提供和生态产业建设问题，达到生态与经济两个系统的良性循环和经济、生态、社会三大效益的统一。

积极拓展第一、第二、第三产业联动的生态产业链格局：全面推进以建设高产稳产农田为目标的农田生态建设工程；以治理水土流失、土地沙化等为主的生态环境综合治理工程；以林果业建设为主的农林复合系统建设工程；以畜牧业建设为突破口的农牧结合型生态建设工程；以水面及湿地资源开发为主的种养结构型水面综合开发建设工程；节能、增能、多能互补的能源综合开发工程；以沼气为纽带的物质循环利用型能源生态工程；以防治"三废"等环境污染为主的环保工程；以无公害农产品和绿色、有机食品开发等农副产品加工利用及储存保鲜为主的乡镇企业发展工程和庭院生态经济工程等。通过循环经济生态产业的长足发展，因地制宜推广各种保护自然资源与生态环境的技术，实现资源合理永续利用，从而将区域性资源优势转化为经济优势，加快替代产业开发步伐，振兴地方经济，缩小东西部差距，促进整个国家的经济腾飞。

重建能源工业的自然平衡，实现从"能源耗竭型"经济向"能源再生型"经济的转型，着重风能、太阳能、地热资源等可再生能源的开发利用。通过能源结构的调整推动汽车工业的深层次产业重组。充分利用地区风力资源发展低成本、高效能的以风能、氢能为引擎的绿色电力，以期逐步取代煤矿、油田和石油精炼厂等环境破坏型工业生产。

交通运输业以电化学过程驱动的燃料电池引擎的发动机取代内燃机，改善气候生态环境趋向良性循环。

材料工业将从线性生产模式向循环生产模式转化，材料来源从矿山、森林转向废弃物。通过废弃物的多次回收利用，做到产品的低废弃、低排放。造纸业的循环生产将改变森林退化的现状，代用能源的发展将减少木材作为燃料的消耗。此外，推进木材燃烧率的技术改良，将显著缓解林业采伐的超负荷。

农业实践从高度开垦转向适度耕种的方式变革，有助于减轻土壤侵蚀程度以利于新土壤层形成，从而提高综合环境容量。通过全民植树造林的森林重建工程，以科学规划和生态化管理，营造高产林地，逐步改善内陆降水循环和控制洪水泛滥，以彻底改变乱砍乱伐导致的土地退化局面。以农作物残余物喂养家畜，家禽间采取废物饲料化，实现清洁养殖，以减轻牧场所承载的过度压力。

发展有机食品、绿色食品和无公害食品将是一项推动农业生产方式、食品工业的工艺流程与设计包装、食品科技水平发生重大变革的系统工程，必须推行循环经济机制，加快建立区域性与全球化的无公害农产品市场信息、饲料安全体系、食品安全和质量标准体系的立法机制和法律监督体系建设，探索构建安全食品销售平台，营造良好的安全食品市场氛围。

从追求提升土地生产力为目标转向关注产水能力的提高。通过水资源的高效优化管理，推动灌溉工程技术的长足发展。城市废水回收后经充分净化，使水资源在区域内多次循环利用，从而有效提高水资源利用率和抬升地下水位，促进自然界的良性水循环。

大力发展资源再生产业，在全社会树立循环经济观念，建设废物处理和回收利用的系统工程。坚持源头控制与末端治理相结合、集中处理与分散处理相结合的原则，切实做到废物减量化、资源化和无害化，通过资源——废物——资源循环经济链提高废物综合利用率，从而根本性改变高消耗、高废弃、高污染的传统经济增长模式，实现生态经济系统的协调可持续发展。

应建立产业系统中"生产者——消费者——分解者——生产者"的生态产业链，形成互利共生的循环经济网络，实现物质能量流的闭合式循环。区域内企业间实现废弃物与原材料的有机对接，通过清洁生产和绿色工业达到以"零排放"为理想目标的最低环境污染。严格遵守循环经济的"4R"准则：即以资源投入最小化为目标的"减量化"准则、以废物利用最大化为目标的"资源化"准则、以污染排放最小化为目标的"无害化"准则和以生态经济系统最优化运行为目标的"重组化"准则。

以环境友好的方式利用自然资源和提升环境容量，实现经济体系向提供高质量产品和功能性服务的生态化方向转型，力求生态经济系统在环境与经济综合效益最优化前提下的可持续发展。

(2) 实现开放式的跨界产业链整合

我国沿边少数民族地区地域辽阔，地处偏远、地广人稀。由于受山川、江河、莽原等不利因素的阻隔，其经济区位处于较为不利的条件，远离内陆中心城市，远离主要交通干线，远离国内主要市场，加之基础设施薄弱，社会生产力发展水平相对落后等，因而其在资源市场与产品市场竞争方面都处于相对困难的境地。为此，沿边少数民族地区经济社会发展就应主要着眼于外部世界，着眼于与周边国家的经济贸易往来上，尤其是着眼于与我国毗邻交界地带国家经济贸易往来的扩大和发展上。

以我国沿边少数民族地区为例，尽管我国的陆地边界线总长22000多千米，但沿边国际经济贸易交流的绝大部分都集中于数十个边境口岸城市，而其中在规模较大的边境城市中集中进行的又是其主要部分。据此我们可以达成这样的认识：沿边开放战略成功与否，主要取决于边境城市的发展以及与之相关联的边境城市对外经贸交流成就的大小。抓好边境城市的发展与对外经贸工作，就抓住了沿边开放事业成败的关键。

依照城市科学中的有关原理，城市间必须要保持一定的距离，以使其各自的发展有足够的空间。城市规模越大，功能越复杂，所需要的空间也就越大。相应的大城市之间的距离就应该大于小城镇间的距离。大大小小的城市因而构成了一定的空间组合与数量层次关系。然而，陆疆民族地区却存在着一种"例外"：地处中外交界处的隔界相望的中外城市却紧相毗邻。其各自的存在与发展不但没有由于距离十分接近而相互干扰、相互竞争而受到消极影响，相反，还展现出在不断扩大的沿边中外经济贸易交往过程中相互促进、共同繁荣的喜人景象。边疆民族地区自然、经济、社会条件差异极大，这种现象无论在是北国还是在南疆都存在，并且彼此间的共性现象十分明显。在内蒙古有满洲里——外贝加尔斯克，二连浩特——扎门乌德；在云南有瑞丽——木姐，河口——老街；在广西有凭祥——凉山，东兴——芒街，等等。

中外边境毗邻城市存在着功能互动关系。所谓城市功能，是指城市为外区域或本城市居民提供各种产品与劳务的作用。为外区域居民提供产品与劳务为基本城市功能，是城市存在发展的根本价值所在；为本城市居民提供产品与劳务为非基本城市功能，是基本城市功能得以正常发挥的基础。城市由于其所具有的各种条件不同，其所承担的城市功能也各不相同。如果通过城市功能的发挥，使得城市本身得以不断成长——规模不断扩大，设施不断完善，居民收入不断提高，经济联系的深度与广度不断扩展，则可以认为城市功能的发挥处于良性状态中，反之亦然。而城市为实现功能的良性发挥，必须同其他城市实现合理的协调分工与合作，彼此为对方提供所需的资源与市场而不是相反。一方产品与劳务的输入即是另一方城市功能的成功发挥。这种城市间彼此提供发展所必需的资源与市场的现象可称为城市间的功能互动。良性的互动可以使其彼此得以共存共荣，相互促进，共同发展。实现这种良性功能互动的根本力量是市场分工合作与良性竞争。

政府或政府间通过制定切实可行的发展战略、发展规划、相关政策措施等也可以对其产生巨大的影响。

沿边少数民族地区与毗邻的周边国家和地区，由于主权分属不同主体，致使空间经济联系无法实现畅通无阻，完全靠市场联系所决定。这一条件决定了中外边境城市的形成发展及其相互关系的特殊性质。

沿边开放以来，尤其是"兴边富民"政策实施以来，我国边疆少数民族地区经济社会等各个方面都获得了巨大的发展。在以邻为友、以邻为伴的原则下，沿边少数民族地区以本区域边境城市为窗口与纽带，同邻国沿边地区进行了包括边贸、旅游、边境经济技术开发、劳务输出与输入等各种形式的国际经贸交往，取得了可喜的成就，真正实现了双方边境城市良性功能的互动。例如，云南省德宏傣族景颇族自治州由于实施了沿边开放，迅速摆脱了贫困落后状态，而与省会城市昆明，以及与以烟草工业驰名中外的玉溪地区并列成为全省仅有的三个未被列入贫困地区范围的地州级行政区划；在这过程中，边境城市所发挥的重要城市功能功不可没。以云南省为例，沿边边贸过货总量与交易总额、边境出境旅游总人数与总收入等，90％以上都是集中在瑞丽、畹町等少数边境城市的狭小辖区内实现的。而边境城市自身，也在这一过程中取得了较之以往大得多的发展。

此外，处于不同的国家，双方即使相临却差异明显，从而更易于形成和发挥相对优势而不至于由于功能趋同而形成恶性竞争态势。例如：我国最大的边境城市辽宁省丹东市（丹东虽不属于民族自治地方，但境内居住着众多满族、朝鲜族等少数民族居民，城市经济中的少数民族经济成分较高。此外，丹东的情况也与少数民族地区的许多边境城市相似，其发展也可资后者借鉴）与朝鲜的边境城市新义州仅一水之隔，双方的边境国际经贸往来十分密切。

(3) 推进民族地区产业的升级换代

在如何缩小东西部地区间的差距问题上，人们基本上已达成了一个共识：民族地区不能走传统的发展道路，即发达国家和发达地区已走过的道路，必须实施跨越式的发展战略。要实现民族地区跨越式发展的战略目标，就不能走传统的工业化道路，而必须走新型工业化道路。尽管民族地区在发展阶段上滞后于发达国家和我国的发达地区，但其现阶段的发展完全可以运用处于更高发展阶段的国家和地区的信息化成果，以信息化带动工业化的发展，以工业化促进信息化的进程。利用现代科学技术和信息化的成果改造民族地区的传统产业，提升民族地区产业结构，提高民族地区的产业竞争力，实现西部跨越式发展。而信息化在很大程度上为西部地区的跨越式发展创造了非常好的条件。

(4) 以西部大开发为契机，整体推动民族地区产业发展

由于民族地区整体发展水平较低，又远离全国的生产和消费中心，经济活动的成本相对较高，因此，在特色经济和优势产业还没有形成规模和竞争力的阶段，应该在政策上给予必要的支持。具体政策是：

第一，改善投资环境、放宽市场准入。创造公开、公平、公正的法律和行政环境，对所有投资主体在市场准入上给予同等待遇。

第二，加大资金投入、金融信贷支持力度。在资金投入上，既要依靠市场配置资源，引导社会资金积极投向民族地区，又要加强国家政策支持，在财政性建设资金及长期国债资金、国家政策性银行贷款、国外优惠贷款等方面对民族地区进行倾斜，逐步提高中央财政性建设资金用于民族地区的比重。实施信贷倾斜，放松金融市场准入，培育区域金融市场。

第三，增加科技教育投入，实施有利于吸引人才的政策。把民族地区、山区、牧区和边境地区列为国家贫困地区义务教育工

程重点地区，中央财政给予重点支持。同时扩大高等院校在民族地区的招生规模。

第四，拓宽领域，扩大开放。为进一步扩大利用外资的力度，一要进一步改善投资环境，不仅包括政策的优惠、基础设施的完善，更重要的是要进一步强化投资的软环境和服务意识，以民族地区和外来投资者的双赢为目标，使外来投资者真正做到不仅肯来，而且要赚得舒心、放心；二要选准外来游资的投入方向，民族地区投资回报率较低，同时民族地区和其他地区产业结构的趋同有很大关系，如将外来投资重点吸引到民族地区的特色产业上，民族地区的投资回报率将会有较大幅度的上升。

第五、对资源型城市给予特殊性政策支持。要加快制定促进民族地区资源型城市非资源产业发展的扶持政策，国家要制定对资源型企业的优惠政策，解决资源型企业税赋过重问题。要妥善安置企业富余人员，广开就业渠道，如森工企业可以利用资源优势，大力发展旅游业、养殖业，增加收入。加大对民族地区矿产资源城市环境污染的治理力度。

4.2.3 产业链整合的环境和条件

实现民族地区产业整合需要的环境和条件可以概括为以下几个方面：

（1）解放思想，转变观念

在西部大开发过程中加快发展民族地区经济，国家要加大投入，东部地区也要加强对西部的援助和合作，但这些都是外因，归根结底需要充分调动民族企业的主观能动性与创造性，要强化民族企业西部开发主体的观念，强化市场经济的观念，强化市场交易主体的观念，克服自然经济和计划经济的传统观念，转变长期形成的"等、靠、要"的思想，发挥民族企业自身的优势和特点，按照市场经济的运行规律，决定企业的各种市场行为，使民族企业在市场竞争中成长壮大。

(2) 逐步实现经济交易的契约化

经济交易契约化是市场经济发展的必然结果和基础。在改革开放以前，企业间的经济交易主要是由政府计划安排的，并由政府的行政指令和行政制度规范予以保证。改革开放以后，随着市场经济的发展，市场主体间的经济交易关系开始逐步建立在契约的基础上。民族地区的企业要遵循市场的优胜劣汰机制，正确构建企业与其他各相关利益者之间的契约关系，协调企业内外部利益的冲突，降低企业的交易成本，实现企业的发展目标。

(3) 加快企业的改制，调整所有制结构

改革开改以来，随着对所有制问题认识的不断深化，我国已逐渐形成了以公有制为主体、多种所有制形式共同发展的所有制结构，但西部民族地区国有经济比重偏高，非公有制经济发展滞后，制约了西部经济的发展。因此，应加快和深化国有大中型企业改革，发展民族地区的中小企业、非国有经济，这也是民族经济体制转型的关键和核心问题。

(4) 加大引进和利用外资的力度

积极探索引进外商投资的新形式。民族地区要努力创造条件，吸引外资特别是跨国公司到民族地区投资于高新技术产业，参与国有企业改组改造和基础设施建设。要适应跨国投资发展趋势，运用好国家有关政策，采用企业兼并、收购、风险投资、投资基金和证券投资等多种形式，利用国外中长期投资。争取在民族地区进行外商投资特许权项目试点，以及利用项目运营权或收益权对外引资的试点。同时，充分利用沿边开放的区位优势，同周边国家大力发展边境贸易和跨界合作，实施"走出去"战略，以境外市场需求带动产业结构调整。

民族地区企业应重视引进和利用外资，对内和对外两个开放并举，引进国内外战略投资者，建立混合经济，带动民族地区资本市场的发育,推动民族经济实现由封闭经济向开放经济的转型。

(5) 培养企业创新能力

民族地区企业实力普遍较弱,难以建立自己独立的研发机构。民族地区要想尽快培养企业的核心竞争力,特别是技术创新和产品研发能力,一个重要的途径是走"研学产"相结合的道路。要善于利用西部现有的高校和科研单位,鼓励民族地区企业与它们合作,以它们为研发基地,更多地借助其科技力量促进企业的产品研发和科技进步。这样比较符合民族地区企业的现实,也有利于民族地区现有科技力量充分发挥作用。对实力雄厚的民族地区企业,应鼓励它们增加研发投入,建立自己的研发中心,同时加强与高校和科研机构的联合研究开发。

(6) 建立产业整合的市场与政府运行机制

通过供需关系、价格机制和竞争机制的作用,实现市场机制对区域产业结构的调控。供需关系的作用体现于引导各产业之间建立起经济技术联系,使它们结成一个有机整体。价格机制的作用体现于要素对在各产业之间的流动和配置进行调整。在价格机制的作用下,要素可以按照"效率"原则进行配置,从而有利于主导产业的形成和发展;同时,产业之间要素的价格波动有利于其在产业之间进行合理的流动,这样,就能够调节产业之间的数量和规模关系。竞争机制的作用体现于促进各产业着力进行技术更新,提高资源的利用效率,而且竞争引起产业兴起和衰落的更替。但是,市场机制对区域产业结构的调控也有一定的限度。如价格信号失真,就可能导致某些产业发展过度,某些产业发展不足;无序的竞争将导致重复建设,使资源总体配置效率降低。

政府运用宏观经济杠杆和产业政策对区域产业结构变化进行有目的的调控,以推动区域产业结构合理化,促进区域经济增长,即所谓的政府干预。主要可以从三个方面得以体现:①根据全国经济发展形势和区域经济发展条件，制定区域产业发展规划，合理确定区域产业发展的重点、各个产业之间的规模、发展速度、发展次序等，据此来指导区域产业发展。②运用财政、税收、信贷、价格、工资等政策工具，通过对不同的产业采取不同的经济政策，从而对有的产业进行鼓励、保护、扶持，对有的产业进行限制，这样就可以较为有效地协调各产业之间的发展关系，使各产业按照区域经济增长的总体要求来发展。③政府还可以通过维持正常的市场秩序、消除限制要素在产业之间流动的种种障碍，促进市场信息畅通等，为市场机制发挥作用创造良好的环境。当然，政府干预也有其局限性，如政府在产业发展方面的决策失误，或者干预过度，就可能导致产业发展畸形，破坏产业之间的和谐。

市场机制与政府干预的同时作用、相互补充、相互制约，引导和推动区域产业结构不断地发生变化。因此，在实际工作中，需要合理发挥市场机制和政府干预的作用，使之彼此配合，才能对区域产业结构进行有效的调控，促进区域产业结构合理化。

4.3 民族地区优势产业整合与发展的实证分析

4.3.1 实现规模化与专业化经营，调整农业产业结构

我国一些学者通过对国内主要农产品生产成本与主要国际竞争者的比较分析，得出一个基本结论：我国耕地密集型的农产品，如水果、蔬菜、畜产品生产成本较低。据比较，我国主要农作物生产成本均高于美国和加拿大，只有劳动密集型而又不利于机械化的农产品的生产成本占有一定的优势。如水果蔬菜是劳动力较为密集型的农产品，同其他大田作物相比，许多果蔬产品的生产活动很难完全实现机械化操作，必须投入相当数量的劳动

力，而我国的劳动力资源丰富、成本低，加之劳动密集型产品的规模效益很难显示出来，这是我国果蔬产品生产成本比发达国家低的主要原因。

基于以上分析，我国民族地区农业结构调整应从以下几方面进行。

1. 民族地区产业结构调整必须以国内外市场为导向，发展具有比较优势的特色农业和绿色食品产业。如新疆棉花和西瓜、甜瓜生产基地，云南甘蔗、烟叶基地，内蒙古糖料生产基地。在西南地区发展柑橘、热带水果；在西北地区发展猕猴桃、苹果、梨、葡萄等优质水果生产基地和枸杞、甘草、红花等中药材生产基地等。

2. 民族地区农业结构的调整要立足于资源优势，大力发展草业（绿色饮料业）和畜牧业。

3. 民族地区农业结构的调整要突出重点，积极发展农产品加工业。

随着经济的发展，收入水平的提高，人们对食物的品种和质量有了更高的要求。因此，农业的内容将更加丰富，由实物性产品向知识性产品等方面拓展。为了推动和适应这种变化，应延伸农业产业链，发展农产品加工业，提高农产品的附加值。要把农产品加工作为民族地区农业结构调整的重要内容，使其成为推动民族地区农业发展和西部大开发的积极力量。

民族地区实行农业产业化必须要采取规模化经营，农业产业化本身就表明是上规模的农工贸一体化。只有规模经营才有可能使种植、养殖、加工、销售、运输、储藏、科技、培训等环节，实行专业化分工，形成完整的产业链条。产业链的延伸也只能在规模化基础上才能有效地实现。只有每个环节的独立经营才会形成专业技术和专业管理，提高生产效率。

落后地区的规模化经营，比较适宜采取一定数量的分散经营的农户与中介组织联合的规模经营,而不是单纯采取单个农户通过土地使用权的转让,集中土地在"能人"手中来实行个体现模经营。也就是说落后地区农村应采取产中分散经营,产前、产后集中经营上规模的经营方式和组织形式。这一策略的提出是出于两点考虑。一是贫困地区农业产业化首先要着眼于解决基本农户的温饱问题,使大多数农户先走出绝对贫困,力求提高每个农户的收入水平,使每个贫困农户都能分享到农业产业化带来的收益,所谋求的是贫困农户的整体脱贫,而不是只鼓励个别人致富。即应当借助农业产业化实行"共同脱贫——再让一部分人先富起来——实现共同富裕的模式和步骤。这是由于贫困地区处于社会主义初级阶段中生产力发展水平最低层次的状况所决定的。至于实施能人式的个体规模经营,对于贫困地区则应当是在摆脱绝对贫困之后的事情,否则易于造成贫困者愈贫和返贫现象严重的状况;二是着眼于降低农产品成本。这是由于一家一户的分散经营,使农产品成本要素扩大了。这些成本均由农户各家各户独自支付,而产业化条件下的规模经营则可减少这些成本开支。因此,分散经营导致成本上升而使农民经营收入递减,往往收入增长赶不上成本的增长。而规模经营则能有效地改变这一状况。特别对于贫困地区,这种分阶段的规模化经营能够较好地解决农户经营规模狭小与现代农业要求之间的矛盾,能够循序渐进地促进贫困地区农业增长方式的转变。

在市场经济条件下,农业经济的增长不仅需要生产的规模化,同时也要求生产的专业化。在农业产业化进程中,专业化与规模化是相辅相成的两个方面。农村商品经济发展的重要条件是要以分工和生产专业化的不断深化为前提。这里首先要使生产、加工、流通三个过程分属于不同的经营者来承担,实行专业化分工。要注重发展为农业服务的农资购销、加工、销售、运输、仓储、技术指导和推广、信息服务等方面的产业组织,即多元经营主体。这会不断强化农业领域中各生产经营者之间的相互依赖关系，加速农业一体化的进程，使整个农业产业内部各个环节相互协作、相互依存，相互促进。这将有利于提高生产总过程各个环节的农业劳动熟练程度，改进农业生产技术和提高农业劳动效率。因此，通过专业化经营实现农业一体化是农业产业化的重要特征。

4.3.2 适度开发旅游资源，优先发展旅游产业

西部大开发，为旅游业的腾飞带来了千载难逢的机遇。民族地区旅游资源富集度高，文化内涵丰富，潜藏着无限的商机和巨大的市场机会。

世界旅游理事会在《中国及香港特别行政区：旅游行业对经济的影响》的专题报告中曾指出：中国有世界级的资源提供给国际游客。21世纪中国将成为世界主要的旅游中心。世界旅游组织预测，到2020年，中国将成为世界上最大的旅游目的地国。中国的国际旅游从20世纪80年代以来一直保持着快速增长的势头，1998年我国的入境旅游人数比1978年增长了35倍，旅游外汇收入增长48倍。随着中国加入WTO，经济全球化、市场全球化的推进，中国的市场开放程度会越来越高，入境旅游人数和旅游外汇收入将持续大幅度增长。我国国内旅游生机勃发、需求旺盛。旅游已成为城乡居民的生活时尚，大众旅游方兴未艾。

国际国内旅游客源的不断增加，旅游市场的不断扩大，为民族地区旅游开发带来了千载难逢的机遇和无限的商机。据国家旅游局海外旅游者抽样调查结果表明，海外旅游者对中国旅游资源感兴趣的产品主要集中在山水风光、文物古迹和民俗风情等方面，民族地区正是这些旅游资源特别丰富的地区。国家旅游局副局长孙钢在西南8省（区、市）旅游业发展"十五"规划思路座谈会上提到，从资源拥有情况和发展趋势来看，西南8省（区、

市）是我国旅游资源富集度最高的地区，是我国旅游业实现跨世纪大发展的主要后劲所在。也就是说，民族地区将是我国满足国内外旅游市场需求主要的旅游产品供给地。但目前民族地区绝大部分旅游资源"养在深闺人未识"，资源开发利用少、开发层次低、旅游产业总体发展水平不高，市场发展空间非常广阔。1999年接待旅游者人数云南为 104 万、陕西 63 万、四川 37 万、新疆 22.38 万、重庆 18.49 万、贵州 16.70 万、甘肃 14.46 万、西藏 10.08 万、青海 2.05 万、宁夏 0.6 万，接待总数为 274.67 万。1999 年东部地区省市接待入境旅游者总数为 1962.1 万，西部地区仅占东部省市接待量的 14%。按入境旅游外汇收入排序，名列前 10 名的仅云南、陕西 2 省，名列 20～29 名的有重庆、西藏等 6 省（区）市，青海、宁夏名列全国末位。以上统计数字表明，民族地区目前的低接待量与旅游者对民族旅游产品的旺盛需求形成极大的反差，民族地区旅游业有着巨大的发展潜力和广阔的发展空间。

　　旅游业具有开发受益周期短的优势，云南阿庐古洞 1986 年开发，对外接待后 3 个多月就收回初期的全部投资，重庆市北碚金刀峡、北温泉过江速滑项目都在短期内收回投资。云南省 1998 年以来投入 705 亿元，用于"世博会"工程及相关交通、通信等基础设施建设，世博会期间入园游客达 940 多万，拉动云南旅游业快速发展。1999 年，云南省旅游行业总收入达 204.68 亿元，比上年增长 49.51%。新疆哈密地区的白石头乡，1995 年人均收入仅 380 元，近年中央财政投入 75 万元，加上地方配套资金 150 万元，用于发展旅游业，使该地区经济快速增长，人年均收入突破 1800 元。资金对旅游业的注入，经济效益明显。

　　在西部开发过程中，如果将大量资金投入矿产等自然资源开发，投入大、产出低、浪费严重。甘肃已总结了这方面的经验，过去集中资金开发矿产资源 2000 多处，结果低科技含量的原材料销售困难，使不少企业举步维艰，投资难以收回。贵州的经济结构调整也很能说明问题，贵州遍地开花的小煤窑、小水泥、小造纸等资源型项目，经济效益低、生态恶化、水土流失面积达43.5%。列入国家"九五"计划的煤炭工业和电力工业由于能源产品市场疲软、煤炭市场萎缩、价格低、资源优势弱化、煤电开发污染严重、酸雨肆虐，得不偿失。相比之下，贵州旅游业发展却生机勃发。2000年，贵州旅游业总收入达60亿元，占GDP5%以上，增长速度为15.9%。贵州是世界上岩溶地貌发育最典型的地区，自然风光资源具有奇山、秀水、瀑布、溶洞、石林、温泉、间歇泉等奇观，贵州有17个世居少数民族，旅游资源魅力独具，古朴神秘的民风民俗、蜡染、刺绣等民间工艺品享誉中外。而贵州丰富奇异的旅游资源，开发利用仅冰山一角就取得如此丰硕的成果，市场前景应是十分乐观的。四川省阿坝州由砍树转变为投资旅游等特色产业，成效显著。1999年，全州接待海内外游客150万人次，收入近8亿元，分别比上年增长65.5%和64.4%。事实证明，通过发展旅游业吸引资金、人才、建设物资，既可获得高回报，又不减少资源存量，还可防止自然资源的过量开采，保护生态环境，提高当地人民生活质量，为民族地区显露后发优势创造条件。事实表明，发展旅游业是西部开发进程中优化资源配置的有效途径。

根据世界旅游理事会关于旅游业与世界经济的研究报告，把国际游客的花费，即旅游外汇收入作为服务出口来分析，我国西部省市区旅游外贸服务出口的发展势头是喜人的。1999年，西部地区省市旅游外汇收入增幅较大的有青海，比1998年增长42%，云南增长34.2%，甘肃增长23.8%，宁夏增长22.7%，重庆、四川、贵州、陕西、西藏增长10%以上。西部旅游外汇收入合计10.368亿美元，占全国140.99亿美元的13.6%。西部地区国土面积占全国的56.8%，是全国旅游资源富集度最高的地区，海外旅游者感兴趣的旅游产品集中的地区，而旅游创汇仅占全国1/5，说明西部地区发展国际旅游通过旅游创汇增加出口有很大的潜力。旅游业是西部地区发展外向型经济参与国际竞争的优势产业。

产业国际分工体系的形成和发展，也决定着旅游产业的优势地位。在传统产业和信息产业的发展过程中，国际上形成了在发达国家之间的水平分工和在发达国家与发展中国家之间的垂直分工。我国产业发展的总体水平处在垂直分工的体系中，高技术高附加值、高利润的生产和市场我们还很难涉足其间与发达国家竞争。但是，旅游产业则完全可以摆脱垂直分工体系的制约，与发达国家实行水平分工，在同一层次上参与竞争，分享高利润、高回报。因为旅游产品的不可转移性，旅游资源的地域性、垄断性很强，中国民族地区的独特自然景观，是大自然的赋予，非人力所能为，非技术力量能再造；中国民族地区神奇迷人的人文旅游资源，是几千年民族文化的积淀，博大精深，耐人寻味。中国民族地区旅游产品的丰富内涵和独特性，可以和发达国家的旅游产品互补共存，使民族地区旅游业有条件直接参与国际水平分工体系，在同一层面上通过提供不同的旅游产品占领市场、拓展市场。在这一点上，民族地区旅游业与其他产业相比有着无可比拟的优势。

旅游业在民族地区发展中优势突出，优先发展旅游业，是西部开发战略中的亮点，充分发挥旅游业的产业优势，必将带动西部经济实现跨越式发展。

西部旅游业的产业优势，决定了旅游业在民族地区的经济发展中有着重要的产业地位。重庆、云南、贵州、四川、陕西、甘肃、西藏、宁夏、新疆等省市区先后把旅游业作为经济发展的支柱产业。但要把旅游业真正建设和培育成为西部省市的支柱产业，仅停留在写进文件、列入规划是远远不够的，还需要通过政府行为营造良好的社会旅游环境。党委、政府和有关部门应把发展旅游作为经济建设的中心工作,在思想意识、经济结构、产业政策、环境配套等方面为旅游发展保驾护航。改变传统观念中认为旅游是贪享乐、高消费的认识误区,树立旅游是满足人们生活需求的正当消费行为的旅游观,激发全社会参与旅游发展的热情。强化政府主导型旅游发展战略,像抓工业、抓农业那样,理直气壮地抓旅游。以旅游兴市,旅游兴县,把旅游业作为新的经济增长点,摆在重要的战略位置,制定发展目标、经济指标、保障措施进行精心培育,从政策、财政、信贷支持、资金投入、税收、人力资源、项目审批等方面把旅游业真正作为重点来支持发展,使旅游业在品牌塑造、产品开发、市场开拓、创新能力的提升、经济规模的扩张等方面有雄厚的资源保障,形成持续发展的竞争优势,培育和增强旅游业的竞争力。

　　旅游业发展需要科学的规划指导。"十五"规划的编制,为民族地区旅游业提供了采用高品位旅游规划指导发展的机遇。新的旅游业发展规划,要体现新世纪、新体制、新机遇的特征,体现大力培育旅游业作为支柱产业的主题,突出宏观性、战略性和政策性,重视规划目标与政策引导的结合,在规划思想、内容形式和方法上体现创新精神;要制定以旅游产业发展为核心,包括产业政策导向、社会环境营造、旅游市场开拓、生产力要素配置、人才培养等多方面内容的产业型发展规划,而不仅仅是景区景点开发和基础建设规划;要改变在规划中重资源、轻产品,重建设、轻市场的倾向,应该是大旅游、高起点、综合性、整体性兼顾并重。旅游规划编制的专家队伍,要改变学科结构单一的状况,应包括地理学和生态环境、历史文化、管理营销、旅游经济、园林建筑等方面的专业人才,通过合理分工、优势互补、信息联合,形成高质量的规划成果。在规划过程中要充分调研论证,坚持以市场为导向,以产品为中心,以资源为依托,重视旅游市场的分析研究,把握旅游需求的变化,推出"卖点"抢眼、富有新意的产品项目,防止雷同、重复建设,避免资源浪费。坚持开发与保护相结合,突出生态环境的保护和优化,突出对文物古迹、民俗风情的保护性开发。做到规划科学合理、符合实际、面向市场、突出创新、操作性强,有利于旅游资源的可持续开发、保护和利用,有利于旅游业跨越式快速发展。

民族地区旅游业有雄厚的资源优势,在把资源优势转化为产业优势经济优势的过程中,需要投资拉动合理的开发建设,加大旅游业的投入力度,需要多渠道引导资金注入旅游开发项目,促使旅游业尽快形成产业优势,实现高投入高产出的投资效应。国家为支持旅游业的发展,2000年在转贷国债中安排了8亿旅游专项资金,利用国债支持西部旅游开发,无疑是解决旅游开发资金短缺的良策。云南、广西、安徽、广东、成都等省市建立旅游发展基金、旅游专项基金重点扶持旅游景区景点建设、旅游基础设施建设,提供旅游规划补助,支持旅游宣传促销,发挥政府资金优势投身旅游业的导向作用,效果明显。同时民族地区还应本着"谁投资,谁受益"的原则,实现投资主体多元化,鼓励国内国外的投资者参与旅游业的开发建设,增强民族地区的融资能力和造血功能。

旅游业的发展,是在人们旺盛的旅游需求的推动下兴盛起来的。在旅游发展过程中,人们的旅游需求又在不断的变化,只有加强旅游市场研究,洞悉旅游者需求的变化,不断推出旅游者喜爱的产品,才能增加额源,拓展市场。从世界范围考察,国际旅游热点在20世纪60~70年代是海滨旅游备受青睐;80年代观光旅游、文化旅游形成热潮;90年代,生态旅游颇为风行,产业旅游、体验旅游也渐在时尚。可见,不同时期,国际旅游需求的集中指向是不同的,旅游产品的地位和吸引力也不是由旅游供给者决定的,而是由市场、由旅游者决定的。西部旅游业的发展,一方面要根据市场需求推出新产品；另一方面则要加强宣传促销，引导旅游者的消费观念偏好民族旅游产品，提高产品的吸引力和知名度。旅游宣传促销需要政府主管部门和旅游企业共同参与，从旅游地形象、旅游产品、信息提供和咨询以及宣传媒体、宣传形式、宣传手段等方面统筹规划，分步实施，逐步增加旅游促销费用。

　　旅游购物是旅游活动的重要内容，也是提高旅游业综合经济效益的重要途径。发达国家旅游商品销售创汇占旅游外汇收入的比重高达50%以上，国际旅游者在旅游花费中旅游购物一般占总支出的30%～50%。新加坡和我国的香港地区，旅游商品销售收入占旅游业总收入的60%以上。我国的旅游购物一直是旅游业发展中的弱项，旅游商品创汇仅占旅游外汇总收入20%左右，远远低于发达国家的水平。旅游购物的增速也明显低于旅游总收入的增速，外国人在亚洲旅游，在印度的花费占旅游支出的3/4，在中国仅占1/4，重要的原因是我国旅游商品种类少、档次低、特色不突出、品位不高、品牌意识差，即使是精品，也未成名牌，知名度低。近年来，国内相继举办旅游商品设计大赛、旅游商品博览交易会，有力地推动了旅游商品的开发和生产。民族地区民族工艺品、土特产生产历史悠久、种类较多，应与有关科研院所合作开发既有民族、地方特色、景点特色和文化内涵又精致美观，集观赏、实用、纪念于一体的旅游商品，争取创出世界名牌，同时，应统筹规划，合理布局，抓好各类旅游商品专业市场、批发市场和名店名街的建设。旅行社的旅游活动中，要安排适当的购物时间，满足旅游者的购物需求，扩大旅游商品的销售，尽快缩小旅游购物与发达国家的差距。

　　21世纪是以网络技术为核心的信息时代，数字化、网络化、信息化是这个时代的基本特征。作为发展潜力巨大的两个新兴产业——互联网和旅游业两者结合的旅游电子商务正日益焕发出蓬勃的生机与活力，1999年全球旅游电子商务销售额已占电子商务的20%以上，达270亿美元，2000年预计突破600亿美元。民族地区旅游业要高起点、跨越式发展，必须重视网络技术的运用，介入电子商务。运用网络技术，开展电子商务，不仅是旅游信息传输、营销技术的突破，旅游企业的组织机构、组织管理、人才素质、文化理念都将发生深刻变化，并将大大增强旅游企业的创新能力和竞争力。

民族旅游业要实现超越式发展，旅游人才的培养不容忽视。旅游业的竞争最终是人才的竞争，是旅游业从业人员整体素质的竞争。旅游形象的创立、品牌塑造、旅游产品的开发、旅游宣传促销、旅游设施、设备技术的应用、旅游服务的提供，都离不开人力资源的投入，并且人才素质在很大程度上决定着旅游产品质量以及旅游业的竞争力。与知识经济伴生的管理理论、管理模式、新的生产结构、生产技术，层出不穷的运用高科技手段和设备开发的旅游项目，网络旅游、网络营销等新的市场、新的观念，需要旅游业从业人员能很快适应和运用，不断完善知识结构，提高创新能力和应变能力。这就一方面需要通过培训提升现有旅游从业人员的综合素质，并采取有效的激励措施，鼓励旅游从业人员通过多种形式进行教育培训；另一方面要发展旅游院校教育，加大对旅游教育的投入，加强旅游师资队伍建设和旅游学科建设，扶持旅游科研项目，多出成果、快出人才，合理培养旅游专业研究生、本科生、专科生、高职、中专生等各层次人才，逐步满足旅游业对旅游专业人才的大量需求，改变民族地区旅游资源要素丰富、人才等高级要素匮乏的状况。

4.3.3 发挥资源优势，大力发展传统医药产业

资源性要素的特性是西部对传统医药产业选择的重要依据。资源性要素的流动弹性几乎为零，从而使资源性产业具有天生的

独占性、排他性优势。动植物、土地、矿藏、水电、气候、民族文化及民族医药等自然、人文资源，对民族地区产业发展具有正面影响。这些搬不走的资源要素，形成了民族地区的独占性优势，西部各省都在强调发展特色经济，正是这个原因。传统医药开发、水电、旅游、天然气等等，是西部大开发尤其要重视发展的产业。

全国中药资源普查结果反映，在广阔的神州大地上，拥有世界上最丰富多样的天然药库，总数有12807种，其中来源于植物的有11146种，动物1581种，矿物80种。在这个天然药库中，不仅有人参、甘草、芍药、当归、大黄、贝母等近千种常用中药，在全国1/3左右的医疗保健实践中被使用，而且每年还有几亿美元的出口效益。西部是我国生物多样性最丰富的地区，具有陆地生态系统的许多类型，药物资源极为丰富，名特优、珍稀药材较多，民族地区是多民族地区，壮、藏、蒙古、彝、苗、白、傣族等少数民族医药各具特色，民族地区的药品资源丰富多彩。

正因为我国西部民族地区蕴藏着丰富的药物资源和各具特色的民族医学资源，经过深加工的医药产品属于附加值和利润率高的知识密集和资本密集型产品。所以，在西部大开发中，选择并推动传统医药产业的持续性发展，具有重要的战略性意义。

劳动力要素特性支持民族地区对传统医药产业的选择。一般认为，西部"穷"，劳动力成本低廉从而具有发展劳动密集型产业的优势，随着东部经济的发展，劳动密集型产业会逐步向西转移。然而，目前在东部发达地区，不但高新技术产业蒸蒸日上，劳动密集型产业的发展势头仍然强劲，这是因为，劳动力的流动性在国际国内两种场合存在着巨大的差异。就国际而言，劳动力流动因国籍、语言、文化的影响而受到很大限制，流动弹性很小，从而导致发达国家较高的工资和发展中国家在劳动密集型产业的优势，我国东部地区劳动密集型产业在改革开放以来的迅速发展，其原因就在于此。但就一国内部而言，劳动力却具有很高的流动性，由于没有语言、文化、国籍障碍，劳动力在全国各地的流动性很高，正是这种高流动性，向东部大量地输送着西部的贫困人口和廉价劳动力。低成本劳动力的充分供给，导致东部与西部在劳动力成本上的差别不会太大。不仅如此，外地打工者一般还比较年轻，劳动保护方面的支出较少，少家庭拖累，劳动效率和创造利润的能力会更高。发展劳动密集型产业除了需要考虑工资因素外，还要考虑交通运输成本、交货时间、市场条件、商业环境、购买能力、劳动者的文化素质和技能等综合因素，在这些方面东西部至今仍然差距很大。因此，西部并不具备发展劳动密集型产业的优势，加速发展具有民族地区特色的如传统医药这样的优势产业才是民族地区的明智选择。

技术流动弹性提供了民族地区加速发展传统医药产业的机会。知识和技术是一种特殊的生产要素，对产业选择有重要影响。就自然属性而言，知识和技术具有较好的流动性，与劳动力的流动性一样，技术的流动性也存在国际和国内的差异。技术流动的障碍主要表现在国与国之间因政治、经济、社会、意识形态等因素而产生的防范和歧视，但就一国范围而言，技术和知识具有较高的流动性，尤其是作为知识载体的人才，具有很高的流动性，人才必然向适合其施展才华的区域流动。显然，技术要素的流动性特点对民族地区来说，既是机会，也是挑战，民族地区既有机会吸引技术资源，也有可能因东部竞争力的强大导致自己已有的技术资源外流。社会经济文化发展水平、体制机制环境、对外开放程度、企业家创业精神，都是吸引技术要素的重要条件。技术要素的流动性特点带给民族地区的思考就是：如何吸引知识、技术、人才等技术要素流进民族地区以促进本地区特色产业的发展。显然，对于没有资源优势的产业，技术流动性带给东部更大的机会。民族地区该怎么办，笔者强调民族地区要抓紧发展具有自己特色的高新技术产业。高新技术产业是多元化的，包括医药产业、IC、化工、新材料等等。每个地区应有自己的特色，高新技术产业发展也要避免一哄而上。以传统医药产业而言，民族地区具有的资源优势，为消化传统医药研究成果，为该行业的人才提供了一个建功立业的天然环境。民族地区应该努力营造一个良好的人文环境，为吸引技术要素提供有利的条件。

传统医药研究应以市场为导向。我们应该认识到，传统医药的生存与发展在于市场。这包含着两重意思：一是传统医药应该从市场中确定课题方向；二是研究成果必须回到市场中去寻求发展的空间，以此形成科研、生产、市场的良性循环。市场研究应该长短结合，既注重研发目前市场急需的产品，开发一些短、平、快的项目，重点是现代化的中药及民族药品、药材提取物、精制物（中间体）产品，还包括现代中药民族药营养保健品、化妆品及其他轻工产品。同时，又注重研发有着长远市场需求的治疗药品，如防治艾滋病、癌症等药物，制定长远科研计划，集中精兵强将组织重大课题的攻关，使传统医药在防治绝症和疑难疾病的科研方面有重大突破。没有临床疗效，就会失去传统医药的生存能力，失去传统医药的市场。而临床疗效的集中表现，又体现于专科专病的医治水平。所以我们应首先抓住专科专病这个环节，发现显效、高效、长效、特效的方药或疗法，显示传统医药的优势。从历史上看，我国的传统医药是有卓越疗效的，出现过不少铭刻在人们心中的名医，留下了许多起死回生的故事。现在不少医药学家从传统医药宝库里拣到一方一药或得到一点启发，或直接借用，或删繁就简，开发出某个新药。我们应该高度重视传统医药的群众基础，这是传统医药产业的市场保障。

高度重视国内市场需求。在科学技术发展不具备优势的民族地区，针对各国医药产品质量标准存在差异的状况，传统医药产业更要高度重视国内市场需求。值得强调的是，在重视国内市场需求方面，民族地区天然药物资源的开发，不能只输出原料或仅仅进行初级加工，一定要强调深加工，让民族地区从天然药物资源开发中得到好处。否则，资源开发给民族地区带来的仅仅是短期利益，长此以往可能会带来严重后果。

创造吸引资本的政策优势。资本流动不受数量和距离的限制，它感兴趣的是利润。民族地区占有传统医药产业的天然优势，除了国家资金的投入外，需要创造吸引各种资本流入西部的政策条件，应该为企业和资本提供获取高利润的机会。例如更开放的资源开发政策，更宽松的土地获取条件，更良好的法制环境，更方便的资本市场，更先行的开放机会和产业准入政策，等等。为此提出以下几点建议：（1）在传统医药产业领域，让西部先行一步，形成政策落差和政策优势。（2）更好地吸引资金，给予东部资金优惠政策，加强多边开放和多国合作。现在中国已形成5种资本并存的局面，即国有资本、民间资本、港澳台资本、外国资本、东部资本。之所以提出东部资本，是因为经过改革开放20年来的发展，东部已经形成了庞大的资本积累，出现了东部资本这一板块。同时，还应考虑给予西部资金同样的优惠政策，让西部把自己已经积累起来的资金留住；医药以来就是对外交流活跃的领域，西部要从战略高度，重建、延伸、拓展人们关注多年的北丝绸之路和南丝绸之路，吸引外资的流入。（4）建立多层次的资本市场体系，规范、发展产权交易市场。有一个允许各种不同类型的企业都有上市机会的多层次的资本市场体系，让各种层次的企业都能找到进入资本市场融资的机会。（5）此外，鉴于传统医药的文化性以及对全世界的贡献，还应该积极争取许多不以盈利为目的的国际援助。

营造吸引人才的环境，切实加强对传统医药资源的保护。在医药产业日趋激烈的竞争中，传统医药产业已经面临日益严峻的考验。当前，我们要以传统医药的特色优势和疗效优势去参与竞争，必须注意加强对传统医药资源的保护，因为这是关系到传统医药事业持续发展的大事。近来有许多专家和学者忧心忡忡地提出：我们的信息资源、技术资源、药材资源以及我们的人才资源，都在不知不觉中流失，有的已经造成难以估量的损失。他们呼吁：对那些在世界上独一无二的却非常有限的传统医药资源，要切实加强保护措施。具体包括：（1）保护信息资源。传统医药的信息资源包括古代文献资源和现代科学研究的信息资源。经过数千年临床验证和载录在古代文献中的大量验方、单方、秘方，以及许多独到的治病经验、技能、方法等，都是重要的信息资源。对古代文献资源必须有选择地加以保护；对那些现代研究的科研新思路、新方法，以及经过多年探索总结出来的治疗新技术、新疗法，都必须加以充分的利用和保护。（2）保护技术资源。传统医学的许多独特技能，是治病的看家本领，实在没有必要全盘公开化，这是一种技术专利，需要我们去加以保护；许多药品的配伍、制剂、工艺等技术也属于我们的专利，那些核心技术资料更具有重要的社会价值和经济价值，应该得到充分的保护与开发，并防止技术资源的流失。以往我们在无形之中丧失了许多这方面的专利权，很是可惜。我们要针对传统医药的优势领域和技术特征，总结传统医药知识产权保护的成绩与不足，分析与借鉴国外药品与天然药物知识产权保护的策略，以及在专利、商标、商业秘密等方面的保护技巧与措施，提出传统医药知识产权保护的有效策略，完善和健全法规，增强保护力度。（3）保护药材资源。由于历史的原因和无序竞争，西部地区大量的药材提取物以低廉的价格进入市场。因此，药材从生产加工到成品经销都必须具有保护措施。要培植药材基地，增加科技含量，以质优效佳的成品去参与市场竞争。另一方面，目前在我国的600种常用药材中，只有13种珍稀濒危药用植物具有成熟的人工栽培技术，能基本满足市场需求，而野生药材收购品种400种，年收购量

40万吨，品种约占常用药材的70%，大量的药材来源于野生资源。虽然从理论上讲生物资源是可以持续利用的，但资源消耗的速度只有小于其恢复速度才能保证资源的技术利用。在资源需求量较大的情况下，必须选择人工栽培和养殖的品种，而且最好是栽培和养殖容易、生长周期短的品种，如一二年生草本植物。

(4) 保证人才资源。人才的竞争是市场竞争的核心，传统医药事业的发展和实现传统医药的现代化，关键还是靠人才。

第5章 民族地区区域经济一体化的协调平衡发展

资源、环境、人口、安全与差距是影响世界经济可持续发展的全球性问题,在经济发展的过程中,经济的增长始终伴随着经济的困境与危机,换句话说,资源、环境、人口等问题成为经济增长的约束条件,地区间的发展差距与经济的滞后导致了经济发展中的不平衡发展问题的出现,而资源、环境、人口等则直接抑制了经济的可持续发展。在民族地区区域经济一体化的进程中,经济差距与安全问题显得尤为重要与突出,同样作为一体化发展的战略安排,可持续发展也是一项十分重要的内容,也就是说在研究民族地区区域经济一体化问题时,必须研究一体化过程中的全球性问题,既要解决经济差距与安全导致的不平衡发展问题,又要探究一条一体化进程中的可持续发展的路子,研究民族地区区域经济一体化的协调平衡发展。

5.1 民族地区区域经济一体化发展中的全球性问题

5.1.1 民族地区区域经济一体化发展中的环境问题

环境问题一般分为环境污染和生态破坏两大问题,前者包括大气污染、水污染、土壤污染及由污染衍生的温室效应、臭氧层破坏、酸雨等环境效应。而后者主要包括森林破坏、物种灭绝、草原退化、土地沙化、盐碱化及水土流失等。

长期以来,民族地区通过自然资源的开发与利用,为提高民族地区人民生活水平和地区社会经济发展提供了重要的物质基础,同时,也有力地支持了全国经济建设。在资源开发与利用的同时,都不同程度地破坏了生态环境,据有关部门统计,1949年以来,全国森林蓄积量绝对减少了51亿立方米,其中民族地区约占85%以上,森林面积减少近一亿亩,其中大部分都位于民族地区。另据统计,全国有1/6国土成为沙漠,1/3的国土受到沙漠的威胁,这些大都集中在民族地区;全国的草原沙化面积已达176万平方公里,退化面积达67万平方公里,碱化面积达3万平方公里,合计占天然草场总面积的30%以上,这些草原绝大多数都在民族地区;全国各地每年排出的废水达360亿吨,烟尘1445万吨,其中有相当一部分发生在民族地区[①]。涵水雪线上移、土地沙化、水土流失与草原退化以及严重的自然灾害,使得民族地区的生态环境日益恶化,不仅严重影响了民族地区经济发展和人民生活的持续提高,而且这些地区往往处在祖国大江大河的源头,加上西高东低的地理走势,也威胁到了国家的生态安全及经济社会安全。其主要表现在以下几个方面:

1. 水土流失日益严重。仅以长江流域为例,每年土壤侵蚀量达22.4亿吨,年均淤积泥沙17.2亿吨,长江流域洞庭湖面积由20世纪50年初的4300平方公里缩小到现在的2600平方公里,鄱阳湖面积也由5100平方公里减少到现在的2900平方公里,水土流失严重制约了江河湖泊的调蓄能力,人们至今还记得发生在1998年的长江水灾,除了气候异常、降雨集中以外,主要原因是上游的水土流失。有关资料反映,我国陡坡地面积的70%,

---

[①] 黄万纶:《论民族地区可持续发展战略》,载《开拓与发展——民族经济学20年》,中央民族大学出版社1999年版,第361页。

水土流失面积的90%以上，荒漠化面积的90%以上都位于祖国的西部。我国的大江大河的发源地都集中在青藏高原地区，青藏高原的生态环境直接影响到沿江沿河地区的生态环境，一定意义上说，如果没有青藏高原的生态环境保护，也就没有中国经济发展的环境保障。

2. 土地荒漠化和沙漠化严重。目前，西部有80万平方公里的沙漠荒漠土地，潜在的荒漠化土地有近100万平方公里，两项合计占到西部国土面积的40%，且逐年向南、向东扩展，其直接后果是破坏了这一地区的植被，造成了沙尘暴与扬沙天气。气候条件的"变暖"，致使具有特殊自然条件的青藏高原的现代土地沙漠化的发生、发育与发展，在冻缘、冻融、流水、风力和人为等多种营力的作用下，致使沙丘活化，沙质草原沙化，沙砾质草原与荒漠质草原砾质化，农田土层粗化和土地不均匀风蚀切割，使得本身脆弱的青藏高原生态环境更加脆弱。同时，对高原湿地的过度开发，造成了湖泊水位下降，面积减少，沼泽湿地萎缩，河流断流，进一步加快了高原的沙漠化与荒漠化。

3. 自然灾害频繁发生。森林植被的锐减，生态环境的恶化，破坏了气候及自然规律，气温相对高低差异增大，降水极不均匀，水量洪枯不均，洪涝、干旱、冰雹、滑坡、山体崩塌、泥石流等自然灾害频繁发生，且分布广泛、危害严重。自然灾害呈现出明显的"灾种多"、"灾次多"、"分布广"、"危害大"、"承灾弱"的多发特征，并且具有并发、突发、群发及周期性的趋势。造成这些灾害的原因除了异常的气象变化外，资源的过度开发与人口的过度承载也起到了推波助澜的作用。灾害是自然环境脆弱带来的必然现象，也是人类过度开发与利用不合理造成的必然结果，必须引起足够的重视。

民族地区生态环境遭到如此严重的破坏原因是多方面的，但主要原因在以下两个方面：一是生态环境自身特点缺陷导致的破坏；二是经济发展对生态环境造成的破坏。

1. 生态环境作为一种公共资源具有公共资源的特征——非排他性、外部性

随着市场经济的发展，产品越来越丰富，但在这些琳琅满目的产品背后，我们也不禁发现，像生态环境等公共资源却面临着越来越多的公共性问题，生态环境的破坏与其公共特点具有很大的相关性。加勒特（哈丁（Garrett Hardin）1968年在《科学》杂志上发表了关于"公有物悲剧"（the tragedy of the commons），对公共资源的非排他性而导致的一系列问题加以讨论和分析。

生态环境的使用是非排他的，或者至多也只是部分排他的，例如环境中的公共草地，当公共草地在被使用时，无法经济地排除他人的使用，当一块草场被牧民放牧时，其他牧民也可以加入进来一起放牧，或者即使考虑到畜群的混杂，不在同时放牧，但也可以在先前或随后的时间里来放牧，非排他性是公共产品的共同特点。由于公共产品的非排他性，一定会导致在收益性上供给不足，在成本性上供给过度。如人们在草场上放牧是获得收益的，这样就会产生过度需求，相对地就会导致供给不足；当遗弃垃圾没有被管制而成为公共产品时，处理垃圾是需要成本的，这样就会导致供给大于需求，产生过度供给。这正如 A·艾伦·斯密德所指出的，"如果一种物品存在生产成本或者排他成本（边际成本不为零），那么非排他的政策将导致过度需求和资源消耗。[①]

由此可见，正是由于这种非排他性导致生态环境受到了严重的破坏。

经济外部性理论是由经济学家马歇尔提出来的，并由他的学生英国经济学家庇古丰富和发展，外部经济理论认为：如果外部

[①] A·艾伦·斯密德：《财产、权力和公共选择》，上海三联书店、上海人民出版社1999年版，第79页。

影响使第三方产生了成本就称为负外部性,如果外部影响使第三方得到收益就称为正外部性。例如:一个厂商开展改善生产工艺的研究则能使整个行业收益,但厂商在决策中并没有考虑这些外部性,因为商品交易的价格不能体现这些外部影响的价格,也就是说价格不能反映生产者和消费者所有的收益和成本。那么价格就是不可靠的信号机制,从而出现市场失灵,结果造成稀缺资源的不合理配置,如果消费过程中产生正的外部性,市场的价格低估了商品的价值,生产这种产品的厂商就会减少。如果存在负的外部性,市场价格没有反映出外部性的成本则生产这种产品的厂商就会增加,造成资源的浪费。[①]

而西方微观经济学以厂商追求利润最大化为假设前提,以此只要边际收益大于边际成本,厂商就会进行生产,因此如图 5-1 所示 MB—边际收益,MD—对第三方的边际损害即外部环境成本,MPC—边际私人成本,MSC = MD + MPC 边际社会成本,从图中可以看出由于外部性的存在,私人的边际成本会小于社会的边际成本,厂商只有到达 Q1 点才会停止生产,而此时的资源配置并不是最优化的,因为实际上边际社会成本大于边际私人成本,最优的产量应该在 Q*点,此时的边际社会成本等于边际私人成本。忽略这种外部环境成本就会造成资源配置失误,导致均衡产量增加,污染严重。例如:处在河流上游的造纸厂排放的污水会对河流下游的生态环境造成破坏,但是这种损失并没有通过造纸厂出卖的纸张价格反映,这时社会的边际成本大于造纸厂的私人成本,其差值就是造纸厂对环境造成的损害成本,也就是外部环境成本。

环境污染属于外部不经济,资源商品的价格仅仅反映了生产

---

① 《资源环境经济进展》第 2 辑,张锦高、成金华主编:湖北人民出版社 2004 年 11 月版,第 95 页。

第5章 民族地区区域经济一体化的协调平衡发展

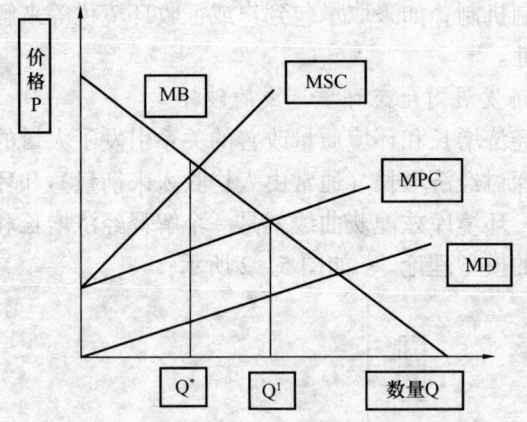

图 5-1 外部性对资源配置的影响

MB—边际收益，MD—对第三方的边际损害即外部环境成本
MPC—边际私人成本，MSC = MD + MPC 边际社会成本

中的劳动和机会成本而不能反映稀缺资源的机会成本，从而使人们无节制地争夺有限的环境资源，环境资源被大量的浪费，使环境资源的稀缺性日益严重。越来越多的经济学家，他们从外部性的存在和公共物的属性出发讨论市场经济解决这些问题的局限性。1928年庇古提出了解决污染等问题的庇古税；1954年萨缪尔逊揭示了公共物品的本质并提出了公共物品的最优准则；1960年科斯讨论了由外部性导致的社会成本问题并提出以"私了"的方式解决双边型外部性问题的科斯定理；1973年、1975年格拉夫斯等人贡献了旨在解决"搭便车者"隐蔽信息问题机制设计。[1]

目前民族地区在解决环境外部性和排他性问题方面，还存在严重的制度缺陷，因此在加强环境保护工作中，要注重设计合理

---

[1] 平新乔著：《微观经济学十八讲》，北京大学出版社 2001 年 3 月版。

的监督管制机制,如采取承包到户或征收环境税等来解决公共物品的局限性。

2. 经济发展对生态环境造成的破坏

关于经济增长和环境质量改善的关系引发了大量的研究,其中一些是探讨经济增长(通常由人均收入来衡量)和环境退化的技术模型,环境库兹涅茨曲线就是一个解释经济增长和环境退化技术关系的模型理论,[①] 如图5-2所示:

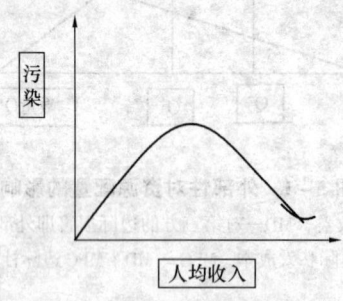

图5-2 环境库兹涅茨曲线

这个预期模型可以描述为倒U型,其主要观点是:在工业化的早期阶段污染水平会上升,在这个阶段经济增长远远优先于环境保护,环境管制很宽松或者实质上并不存在管制。随着经济的进一步发展,环境污染水平经过一个拐点朝着相反的方向变化,开始出现下降,此时随着环境制度的强化,环境质量会得到改善,这个理论表明:经济发展和环境保护是可以协调出现的。但是西部民族地区由于经济发展落后现在还处于随着经济发展而对环境造成污染的时期。我们可以从西部民族地区生态环境指标

---

① (美)卡兰(Calan,SJ)、托马斯(Thomas. JM)著,李建民、姚从文译:《环境经济学与环境管理:理论政策和应用》第3版,清华大学出版社2006年1月版,第484页。

来看：

表 5-1　　　西部少数民族地区部分省区生态指标①

项目	陕西	甘肃	青海	宁夏	新疆	全国
草地退化率	58.15	45.17	15.3	97.37	5.83	19.79
水土流失率	66.87	37.95	3.61	69.94	0.07	16.98
森林覆盖率	24.15	4.33	0.35	1.54	0.99	13.92
工业固体废物污染强度	145.8	151.4	122.3	200	71.8	100
废水排放污染强度	103.6	87.8	95.9	116.3	82.2	100
废气排放污染强度	114.7	154.8	155.5	285.1	149.7	100
省会城市污染指数	170	500	500	362	134	NA
省会城市空气质量级别	三级	五级	五级	五级	五级	三级

从表 5-1 可以看出，经济发展对环境造成的破坏是不可避免的，尤其在经济发展的起步阶段。因此，处理好经济发展和环境保护这对矛盾是我们无法回避的。

我国民族地区经济发展落后，尤其产业结构不合理是造成环境破坏的主要原因。从国外以及其他地区的发展经验来看，环境问题的产生在某种程度上与产业结构不合理有关系，西部民族地区多以农业资源开发为主，工业内部结构则以重工业为主，这种结构决定这些地区面临环境问题比其他地区更为严峻。我们先来看一下西部民族地区产业结构的特点：

（1）三大产业结构不合理。西部地区长期以来一直实施的是一种资源导向型战略，有什么资源就发展什么产业，特别是采掘和原料工业的比重过高，形成了不合理的产业结构。而且第一产业内部结构调整进程缓慢，区域特色不突出，农业产业化程度和

---

① 曾克峰、陈慧民、刘超主编：《环境与资源经济学教程》，中国地质大学出版社 2004 年 10 月版，第 204 页。

发展质量不高,第二产业低水平、重型化、低层次、结构倾向严重。

表 5-2　西部少数民族省区三大产业的产值结构（2002 年）

	第一产业		第二产业		第三产业	
	产值	比重	产值	比重	产值	比重
重庆	315.78	16.02	827.55	41.98	827.97	42.00
四川	1072.62	21.08	1982.44	40.66	1865.06	38.26
贵州	280.83	23.70	474.68	40.06	429.53	36.25
云南	470.5	21.08	951.48	42.62	810.34	36.30
西藏	39.68	24.58	32.93	20.40	88.81	55.02
陕西	303.79	14.92	925.78	45.47	806.39	39.61
甘肃	214.45	18.46	530.36	45.66	416.62	35.87
青海	44.9	13.16	154.01	45.15	142.2	41.69
宁夏	52.84	16.05	151.16	45.91	125.28	38.05
新疆	305	19.08	672.1	42.05	621.18	38.87
内蒙古	374.69	21.60	728.34	42	631.28	36.40
广西	595.68	24.26	863.96	35.19	955.72	40.55
西部	4025.76	20.05	8294.79	41.31	7760.38	38.65
全国	17937.17	15.17	55313.67	46.78	44983.93	38.05

资料来源根据《中国统计年鉴》（2003 年）相关数据计算得出。

　　从表 5-2 中数据可以看出：2002 年西部主要民族地区第一产业结构比重高于全国平均水平 5 个百分点，第二产业结构比重低于全国 5 个百分点，第三产业结构比重大体相当。由此可以看出在少数民族地区，农业比重过高，工业比重过低，尽管第三产业比重与全国比重大体相当，但是民族地区所有产值就很少，第三产业对经济的贡献还是很小。

　　(2) 民族地区产业结构趋同，结构单一。西部地区国民经济各个产业部门从农业、工业到服务业，从加工工业到原材料工业，从轻工业到重工业，从机械工业到电子工业，从家电到纺织业，几乎普遍存在着生产集中度低、专业分工差、低技术、小批量、小而全、自给性、重复建设等不合理现象，西部地区的工业结构相似率高达93.5%。例如：内蒙古、贵州、云南、新疆、甘肃、宁夏、广西、海南等省区为资源主导类型区，除个别省会（自治区首府）城市周围集中了一些现代加工工业以外，地方产业的资源主导类型较明显，创新水平低，产值占全国比重均低于1.2%，而且采掘业在工业中占有重要的位置。这种趋同的产业结构不利于资源的开发和保护，只有产业的综合发展才有利于资源的开发、利用和保护。因为单一的产业发展往往会集中于对某几种资源的开发和利用，由于对资源的过量索取，不利于资源的保护，常常造成资源和生态环境的破坏。例如：在我国黄土高原，过去对土地、森林和水资源的过度开发导致今天的土地贫瘠、水土流失。并且单一产业的发展如果没有其他产业的支持和补充很难形成综合的强大的经济力量。

民族地区脆弱的生态环境不仅制约着地区潜在优势的发挥，妨害了当地经济的发展，而且对各大江大河中下游地区的经济发展带来了严重威胁。因此，在民族地区经济一体化发展中必须重视生态环境的保护与建设。

生态环境保护与建设问题，引起中央及有关方面的高度重视，2002年国家颁布的《"十五"西部开发总体规划》及相关文件明确规定，要加强生态建设与环境保护，指出：加快西部地区开发，必须加强生态建设和环境保护，治理环境污染，综合实施各项生态建设和环境保护工程。

（1）生态建设。要坚持统筹规划，突出重点，因地制宜，坚持生态效益与经济效益相结合，以生态效益为主，采取生物措施、工程措施和农艺措施相结合，进行综合治理。加快实施退耕还林工程，落实退耕还林和宜林荒山荒地造林任务，确保补助粮食和资金及时足额兑现，林木种苗合理有效供给，造林质量达到要求，农民收入得到增加。组织实施天然林保护工程，恢复和增加林草植被。逐步实施防沙治沙工程，推进环京津风沙源综合治理。加强天然草原的恢复和建设，加快小流域治理，减少水土流失。严格保护珍稀濒危动植物物种。加强自然保护区和生态示范区建设，加强国土综合开发整治。

黄河上中游地区。对坡耕地逐步实行退耕还林，保护天然林资源，大力植树种草，恢复和增加植被。综合治理小流域，加强川地和缓坡地农田基本建设，逐步恢复和改善生态用水状况。

长江上游地区。开展小流域和山系综合治理以及农田基本建设，实施封山育林、飞播造林和坡耕地退耕还林，恢复和扩大林草植被。停止天然林砍伐，加强营林管护。重点营造水土保持林、水源涵养林和人工草地。禁止滥垦乱伐和过度利用自然资源，坚决控制人为的水土流失。加强珠江上游等流域的生态建设，推进黔桂滇岩溶地区石漠化综合治理。

"三北"（西北、华北、东北）风沙综合防治区。采取综合措施，在有条件的地区大力植树种草，增加林草植被。以风沙区为对象，以大中城市、厂矿、工程项目周围地区为重点，加强林草植被保护，采取生物治沙、工程治沙、建立农田保护林网等各种有效措施，减轻风沙危害。加强以风沙源和水源为重点的治理与保护，建设环京津生态圈。

草原区。保护好现有草原植被，搞好草原鼠害防治，制止草场过度放牧，禁止草原开荒种地。实行围栏、封育和轮牧、休牧，建设"草库仑"。青藏高原冻融区要以保护现有的自然生态系统为主，加强天然草场、长江黄河源头水源涵养林和原始森林的保护。严禁毁林毁草和滥采乱挖。

（2）环境保护。针对环境污染的突出问题，从污染源头抓起，尽快遏制环境恶化的趋势。推行清洁生产，防治工业污染。发展生态农业，减轻农村污染。重点加快沿江城市污水处理厂和城镇垃圾处理场建设，保护三峡水库水质。继续抓好滇池治理。开展黄河中游水污染防治工作，推进沿黄河各省、自治区水污染的防治，逐步改善黄河干支流的水质。加强西部地区重点城市大气污染治理。改善能源结构，实行清洁生产，大力推广使用天然气和低硫煤。治理旅游城市和风景名胜区的环境污染。加强对西部地区生态状况、环境质量、资源变化、灾害性天气和地质地震灾害的监测、预报和防治。

国家西部大开发战略的实施，应该说在生态建设与环境保护方面取得了一定成效，国家投入了大量资金进行生态环境保护与建设工作，生态效益初见成效，林草的覆盖率在逐步增加，沙化耕地及坡耕地水土流失在逐渐减少，局部地区的生态环境正在或开始好转。人们的生态环保意识明显加强，保护环境与建设生态已初步形成全社会的共识，生态环境工作也初步建立起了一套监督评价机制，西部地区（包括民族地区）经济结构调整及人民生活质量的改善都初有成效。在肯定成绩的同时，我们还应该清醒地看到我们面临的问题依然严重，工作中还存在不少不可轻视的问题。譬如过多地依靠政府投入，而忽视利用市场化手段，造成一方面政府的财政支付资金负担过重，影响了财政资金的持续投入，而且，由于存在补贴标准过于简单，补助对象责权利不清，补助资金效用代理成本过高，持续力降低等问题，降低了政府投入资金的效益；另一方面缺乏应有的市场化手段，缺乏相应的配套支持体系，致使在生态环境保护与建设中市场主体缺位、区际协调不平衡、整体效益下滑的问题，造成生态建设资金的匮乏，保护与建设速度的缓慢。

为此，我们应该借鉴国内外经验，从建立生态环境利益补偿机制入手，充分发挥政府与市场在生态环境保护与建设中的双重作用，建立跨部门跨地区的全流域管理模式，确定合理目标的科学规划、合理回避、积极防治、主动适应的生态环境保护与建设战略。科学规划就是尊重自然规模，在科学理论与先进技术的指导下，规划生态环境保护与建设，彻底打破行政割据。合理回避就是在空间上回避（在对城市与工程建设项目上尽可能回避灾害区与多发地带）和经济结构上回避（在经济建设中尽可能回避那些对环境扰动大的行业、产业的依赖，从源头上把发展对干扰和对灾害的激励降到最低点）；积极防治就是做到既防患于未然，又将破坏减轻到最低程度；主动适应就是要提高社会的生态环境保护与建设意识，提高社会的承载能力，恢复信心。

5.1.2 民族地区区域经济一体化发展中的资源问题

自然资源是经济发展不可缺少的基础，是社会财富的来源，随着工业化进程的发展和人口的增加，人类对自然资源的巨大需求与大量开采和消耗已导致了资源基础的虚构与衰竭，如何以最低的环境成本确保自然资源的可持续利用，已成为当代经济社会发展过程中所面临的一大难题。我国民族地区面临着尽快摆脱贫困加快经济发展与遏制环境、资源、人口危机的双难困境，这不但给民族地区的区域经济发展带来困难，而且增加了民族地区区域经济一体化发展的投入成本及开发难度，综合性、协调性和持续性地保持民族地区经济的一体化发展已成为一大难题，这也是民族地区社会经济可持续发展的客观要求与当务之急。

就自然资源而言，我国民族地区自然资源丰富，资源的供给量与人均占有水平均高于中东部地区，民族地区也就成为自然资源产业重心区，一般地看，民族地区经济社会发展在很大程度上是依赖自然资源的开发，是资源产业的聚居区与资源产品的输出地，在其自然资源的长期开发与利用中存在许多问题。

1. 民族地区土地资源丰富，差异化较大，土地生产力低。

据统计民族自治地方的土地面积为 611.96 万平方公里，占全国国土面积的 63.75%，其中耕地面积 2128.2 万公顷，占全国耕地面积的 22.41%，草原面积 30000 万公顷，占全国草原面积的 75%，森林面积 5648 万公顷，占全国森林面积的 42.2%[①]。可以看出，民族地区虽然土地辽阔，土地的沙漠、荒漠、冰川、戈壁面积几乎占到了一半，耕地面积较少，垦殖指数普遍较低。同时，受干旱、风沙等自然灾害的影响，土地质量较差，单位面积土地的产量不高。不仅如此，在土地的长期使用与开发中，部分民族地区缺乏科学的利用规划，违背自然规律，盲目开发、随意开发等问题也时有发生，造成了土地资源开发利用中的浪费与破坏，如过分强调"以粮为纲"，大规模的开荒耕种，以及粗放式的广种薄收，都加快了土地的退化。

民族地区特别是西北地区，气候干燥，干旱少雨，水源贫乏，生态环境脆弱，其地表水时空分布极不匀衡，多年来的过度开发，地表水利用率已达到其水资源总量的 70% 以上，限制了其进一步开发，再加上水土资源空间的不匹配，植被稀少，再生能力较差，造成了严重的水土流失，自然灾害也层出不穷，连年不断的水土流失危机已严重威胁到人类的生存。

2. 民族地区矿产资源丰富，一方面具有矿种多、储量大、分布集中、资源配套好、伴生共生矿多的特点，在我国目前已探明的 156 种矿物原料中，在民族地区几乎都有分布，其中金属矿产、能源矿产，非金属矿产，水气矿产储量较大；另一方面具有矿产资源丰歉不同，贫矿、难选矿、综合矿和中小型矿较多，部分矿产资源受自然地质条件及现有技术与经济水平的限制，很难开发或开发成本较高，出现矿产资源的有形与无形的浪费。加之民族地区交通条件差、资金投入少、动力不足、加工能力弱以及

---

① 《中国统计年鉴 2000》，中国统计出版社。

矿产资源管理上的混乱与不规范，出现了无序开发，既浪费了资源，又破坏了生态环境。

3. 民族地区能源资源的蕴藏也是十分丰富的，煤、石油、天然气、水、电等资源在数量与质量上都有较大优势。据统计，2000年，民族自治地方煤炭保有量为3731.93亿吨，水力资源蕴藏量达44568万千瓦，分别占全国总储量的37.06%和65.93%，天然气保有储量达3375.06亿立方米，新疆已探明储量居全国之首[1]。从结构上看，民族地区的能源储量较为丰富。不可否认，丰富的能源资源不仅在民族地区的经济社会发展中占有重要地位，而更多地在中国经济的整体发展中起着重要作用。但是必须看到，在能源资源的利用与开发上仍然存在着开发利用程度不高，范围不广的问题。譬如，至1999底西部已开发水电只有2693万千瓦，只占可开发资源的9.8%，大大低于世界22%的平均水平和工业发达国家的50%的高水平；西部民族地区的风能、太阳能资源也很丰富，但其开发利用更低。而且，在资源的开发利用中，具有短期行为，甚至出现了破坏环境生态等竭泽而渔的开发，民族地区的资源优势未能很好地转化为经济优势，还出现能源资源大省和地区缺乏能源的怪现象。

4. 民族地区还拥有丰富的生物资源。据统计，民族地区的森林资源面积达5648万公顷，占全国森林面积的42.2%，森林蓄积量为52.49亿立方米，占全国总量的51.8%；民族地区的草原资源面积达3亿公顷，占全国草原面积的75%，不仅草地资源丰富，而且草地类型较多；民族地区野生动植物资源种类繁多，许多地区被誉为"植物王国"和"动物王国"。不可否认，这些丰富多样的生物资源不论是对民族地区，还是对全国的经济社会发展都具有重大作用与意义。但是，必须清醒地看到，问题

---

[1] 《中国民族工作年鉴2001》，民族出版社2001年版，第416页。

多于成绩，主要表现为开发不足与过度开发并存。森林资源一方面是滥砍乱伐过度砍伐严重，另一方面又是处在原始的未开发状态，影响了森林资源的利用，这方面西藏最为典型。草原资源一方面过度放牧，滥垦乱耕，造成草原退化，产草量与载蓄量大幅下降，导致旱化、沙化、盐碱化加剧，沙尘增加，生产环境趋于恶化。另一方面南方的草地多未开发利用，造成资源的浪费；野生动植物的开发更是乱捕乱猎与利用不足并存。如云南省的资源开发规模与其植物资源供给相比，显得十分落后。在西藏自治区和四川、贵州、青海等省的民族地区中，也都有大量的植物资源可以进一步开发。究其原因，主要是由于有些野生植物生长在高山陡坡上，采集困难，难以形成规模；而偏僻地区的少数民族群众一般都缺乏市场观，同时也缺乏市场信息，难以将当地的资源优势变为经济优势，这就形成了"物在山上烂，人在屋里穷"，"捧着金碗讨饭吃"的怪现象。另一方面，民族地区的许多森林是野生动物的乐园，但近年由于生态环境不断遭到破坏以及过度猎捕，许多野生动物种群不断减少甚至灭绝。如新疆近百年来已经濒于灭绝的珍稀动物有新疆野马（普氏马）、新疆虎、赛加羚、普氏原羚和土种新疆大头鱼。近年来青海可可西里地区不断有人偷猎藏羚羊、藏野驴、藏牦牛、雪豹和其他珍禽，在14年间可可西里地区的动物数量就减少了2/3[1]。野生动物种群的减少或灭绝，不但减少了人类可利用的基因库，还带来生态失衡问题。现在青海、新疆、西藏等地草原鼠害严重，原因就在于鼠类的天敌鹰、狐狸等动物种群数量急剧减少。因此，如何保护和利用珍贵的野生动植物资源已成为民族地区今后开发和建设进程中的一个十分令人关注的问题。

---

[1] 吴晓军：《论西北民族地区生态环境建设与保护》，载《甘肃民族研究》，2000年第1期。

综上所述，民族地区地域宽广，资源丰富，人力充沛，部分自然资源尚处于野生原始状态，开发利用的潜力很大，但其土地资源、森林资源、草地资源、野生动物资源及部分矿产资源，由于种种不合理的开发利用，目前已出现供给紧张的状态，造成了资源短缺与经济建设和社会发展的矛盾。其中，不可再生资源的耗失率只能在提高利用率的基础上减缓其耗失的速度，不能解决供求缺口增大的矛盾；可再生资源的再生率需要良好的环境与合理有序的开发利用，也不可能在短时期内缓解供求增大的矛盾。因此，摆在西部民族地区人们面前的形势是相当严峻的。

实现自然资源的合理开发与有效保护的最佳结合，是实现可持续发展的重要条件。如何科学地规划和利用民族地区丰富的自然资源，是一个需要认真思考、研究的重大战略问题。

我们认为，实现民族地区自然资源的可持续利用必须注意以下几个方面：

1. 实施可持续发展的资源开发战略

西部地区的生态环境变得愈来愈脆弱，粗放型的资源开发方式对环境构成的压力日趋加大，已直接影响到工业可利用的资源基础和西部经济的可持续发展。资源型产业必须建立在资源可持续利用的基础之上，要为经济发展获得可持续利用的物质基础，就必须将环境保护置于与经济发展同等重要的地位。因此必须树立可持续发展观念。可持续发展是以自然资源的永续性为前提的，它要求协调自然环境、区域环境，与经济共同发展。可持续发展要求树立复合生态系统的观念，转变西部地区经济增长方式，建立资源可持续开发利用模式。要实施可持续开发战略必须做到以下三个方面：

首先，树立正确的资源观——在保护中开发，在开发中保护。

资源优势转化为经济优势的过程就是西部大开发的过程，这个过程完成之时，就是具有时代意义的"西部大开发"完成之时。在这个过程中优势资源一直是优先开发的对象，当前技术经济条件下的优势资源被优先开发，新的技术经济条件下的优势资源被显现出来，再被优先开发，直至东、中、西经济发展接近平衡，但资源开发要坚持"在保护中开发，在开发中保护"的总原则。人们对此虽然都深信不疑，但却时而片面强调开发，时而片面强调保护，把二者割裂开来，甚至对立起来。西部大开发要发展经济，发展经济就要开发资源，开发资源就要改变资源的现存状态，改变资源的现存状态就是破坏资源，推导出如此的结论显然是荒谬的。在对"保护"的理解上，如果认为保护就是保持原状，就会得出上述错误结论。很显然，保护不仅有保持原状之狭义，更有合理开发之广义，而对野生动植物资源、原始森林等自然资源的保持原状之义就等于合理开发之义，而对矿产资源、土地资源、森林资源、草地资源、旅游资源、水资源等的保护，则更多地体现在开发之中，通过合理开发资源、有效利用资源，达到保护资源的目的。合理开发、有效利用正在被利用的资源，是对待开发利用资源的保护；合理开发、有效利用现有资源，是对未来资源的保护；合理开发、有效利用此地资源，是对彼地资源的保护；合理开发、有效利用此类资源，是对彼类资源的保护。由此不难得出结论：西部大开发的目的是发展经济；西部大开发对待资源的开发与保护，应遵循"在保护中开发，在开发中保护"的总原则。

其次，加大宣传工作，使可持续发展理念深入人心。

加强宣传教育，转变一些固有的观念，提高西部人民保护和合理开发自然资源的意识，是一项十分现实的措施。为了西部地区经济实现可持续发展，必须强调对自然资源的永续利用，这是我们用沉重的代价换来的结果。充分利用自然资源思想的提出和实践，必将深刻地改变人们久已存在的资源观、价值观和道德观。为此要强化可持续发展意识教育，充分利用影视、广播、报刊、书籍等大众传播媒介，对公众进行充分利用资源的科学知识和伦理道德教育，要把充分利用资源，加强环境保护的知识纳入中小学教育中去，增加有关课程，编写有关教材，使他们从小就树立正确的资源观。另外，选择有条件的高校建立培养充分利用资源人才的基地，提高广大干部特别是领导干部对充分利用资源的认识。这一措施对实施自然资源可持续利用特别重要。现实社会中，不少决策者缺乏科学知识，造成决策失误，导致资源破坏的例子不胜枚举。因此，要加强领导干部科学决策和充分利用资源的教育。

最后，注意资源的持续利用，做到开发有度。

在西部大开发过程中必须树立资源持续利用的思想，根据资源类型的不同采取不同的开发方式。自然资源可分为可再生资源和不可再生资源，对于可再生资源要加强对资源的培养和养护，有效地增加其存量，做到取之有度，将开发利用的规模限制在其自然更新的范围之内。对于不可再生资源，要立足于保护，非到万不得已，决不开发。特别是在矿产资源的开发利用上，应采取"立足国内、适度进口、促进交换"的资源贸易政策，尤其是在主要矿产资源保证程度低、开发成本高、已不具备比较优势的情况下，就没有必要继续遵循完全依赖国内开发、自给自足的传统资源开发模式。对于具有战略意义的资源，要做长远规划，进行有节制的开发利用，在这方面，国外的一些经验值得借鉴。如美国有丰富的石油资源，但为了保护这些战略性资源，美国政府很少进行开发，而是从国外进口石油。

2. 突出重点，优先开发关联效应较强、能形成特色经济的重点资源

西部民族地区地域广大，不同区域、不同民族之间存在着较大的差异，在资源开发过程中，要注意尊重西部各民族群众的感

情,坚持从省情区情出发,坚持有所为、有所不为的指导思想,突出重点,循序渐进。(1)坚持把水资源的合理开发和有效利用放在优先的位置上。打破行政区域、部门划分的局限性,按流域水系实行上中下游水资源的统一规划,合理调配,实现水资源的永续利用。(2)大力发展特色经济。要面向市场,发挥西部民族地区光热、水土、植被配合较好的优势,发展特色农业,积极调整和优化农业结构,依靠科技进步,推广通用性强、增产增收效果明显的优良品种技术,开发有区域特色的种植业、养殖业、节水农业、生态农业和精细农业,发展绿色产业。(3)发展生物产业。西部民族地区生物多样性特点突出了生物资源的丰富性,可以利用特有的生物资源优势,加强技术创新,开发和发展现代生物产业。(4)大力发展旅游业。西部地区各民族在长期的发展中形成了多姿多彩的民族文化,加之山川秀丽、景色优美,旅游资源十分丰富。通过大力发展旅游业,把旅游业真正培育成为西部民族地区的重要支柱产业,以此带动经济开发。(5)提高矿物资源开发的效益。对矿产资源中的共生矿、伴生矿,需要综合开发、综合加工和综合管理,努力发挥各种资源的优势,切忌进行单一资源的开发。

3. 由传统的资源导向型开发转向市场导向型开发

西部民族地区自然资源丰富,因而很长时期以来的开发思路往往是"立足于资源优势搞开发"。但是,资源性产业具有成本递增的特点,随着资源的深度开发,低成本的优势会逐渐消失,这在西部民族地区的一些能源、矿产行业中已经或正在显现出来。应该看到,我国的经济运行已经发生重大变化,大部分领域出现买方市场,从供给约束转向需求约束。加入WTO后,国外的廉价资源同样会进入我国市场,我国加工生产能力的过剩以及大量低水平的重复建设,导致资源产业的生产能力严重过剩。此外,随着我国改革开放的深入,资源产品受国际市场价格和汇率变动的影响越来越大。近年来，国际市场原材料和初级产品严重供过于求，价格大幅度下跌，而东部沿海地区也凭借港口优势加快利用国外的资源，降低了对中西部资源的依赖程度。因此，西部民族地区要从简单地着眼本地资源搞开发转向以市场需求为依据，确定具体的开发内容；要从单纯地开发能矿资源转向根据市场变化，及时调整开发的方向；要从大量消耗资源的粗放型扩张转向结构优化，技术创新，产品创优，培育和提高市场竞争能力。

4. 拓宽融资渠道，为资源开发提供资金保证

西部地区自然条件比较恶劣，生态环境脆弱，经济基础薄弱，交通、电信等基础设施不能适应西部开发的需要。因此，政府应该从计划、财政、金融、税收、技术等方面采取多种优惠扶持政策，为西部资源的开发创造有利条件。在西部资源开发中，为保证西部资源的可持续性，在政府的投资计划中，应考虑优先安排西部地区基础性地质矿产调查评价项目、国土普查、森林、草场、生态等调查项目和科学技术研究活动，以增加资源储备，增强资源开发的后劲。针对西部资源开发的重点、难点，组织全国的科技力量进行科技攻关，为资源的有效利用打下基础。在资金方面，政府可以通过一些财政和金融政策，对西部的资源开发予以适当的帮助。比如，对于西部的资源勘查与开发、技术改造和产业结构调整可以实行政府财政贴息政策，以减轻企业的贷款压力，吸引资金进入西部资源产业。可以适当提高地方政府的资源补偿费分配比例，以提高地方政府的财力，可以提高国家投资形成的探矿权、采矿权价款转为企业资本金的比例，以减轻企业的负债。国家也可通过政策性银行给西部的资源开发予以优惠贷款和资金支持，通过允许更多的西部企业从股市直接融资，帮助解决西部资金困难的问题。另外，我国应积极吸引外资进入西部资源开发领域，这对于西部的资源开发来讲具有重要的和现实的

意义。

5. 传统的粗放型开发模式转向可持续发展的开发

在传统经济体制下，西部民族地区形成了高投入、高消耗、高污染、低产出的粗放经济增长方式，依靠消耗大量资源换取暂时的经济增长。粗放经营意味着以同样的投入获得较少的产出，或同样的产出需要更多的投入。西部民族地区的重工业、化工工业、原材料工业等资源密集型工业，本来对资源索取量就大，加之粗放经营，造成了西部地区极为严重的资源浪费和生态破坏。因此转变经济增长方式，提高资源利用率，既保护利用了生态资源又遏制了生态破坏，产生双重生态效应，对于资源开发和生态建设具有事半功倍的效果，是西部民族地区资源开发与生态环境建设的重要战略目标之一。

6. 建立完善的资源开发法律、法规体系

法律、法规是一种正式制度。因此，依靠法律、法规控制西部资源合理配置和充分利用显得十分重要。法律、法规是一种硬约束，要用法律、法规控制我们开发资源的行为。改革开放30年来，我国先后颁布实施了一系列环境资源的法律法规，制订修订了一部综合性环境资源保护法律《环境保护法》以及9部合理开发、利用与保护自然资源方面的单行法律，有《森林法》、《草原法》、《渔业法》、《矿产资源法》、《土地管理法》、《水法》、《野生动物保护法》、《水土保持法》和《煤炭法》。可以说，我国已经初步建立了对自然资源的保护体系。但这些还是远远不够的，另外，还需要不断完善资源法规，建立资源法规系统，加强执法管理和监督。要组织现行政策和法规评价，要根据经济建设和资源开发中出现的新问题，有针对性地制定和完善自然资源充分利用的政策和法律的监督机制。通过法律约束、政策引导和监控，促进对自然资源的保护与合理利用。建立西部资源开发和利用的法规体系，首先要明确自然资源的所有权，按照资源有偿使用的原则，保护资源和环境，实现资源可持续利用，如制定自然资源开发利用补偿收费政策和环境税收政策等，促进资源利用和保护。其次要制定不同行业污染物排放的限定标准，明确临界指标，提高排污收费标准，控制资源环境污染的外部性。目前国际上较流行的做法是建立排污许可证法，即政府把污染许可证（即污染权）进行公开拍卖（也允许企业间的交易），分配给消除污染费用最高的经济当事人（当然污染权总量小于污染容量），这既可达到临界控制目的，又为政府部门带来了与排污税大致相同的收入，用排污配额交易制度来限制企业的排污数量。此外，对环境污染治理、开发利用清洁能源、废物综合利用和自然保护等社会公益性项目，在税收、信贷和价格等方面要给予必要的优惠政策。

5.1.3 民族地区区域经济一体化发展中的人口问题

人口问题是人口发展与社会经济发展的关系问题，当代人口问题主要表现在由于人口数量的增长过快而发生的人口与自然资源利用和社会经济发展的不协调问题。人口问题是民族地区区域经济一体化发展中必须要重视与解决的问题。民族地区人口问题不仅具有全球经济、中国经济发展中的一般性特点，而且又具有民族地区经济发展中的特殊性的特点。人口的质量与数量与地区经济增长有着密切的关系，经济的发展决定人口发展，而人口发展又对经济的发展具有推动与阻碍作用。在技术突破、资源丰裕和环境良好的条件下，人口的增长可以促进经济的增长；相反，人口的过度增长又可能导致资源的短缺与环境的恶化，阻碍经济的增长，从而影响人类的生存与发展。我国是一个发展中的人口大国，又是一个多民族的国家，人口问题尤其显得紧迫。长期以来，我们在吸取教训的同时，大力推行了控制人口增长的计划生育政策，人口过快增长的现象在一定程度上得到了遏制，但人口数量过多、增长依然过快的问题仍很突出。而在民族地区，人口问题又往往与民族问题交织在一起，变得更为复杂与敏感。如何有效地发展民族人口，是区域一体化发展中的一项重要内容。

从民族地区人口的构成看，主要有以下几个特点：

1. 人口数量相对较少，但增速快，负荷重。根据全国第5次人口普查数据资料显示：2004年，全国少数民族人口约为12000万人，占全国人口的14%。又据《中国统计年鉴2003年》资料反映，西部12个省区人口增长速度超过10%的地区就有6个，其中3个是民族自治区，分别是西藏12.76%，新疆10.87%，宁夏11.56%；3个是少数民族聚居的省份，分别是云南10.60%、贵州10.75%、青海11.70%，而全国的平均水平为6.45%。少数民族人口规模越来越大，增长速度也越来越快，增速远远高于汉族的增长速度。造成这种变化的原因是多方面的，主要是社会经济的发展与党的民族政策给予少数民族良好的生存发展条件和少数民族特殊的人口政策所致，也有一些诸如原申报为汉族的人口更改民族成分、少数民族与汉族通婚、有些民族有早婚早育的习惯的原因。民族地区大部分虽地广人稀，由于自然、历史、经济、社会等一些因素，造成了生态环境的破坏与资源的浪费，人口的承载力减弱，负荷较重。过快的人口数量增长，不仅阻碍了民族地区经济社会的发展，而且破坏了自然生态环境，甚至在有些地区出现了危及生存的现象。

2. 人口质量较低，素质差，改善慢。从身体素质看，整体水平不高，少数民族地区人均预期寿命低于东部发达地区与全国平均水平。有关资料显示，西藏地区的人均寿命与全国平均71.40岁（2000年）相差近8岁；受生活水平与医疗条件的限制，民族地区的婴儿死亡率也高于全国水平。从科学文化素质看，民族地区整体水平也不高，大大低于全国平均水平。据有关资料反映，2002年，全国15岁及15岁以上人口的文盲半文盲率为11.63%。西部地区12个省区就有9个省区高于全国平均水平，其中多为少数民族地区，如云南为23.1%，西藏为43.82%，如果按照汉语知识水平来比较统计的话，比例会更高。特别是广大的农牧区受教育的程度更低，60%的人口只有小学或小学以下水平，受过高中以上教育的人口不足7%，大专以上受教育人口就更少了。由于民族地区经济条件的制约及国家教育投资的短缺以及民族传统风俗的影响，人口素质较低的问题依然十分突出，有些地方甚至达到了积重难返的境地，人口素质提高的任务十分艰巨。

3. 人口结构失衡，调整难，任务重。民族地区人口不仅素质较低，而且结构严重失衡。一是性别比例失衡。据统计，中国2004年人口性别比例达到120∶100，严重超越了正常比例。民族地区受传统观念束缚及医疗等社会保障滞后，失调比例更高。失调的性别比例，会带来一系列社会问题。二是农业人口比例过高。有关资料显示，西部地区特别是民族地区农村人口比例占到人口总数的60%~80%。过多的农村人口，造成了大批的农村剩余劳动力，加之大批的剩余劳动者又缺乏适应现代工业发展的基本技能与条件，很难找到适合的出路，给民族地区经济社会发展带来了困难与压力；农村人口比例过高，也抑制了民族地区农业现代化的进程，延缓了民族地区的城市化进程，形成了极为典型的城乡二元经济结构，既抑制了"效率"的提高，又扩大了社会不公与差距。三是贫困人口比较多。虽然中国政府在2001年就已基本实现解决农村贫困人口温饱问题的战略目标，但是贫困问题仍然存在，且任务艰巨，广大的西部地区，特别是民族地区仍然存在着相对贫困，而且这一问题在东西部经济发展差距逐步扩大的背景下将会日益突出与严重。广大的西部地区特别是民族地区由于受地域、交通、自然、历史、文化等因素的限制甚至出现了绝对贫困。据统计，2001年西部12省区共有国家级扶贫工作重点县 375 个,占当年国家扶贫工作重点县的 63%,有贫困人口 1865 万,占全国贫困人口的 63.4%。西部的贫困可概括为"一低二少",即人均收入低,人均拥有生产资料少和人均拥有生活性固定资产少。不仅使他们在扩大生产,提高收入和抵御自然灾害方面的能力降低,而且这部分贫困人口摆脱贫困的难度也大,摆脱贫困后的返贫概率也大。

受民族地区人口特点的制约,西部民族地区人力资源呈现出以下特征:

1. 人力资源储备不足,人力资源短缺。民族地区人口的整体文化素质不高,决定了人力资本存量的不足。有学者测验过人力资本的丰裕程度。见表 5-3:

表 5-3 东、中、西部人力资源丰裕系数

	丰裕系数	全国	西部	中部	东部
教育	正规教育	1.31	1.16	1.36	1.43
	在职培训	0.19	0.18	0.17	0.21
教育合计		1.50	1.34	1.53	1.64
研究与开发	专利拥有量	0.59	0.32	0.35	0.89
	科技活动人员	8.80	9.71	6.30	10.10
研究与开发合计		9.39	1.03	6.65	10.99
健康	预期寿命	70.65	68.19	69.62	72.65
	婴儿存活率	96.66	93.86	96.65	97.90
健康合计		167.31	162.05	166.27	170.55
总计		178.20	173.42	174.45	183.18

早在 1998 年,国家有一个 8412 项目课题组对西北地区高级专门人才的需求进行了预测性研究。该研究表明,2000 年,仅西北五省区对专门技术人才的需求至少要达到 356.5 万人,而实际供给量只能达到 184.2 万人,将近短缺一半;1998 年底,

西北五省区国有企业、事业单位专业技术人员数只有 132.46 万人，2000 年底也只有 314.4 万人，与 356.5 万人的需求量相差 40 多万人。西北地区人力资源的短缺特别是高层次人才的匮乏由此可见一斑。另外根据胡鞍钢测验，西部综合知识发展只相当于东部 35%，获取知识的能力只相当于东部 14%，吸取知识的能力相当于东部 81%。从分布结构看，已有的人力资本也主要分布在大中城市和政府事业单位以及中央所属的大型企业。

造成民族地区人才短缺的原因是多方面的，其中最主要的是民族地区恶劣的自然条件和工作环境难以留住人才和引进人才。民族地区大多处于高山、湖泊、荒漠、戈壁以及高原、丘陵等地带。复杂的地形、交通上的不便不仅影响到当地人力资源的开发，而且对引进外来的人才也有着重大的影响。同时，由于西部民族地区的工业发展缓慢，经济结构不合理，大多以基础工业为主，高科技的发展还比较缓慢，科研条件落后，管理方式也有待提高。在这样的环境下，很难引进院士、博士、硕士以及高新技术产业、重点工程、新兴学科的带头人和高层次经营管理人才。因为越是高级人才就越追求事业的成功，越是看重工作环境是否能让其自身的能力得到充分的体现，而民族地区目前尚缺少这样的环境，就是以再高的聘金，如果不能提供人才所需的科研条件和工作环境，恐怕也难以引进人才、吸引人才。

西部民族地区要树立人力资源是第一资源的观念，从体制、机制、政策等方面加大改革力度，建立一整套适合西北少数民族地区特点的人力资源开发的对策措施，为人力资源开发创造良好的环境，以适应国家战略目标和西部大开发的需要。

2. 由于体制、机制、观念等原因，人才利用率不高，浪费严重。西部民族地区人力资源配置不当、分布失衡、浪费严重。人力资源是经济发展的"第一资源"，其他经济资源的组合、运用都要靠人力资源来推动。人力资源配置效益的高低直接影响社会资源的合理利用和整体配置效益，它是决定经济能否持续、稳定、协调发展的关键因素。如果配置不当，就有可能导致人才供给结构失衡，如人才使用专业不对口，层次不合理等。而西部民族地区经济发展缓慢的又一重要原因就是其人力资源配置严重失效。人和物的有效结合，才能产生较高的生产率，才能实现经济的快速发展。而西部地区由于历史和自然条件等原因，人力资源不按市场经济规律要求配置，而是按"关系"调配，从而使得人事关系匹配不协调，能干事的不在其位，不能干事的却占其位，造成西部地区大量人才闲置，自然资源浪费，生产率极其低下，经济发展缓慢，与东部发达地区的差距越来越大。同时，西部地区人力资源分布不均也严重制约了其经济的发展。由于"任人唯亲"、"找工作为名为利"，因此在西部地区便出现了"两多两少"的怪现象：搞专业的很少，到热的部门（如金融、行政等部门）混日子的多；到"老、少、边、穷"地区做贡献的少，到大都市的多。目前，西部民族地区人力资源中存在的一个突出问题是：一方面是人才的紧张和匮乏，一方面又是不少的人才正被无谓地闲置和浪费。在我国西部少数民族地区，有些地区大中专人数在每万人中的比例高于全国平均水平，但经济发展水平却明显低于全国平均水平，这是由于人力资源配置不当和人力资源利用的效益低下造成的。以青海省为例，稀缺的科技人才大都集中于机关事业单位，国家党政机关和社会团体从业人员比重畸高，在从业人员中所占比重是全国平均水平的 2.09 倍，而生产企业又极度缺乏科学技术人员。这样，即使人力资源投资与开放的质量很高，也不会产生应有的人力资源利用的高效率，因为结构失衡会阻碍人力资源总体能量有效的释放。另外，人力资源层次与生产力配置不协调，也制约了西部民族地区的经济起飞。

3. 西部民族地区人才流失严重。据统计，我国高级人才总量的 80% 集中在东部地区，在西部民族地区每万名劳动者中拥有中专以上学历及初级以上职称人员仅有 92 人，还不到东部地区的 1/10。改革开放以来，西部少数民族地区大批人才纷纷涌向东南沿海地区，这种情况至今仍未有大的改观。民族地区大量人才的外流，不仅使民族地区人才短缺现象更为严重，这对于民族地区消除贫困、发展社会经济产生了严重的制约作用。据统计分析，20 世纪 80 年代以来，西部地区人才流出是人才流入的两倍以上，特别是中青年骨干人才大量外流。1979—1993 年的 15 年间，新疆向内地流失的干部和专业技术人员共 20113 万，平均每年流失 1134 万人。随后尽管采取了一些控制措施，但 1994—1997 年间仍有 318 万名各类专业人员调往内地，近三年这种流失势头仍然有增无减，人才缺乏已成为制约西部民族地区经济发展的"瓶颈"。1995 年以来，贵州省调离的专业技术人员 3412 人，其中 70% 为获得中、高级技术职称的中青年知识分子。陕西省20 世纪 90 年代前 5 年，平均每年流出人才 4895 人，1996 年以后有所减缓，但平均每年仍有 2400 多人流出。四川凉山州每年人才流失都在 300 人以上，重庆市 5 个民族自治县的大学本科生流失率为 65%～69%，专科生流失率为 32%～42%[1]。近年来，虽然各级政府采取了一系列措施，但这种现象并未得到实质性的改善。以内蒙古自治区为例。据内蒙古自治区人事部门不完全统计，1980 年到 2000 年，内蒙古共外流各类专业技术人才 3 万人，大部分是技术骨干和高级人才。2003 年调出区外的正高级专业技术人员 32 人，副高级专业技术人员 120 人，博士研究生 10 人，硕士研究生 77 人；同期引进正高级专业技术人才 6 人，副高级专业技术人才 74 人，博士研究生 3 人，硕士研究生 18 人。引进与流出的人才相差很大。另外，2000 年到 2002 年在内

---

[1] 安应民等：《激活发展之本—甘肃省高层次人力资源创业环境的创新研究》，兰州大学出版社 2004 年版。

蒙古以外就读的大学生共 1.8 万人，但是回内蒙古工作的只有 10%。[①]

　　内蒙古自治区的人才流失状况在全国的中西部地区具有相当的代表性。近年来，中西部人才流失的严重性已经超出了很多人的估计。人才流失的严重性甚至超过水土流失。个别乡镇找不出一个能写材料的人，有的乡镇卫生院甚至连中专生都没有，没有人会使用新式设备。村民自己能看的病他们凑合着能看，村民看不了的病他们也看不了。过去，中西部流行的是高级人才往东部沿海发达地区流失，这就是所谓的"孔雀东南飞"。现在已经发展到中低级人才甚至中专生和技校生也往东部城市流动的状况，这就是所谓的"麻雀东南飞"。由于改革和发展的不平衡，大批专业技术人才和高级技工一批又一批地从中西部向东南沿海流去。从甘肃的情况看，有的企业一次流失关键生产岗位技术人员达 7 人之多，使企业生产难以正常运行。有的高等院校因流失教师严重，造成一些专业课程难以开设。人才的去向和安置，牵涉到地方的竞争能力和可持续发展的长远大计。自国家扩招以来，大批毕业的大学生涌向城市，一方面加重了城市的压力，给安置和吸纳就业带来了巨大的难度；另一方面，在中西部尤其是贫困和欠发达地区，基层人才匮乏已经成为制约当地发展的瓶颈。这样，在当前的发展中就出现了这样一种情况，即：越是发达的地区，人才资源越是丰富，而越是贫困的地区，则越是难以吸引到人才。各级政府部门对西部地区人才流失的这种状况必须给予高度重视。

　　4. 人力资源结构不合理。在职称结构上，西部地区高层次

[①] 姬定中、卢丹丹：《关于西部人力资源开发的若干问题及对策思考》，《经济师》2000 年第 10 期。

人才偏少，年龄趋于老化，高级人才比例明显偏低。如贵州省目前有专业技术人员48万人，其中高级技术人员13万人，仅占专业技术人员的17%，高级技术人员中35岁以下者仅占15%。新疆建设兵团高级职称人员仅占专业技术人员总数的19%，中级职称人员仅占专业技术人员总数的21%。据统计分析，贵州省具有高级职称的人才中15%超过55岁；西宁市80%的高级职称者超过55岁；重庆市国有企业中，高级职称中55岁以上的占12%，45岁以下的仅占13%。学历结构也不合理，如对新疆建设兵团的统计，具有大学本科以上学历的仅占人才总数的9%，而高中以下学历的却占19%。云南少数民族干部人才队伍中大专以上学历者占少数民族干部人才总数的13%，低于全国平均水平17个百分点。此外技能结构也不尽合理，科技专业人才和经营管理人才特别是高层次人才严重缺乏。[①]

改革开放以来，特别是国家实施西部大开发战略以来，政府重视民族地区经济社会发展中的人口问题，十分注重处理人口与资源、人口与环境、人口与经济增长之间的关系，从产业布局、收入分配、资金安排、公共产品供给等方面，给予西部地区尤其民族地区优惠与倾斜，加上民族自治地方政府的大量工作，民族地区的人口问题在一定程度上得到抑制与缓解。但是，由于人口问题的复杂性，特别是民族人口问题的复杂性，民族地区经济发展中的人口问题依然很突出，贫困人口、经济增长、环境保护及资源开发等方面问题还不能根本解决，严重阻碍了民族地区工业化的发展进程，拉大了经济发展的差距，增加了社会经济发展的矛盾与问题，影响了民族地区经济的可持续增长。

要解决民族地区经济一体化发展中的人口问题，难度是很大的，我们认为应从以下几个方面加强工作：

[①] 《西部大开发战略干部读本》，中共中央党校出版社2003年版。

(1) 确定目标。民族地区人口问题的解决要紧紧围绕"反贫困"这一目标进行。中央政府、地方政府要把解决贫困问题放在突出的地位，确定明确的解困指标，建立有效的反贫困机制，采取法律、行政、经济手段三管齐下，三箭齐发，确保反贫困的各项政策到位，提高反贫困效率，把反贫困政策与区域开发政策有效地结合起来，与区域产业结构调整与生产力布局政策结合起来，与劳动就业政策结合起来，与收入分配政策结合起来，将贫困地区的生活生产活动纳入到整个经济工作当中，实现政府推助与市场开发的有效结合。当前，尤其要注意市场的作用，让贫困地区直面市场，实现贫困地区特有的农业市场化，在巩固供给推动型政府扶贫模式效应的同时，积极推行市场原则的需求推动型的反贫困模式。

(2) 将控制人口数量与提高人口质量有效地结合起来。尽管民族地区的人口相对数量较低，但其增长速度快，承载负荷重，既不宜于地区经济的开发与成长，又不利于资源的合理利用与生态环境的良性循环，在控制人口数量方面，既要考虑到民族地区的特殊性，又要考虑社会发展的整体性及人口政策的统一性，做到适度、合理、有控制的增长。要提高民族地区人口素质，突出的问题是教育，要把教育作为长远之计大力发展，对于民族地区的教育发展来讲，要大力普及"九年义务教育"，提高适龄儿童的入学率，防止流失，降低辍学率，在重点支持民族地区小学、初中教育的同时，加强文化教育与职业技术教育，优化与调整教育结构。要大力改善民族地区的医疗卫生条件，提高民族人口的身体素质，防止与消灭地方病及传染性疾病，并革除陈规陋俗。降低死亡率、延长民族人口的寿命，要从体魄强健、文化修养、道德情操、自然和谐等方面全方位提高民族地区人口的素质。

(3) 优化与调整人口结构，提高人力资源的流动性。性别比例失调、农业人口比例提高、贫困人口比重过大以及人力资源流失严重带来了一系列问题与后果，要强化人口政策的刚性与硬约束，加快民族地区城镇化发展步伐，创造人才成长与发挥作用的环境，建立有效的人才流动机制。当前，在通过减免税收政策、信贷倾斜政策及土地优惠政策，鼓励输出人员返乡创业的同时，应大力推行劳务输出和生态移民。据国家计委统计，我国大约有1400多万人口居住生活在不适合人类居住环境的贫困地区，其中少数民族人口占有相当的比重，要彻底改变这部分人的生活和生产环境，要在鼓励这些地区进行劳务输出的同时，大力推行生态移民，移民问题波及面大，问题多，操作复杂，政府必须进行大量投入，并坚持政府主导型的实施方案，加大资金投入（譬如专项移民基金、国债移民项目等），对涉及的移民项目与企业活动，不仅给予优惠倾斜政策，而且要予以专项补贴。在民族地区经济开发与发展中，要权衡利弊，既积极创造条件，进行属地开发，又本着科学的实事求是的态度实施属人开发战略。

(4) 解决人口问题的根本是发展经济。要树立科学的发展观，发展中的问题要用发展来解决，必须坚定不移地坚持以经济建设为中心的发展战略。坚持以经济建设为中心，大力发展社会生产力，这是社会主义的本质要求，只有生产力发展了，才能彻底消灭贫困，最终走向富裕；坚持以经济建设为中心，这是解决我国初级阶段各种矛盾所决定的，是构建和谐社会的客观要求与物质基础，只有这样才能实现经济社会的可持续发展。

毫无疑问，我国在发展过程中出现了一系列问题，而且有些问题还相当严峻，在发展过程中环境日益恶化，许多资源供应紧张，甚至濒临枯竭，集中表现为煤、电、气、油供应普遍紧张，大气、水污染严重等等。在社会生活中，出现了比较严重的分配不公，部分群众生活处于贫困状态。据国家统计局的报告显示，目前城乡消费差距已达10倍，全国农村绝对贫困人口还有2610万人，有4977万低收入人口仅能勉强解决温饱问题。失业问题突出，低收入者生活困难。对于类似问题，丝毫也不能回避。关键是这些问题的解决还是要靠经济的发展来解决，特别是让群众脱贫、提高生活水平方面更是如此。生态环境的恶化是在经济发展过程中出现的。但是，不可能因为发展经济会引起环境的破坏就不发展经济，而且解决目前生态环境恶化的问题还需要经济的发展来提供物质基础。只有技术进步了，经济发展了，才能为治理生态环境提供技术和财力的支持。人口问题更是如此，人口问题的解决同样也需要经济发展提供物质基础与保障，只有民族地区经济发展，民族人口问题中的数量多、质量差、结构不合理、流失严重、储备不足的问题才能得到有效的解决。

5.1.4 民族地区区域经济一体化发展中的边疆安全稳定问题

我国是一个多民族的统一国家，少数民族占人口总数的14%，民族区域自治面积占国土面积的64%，绝大多数位于边疆地区，仅西部地区1万多公里的边境线上，与14个国家接壤，分布聚居着34个少数民族，其中有20多个民族与境外同一民族跨境而居。由于广阔的土地面积与重要的地理位置，维护与保持边疆少数民族地区的安全与稳定，其重要性与战略意义是不容置疑的。

由于特殊的历史沿革与边疆地区内外环境的变化，我国少数民族边疆安全情况十分复杂。我国是有着悠久历史文化传统的多民族国家，各民族不分大小，大都能在和谐而多样的国家环境中平等相处，但是由于种种原因，历史上边疆少数民族地区也发生过一次次的安全危机。危机期，民族关系紧张，甚至出现对立与争斗的情况，时至今日仍不时显现出不和谐的诸多后遗症。因此，从总体上看，我国的民族关系始终处于一个既统一又矛盾的状态。它是平等的，又因历史原因而存在着各民族之间的不平等；它是团结的，又因民族差别、经济差别、文化差别等存在一些不协调；它是互助的，又因利益关系而产生一些矛盾。这种状态的存在与彰显，对民族地区边疆安全与稳定具有双重的影响。

从外部环境看，我国的边疆少数民族地区与14个国家交界，边境线漫长，情况较为复杂。近年来，国际宗教势力、民族分裂势力、各种犯罪集团都企图利用边界地带，向我国边疆少数民族地区渗透，直接威胁国家安全与民族地区的稳定与发展。例如20世纪90年代以来，随着苏联的解体，在我国周边地区出现了一系列新独立的民族国家，其中一些国家与我国西北边疆的少数民族有着共同的民族属性，一些"泛民族主义"势力借助民族内部存在的凝聚力与亲和力，试图挑战我国的统一领土完整。另外，一些担心中国强大与崛起的国际势力，也借机插足我国周边地区，打着"民族自决"、"信仰自由"、"民主"、"人权"的旗号，对边境少数民族地区持续渗透。

从国内情况看，我们传统的理论研究与政策导向都十分强调民族的平等性与利益的一致性。但在改革开放以及经济发展的过程中，各民族之间在经济利益上也出现了不一致的问题，国内的民族关系趋向多元复杂化，经济发展的不平衡与经济差距的进一步拉大而形成的利益差异，一方面使民族自治地方与中央政府以及与其他非自治地方的经济关系发生了变化，甚至产生了一些矛盾；另一方面，在经济转轨过程中形成的一些问题中，诸如下岗职工的待遇、学生升学、干部升迁、水源、山林、边界、土地等因加入了民族成分而变得更为复杂与棘手，增加了工作的难度，影响了工作效率。这种利益分配上的不均等与地区发展中的不平衡，导致了民族间利益矛盾，甚至带来冲突，影响了民族地区边疆安全稳定。

虽然民族之间在经济利益上的冲突对边疆安全具有举足轻重的影响，但民族间因文化上的差异所引发的边疆安全的影响也不可低估。经济发展上的两极分化，也意味着文化上的差异和冲突。社会贫困理论认为,导致贫困状态的内因,主要取决于其自身价值取向、行为准则、生活方式以及由人们的物质生产活动构成的物质生活及由语言、思想、观点、理论、伦理、风俗、道德等构成的精神层面。因此,在现代化进程中,各民族间在经济上表现为互动互补关系,在更深的意义上则表现为一种文化互动关系。在这种文化互动的大环境中,少数民族文化常常面临多方面的压力,有来自于本民族文化中反现代化因素的压力,也有来自外来文化因素的移入和冲击所造成的压力,还有分化价值观念的压力,等等。在文化冲突的压力下,习惯势力被刺激起来,处于防备和抵制状态,传统文化意识也因此而产生一些不良心态。所有这些都有可能引发一定的民族文化冲突。而这种冲突发展到一定阶段,就有可能在一定范围内爆发出来,形成政治上的不稳定。更为严重的是,民族间的文化冲突常常促使民族意识成为民族利己主义和民族沙文主义。这种民族利己主义和民族沙文主义常常有一个共同的特征,即视本民族的文化对其他民族的文化的敌视合理,本民族利益置于其他民族利益之上,并试图制造民族纠纷,煽动民族仇恨,加剧和扩大各民族文化之间的矛盾冲突,对国家安全构成根本性的威胁。

综上所述,维护与保证民族地区的安全与稳定是关系到国家安全、国家稳定和国家发展的重大战略问题;也是关系到民族地区社会经济保持稳定和创造稳定发展环境的重大问题,这是民族地区区域经济一体化发展中必须处理的问题。

1. 加强民族团结,实现各民族共同繁荣。民族团结是维护边疆安全的切实保障,关系到国家长治久安的大局。要充分认识民族关系问题的长期性、复杂性、重要性,坚持民族平等、团结、互助的原则;同时也要客观地分析民族差异,尊重与照顾民族的特殊习俗与信仰、生活方式,在民族发展问题上不搞"一刀切",因民族制宜;在处理民族关系问题上牢记"汉族离不开少数民族,少数民族离不开汉族,各少数民族之间也相互离不开"的思想观念。各民族共同团结奋斗,共同繁荣发展。正如胡锦涛总书记在"中央民族工作会议暨国务院第四次全国民族团结进步表彰大会"上的讲话中所指出的"共同团结奋斗,就是要把全国各族人民的智慧和力量凝聚到全面建设小康社会上来,凝聚到实现中华民族的伟大复兴上来。共同繁荣,就是要牢固树立和全面落实科学发展观,切实抓好这个党执政兴国的第一要务,千方百计地加快少数民族和民族地区经济社会发展,不断提高各民族群众的生活水平"。

2. 坚持依法行政原则,以法律来规范与处理民族关系。在我们这样一个多民族国家里,社会主义民主政治建设中一个十分重要的任务,就是建立和完善保障民族平等、民族团结和各民族共同繁荣的法律和制度。在全面建设小康社会的新时期,进一步加强民族地区的法制建设工作,对巩固和发展我国社会主义的民族关系,促进少数民族经济社会全面发展意义重大。因此,在处理民族关系中出现的矛盾和问题时,必须依据《中华人民共和国宪法》和《民族区域自治法》的规定正确处理和调整各民族间的各种矛盾关系,通过保障各少数民族的合法权利和利益,维护和发展各民族的平等、团结、互助。坚决反对民族分裂主义和宗教极端势力的旨在破坏民族团结、恶化民族关系和破坏祖国统一的行径,要把其放在政治上的高度和战略上的高度,不能松懈。打击民族分裂主义分子打着"泛伊斯兰主义"和"泛民族主义"旗号的一切分裂活动,同民族分裂主义作坚决斗争,对这一斗争的长期性、复杂性和艰巨性要有充分的认识和思想准备。开展反分裂斗争,我们应从维护祖国统一、维护人民利益、维护法律尊严、维护国家制度来观察、研究和处理民族关系问题,必须以法律为准绳,正确区分两类不同性质的矛盾,注意不要把一般的民族关系问题与民族分裂主义相混淆。只要民族主义不发展到极端形式，不触犯法律，就应以处理人民内部矛盾的方法开展反分裂的斗争，要注意不能影响经济建设这个中心，正确把握稳定与发展的关系。经济建设搞好了，人民的生活水平提高了，反分裂斗争才有坚实的物质基础和广泛的群众基础。

3. 树立科学的发展观，坚持以经济建设为中心，加快民族地区经济社会发展。正如胡锦涛总书记指出的，"加快少数民族和民族地区经济社会发展，是各族群众的迫切要求，也是现阶段解决民族问题的根本途径，必须摆在更加突出的战略位置。"在新的历史时期，民族间的经济关系是民族关系的基础和核心。搞好民族工作和维护民族团结的核心问题，就是要积极创造条件，加快发展少数民族和民族地区的经济社会发展，促进民族的共同发展和共同繁荣，这既是少数民族和民族地区人民群众的迫切要求，也是我们社会主义民族政策的根本原则。在经济建设中，要实现经济发展与社会发展的协调，经济发展决定社会发展，但我们也千万不能忘记，经济是在特定的社会环境中运行的，社会发展同样决定经济发展、区域开发与民族发展的关系，民族地区的发展并不一定等于民族发展。经济发展是民族发展的基础，但经济发展并不一定必然推动现代化，民族地区开发一定要高度重视民族与民族关系、民族文化，只有在尊重少数民族意愿与文化的基础上，注意民族经济平衡发展，区域发展才能真正推进民族发展，从而实现各民族的共同繁荣。要处理好外力与自立的关系。少数民族地区现代化起步晚，积累少，没有大量的投入，现代化一时发展不起来，但外力介入过多，又容易形成依赖思想，影响其自立与自我发展。对此，我们应当在平等、互助的条件下，倡导以竞争与互惠为核心的新的民族关系，以竞争促发展。要注意处理固边与富民的关系，光有稳定还不够，只有人民生活水平真正提高了，文化科技发展了，民众素质提高了，边疆才能真正做到长治久安。要处理好传统与现代的关系。少数民族地区要发展，必须引入现代机制，同时也不能忽视传统。在现代研究中，有不少人把传统与现代对立起来，把传统看作现实的阻力，实际上，没有不变的传统，离开了传统，现代化亦将失去个性与重要的动力，只有把现代与传统结合起来，将传统与现代整合，才能真正实现外在动力向内在动力的转移，使少数民族真正走上良性发展之路。要处理好政府与市场的关系。政府对少数民族地区在投入更多的资金与财力的同时，要在投资、财政、税收、金融、产业、对内对外开放等方面给予更多的优惠政策，完善政策性转移支付制度，加大对民族地区财政转移支付的力度，优先安排与各族人民生活密切相关的公益性项目，重点建设一批对带动民族经济社会发展的基础设施项目与重大工程。要积极推进民族地区的市场化进程，以深化市场取向的改革彻底消除区域保护与市场分割的制度性障碍，建立开放性、平等性、竞争性的统一市场，规范市场运行规则，保证市场主体交易活动的公平与有效，扩大商品及要素的流动区域与范围，彰显区域发展竞争的优势，积极有效地推进各区域产业结构的升级，鼓励区域与企业间的资产重组，推动区域间的优势互补、合理交换和经济联合兼并，建立合理的产业分工体系。加大引进外资的力度，优化环境实现全方位的对内对外开放。同时，还要加大市场化的法制建设，规范市场主体及政府的行为。政府不能干预市场，市场也不能替代政府。

5.2 民族地区区域经济一体化发展中的东西部经济合作

中国经济的区域差异是有目共睹的，东部发达、西部落后，沿海发达、内陆落后，下游发达、上游落后，城市发达、农村落后，非民族地区发达、民族地区相对落后是不争的事实。在民族地区区域经济一体化发展中必须重视与东部发达地区的经济合作。

5.2.1 东西部经济合作的理论分析

东西部经济合作是我国现阶段经济发展的现实选择，在区域经济发展中，资源禀赋条件的差异形成了区域不同的比较优势，导致区域分工的产生与扩大，为了实现利益最大化目标，区域间的要素转移与流动变得异常突出，区域之间利用自己的比较优势进行经济合作就成为必然。可见，区域分工理论与比较成本学说是我国东西部经济合作的理论基础，有的学者就直接称其为生产要素理论。这里仅从生产要素方面加以分析。

1. 绝对成本与比较成本理论中的要素分析

亚当·斯密在1776年出版的《关于国民财富的性质与原因的研究》中，提出并阐述了"绝对成本说"，认为分工可以促进劳动生产率的提高。在两个国家或两种商品构成的"2×2"模型中，两国各自在一种商品的生产效率上具有优势，在另一种商品的生产效率上具有劣势，而通过商品的专业化生产与交换，两国皆可获得"绝对利益"。决定商品优劣势所在的根本原因是各国在商品生产的劳动成本上存在差异，因而认为只有能生产出成本绝对低的产品才有可能进行国际交换。显然，"绝对成本说"无法解释下述两个问题：第一，由于各国的生产力发展水平不一样，许多生产力水平低下的国家生产不出成本绝对低的产品，但他们仍然可以参与国际贸易；第二，在两种商品的生产上皆具有优势或皆处于劣势的国家是否仍有必要参与国际贸易以获得利益。1817年，大卫·李嘉图在其《政治经济学及赋税原理》一书中提出了意义深远的"比较成本说"，该学说在西方国际贸易理论中一直占据着重要地位。这一学说的主要观点是：即使一国在两种商品的生产上皆具备优势或皆处于劣势，也可通过国际间的生产专业化以及商品交换而获取所谓的"比较利益",即生产和出口优势较大(劣势较小)的商品,进口优势较小(劣势较大)的商品。与"绝对成本说"相同的是,"比较成本说"也把决定商品生产优劣势的基本原因归于各国在劳动成本方面存在的差异。

绝对成本理论、比较成本理论奠定了自由贸易理论的基础,对以后国际贸易理论的发展具有十分重要的意义。在要素分析上,绝对成本理论与比较成本理论采用的都是单个要素,亦即劳动要素分析法。在假定生产要素在国际间不能自由转移的前提下,以活劳动消耗的多少来区别成本的差异。李嘉图在其比较成本理论中假定,各国每单位劳动的素质是同一的,各国生产同类产品的生产函数是不同的。两国间劳动量投入与产出的差异来源于各国劳动要素在生产过程中所处的条件差异,因此导致了同质劳动的不同生产效率。李嘉图当时分析的生产过程中的条件差异主要指自然资源状况方面存在的国别差异。古典经济学家坚持了劳动价值理论,以劳动成本来说明贸易的流向和利益。斯密和李嘉图在分析劳动成本差异时,都把各国自然资源的差异放在十分重要的地位。

2. 生产要素禀赋理论

生产要素禀赋理论是由瑞典经济学家赫克歇尔和俄林提出的,又称"赫克歇尔——俄林定理"。该理论认为:不同的商品需要不同的生产要素比例,而不同国家拥有的生产要素相对讲是不同的。因此,各国应生产那些密集地利用其较充裕的生产要素的商品,以换取那些需要密集地使用其较稀缺的生产要素的进口商品。由于各个国家或区域存在生产要素禀赋上的差异,导致了生产成本的不同,从而其生产的商品出现相对价格差异,进而形成不同地区和不同国家的生产条件和生产成本结构。由于存在相对价格差异,就产生了区域性的专业化分工,自然区际与国际间的贸易就应运而生了。俄林又进一步分析了生产要素的区际间与国际间的自由转移问题。指出如果生产要素能够在国际间自由转移，各国就能有效地利用各生产要素，达到优化资源配置的目的。但是，由于生产要素存在着自然特性，国际间利害关系也颇为复杂，这样，有可能造成生产要素的相对不流动，因此，可能存在各国不能总是有效地利用处于比较优势的生产要素。而他们又认为，商品的流动（贸易）可能弥补这一缺陷。如果实现国际间的经济合作，则能更直接地把生产要素在各国间进行重新分配，使得国际间生产要素的价格和商品的价格趋于相对均等化。

事实上赫克歇尔与俄林的分析，是抽象掉了要素收入分配、消费偏好的差异，假定生产技术状况是相同的，商品的最终需求与要素派生的需求是相同的，因此，得出了要素禀赋差异是专业化分工存在从而形成比较优势的结论。很显然，影响生产条件和成本的因素不仅仅只有生产要素禀赋，技术、消费倾向、收入分配等都会起作用。但是，不论其理论有何局限，但其揭示的区域分工与要素禀赋之间的关系依然构成区域经济合作的理论基础。

不论在赫克歇尔、俄林之后的"里昂惕夫之谜"，还是琼斯等人的"区域比较利益之说"，都是围绕"生产要素流动"进行分析的，对"生产要素"分析深化了人们的认识。可以概括为以下两个方面的发展。一是在生产要素的深度方面，不仅认为生产要素存在"非同一性"（异质性），生产要素禀赋具有变动性，而且认为，生产要素配置比例的密集性特征是不断变换的，同种商品在不同的国家要素密集性特征是不同的，现实生活中生产要素密集性变换广泛而不断发展。不仅如此，技术进步通过影响各种要素的投入量和产品的产出量而促进要素密集特征发生变化。二是在生产要素的广度上进行了拓展，提出了新生产要素观点，认为人力资本、研究与开发、规模经济、经济信息与管理都可作为新的生产要素。

5.2.2 生产要素区际间转移的发展机制与东西部区域经济合作的条件

1. 生产要素区际间的转移及其转移发展机制

区际间受自然地理条件、经济发展水平与科技发展速度的影响，区域间的生产要素存在着较大差异，差异的资本、技术、劳动力、土地及经济信息与经济管理诸要素，成为区际间要素转移与流动的直接原因。由区际间经济发展水平的不平衡表现出的发展阶段的不同、发展程度的不同以及产业间、部门间、产品间的不一致与不平衡，通过对市场供给与需求的差异影响而形成的比较优势与比较利益成为区际间生产要素转移的内在冲动。而在当今政府亲善市场的时期，政府对经济所实行的必要干预，围绕丰裕要素的流出与稀缺要素的流入而形成的干预政策，在内容、范围、规模及力度等方面的差异，影响着有时甚至是深刻影响着要素的转移与流动。

从国际分工与要素流动的发展来看，在生产要素的移动与资源的组合配置上形成两种运行机制，即市场机制与非市场机制，市场机制主要通过价格杠杆来自发进行调节；非市场机制主要通过法律、行政、计划等手段和政策的协调自觉实现调节，国家通过制定经济发展战略、发展计划，通过立法与协定，有意识地对要素流动进行调节，它不仅保证一国从要素转移中获得利益，同时，也在某种程度上影响和制约着生产要素活动的方向和资源配置的规模。一般而言，生产要素的转移主要是通过要素市场来实现的，在市场上各种要素表现为不同的要素商品，要素商品与一般商品一样，其价格依市场供给者与需求者市场行为谈判而确定。需求方在支付了要素价格后，取得了要素的使用权，正如利息是资金的价格，工资是劳动力的价格，地租是土地的价格。价格水平与市场规模的波动，直接影响着要素转移的规模与范围。

等价交换、供求关系是市场机制作用的最为简单与直接的表现。不同的市场类型决定着市场化机制作用的规模与力度,在充分竞争的要素市场、完全垄断的要素市场及竞争垄断要素的市场中,要素买卖双方的市场行为是不同的,因而要素转移的特点也就存在着差异。在经济全球化与区域经济一体化背景下,区域经济合作,不论在规模上、范围上、还是在层次上、趋势上都有扩大化之势。从合作类型看,有宏观经济合作与微观经济合作,有多边区域合作与双边区域合作,有垂直型合作与水平型合作;从合作所涉及的要素看,有资金上的投资参股,技术上的转让与扶持,劳务上的输入与输出,信息上的共享与交流,土地上的出租与出让以及政策上的协调与统一等。

2. 东西部经济合作的必要性与可能性

从区域经济合作的理论与实践看,区域合作是处于共同区域空间内的不同地区追求自身利益中而形成的共同利益目标而进行的专业化分工协作,是以要素的流动与资源的配置为主要手段的区域经济一体化的发展过程。中国地大物博,人口众多,自然地理条件各异,经济发展水平差别明显,地区经济发展极不平衡,再加上历史文化的差异,在这样的国度里,区域经济合作显得尤为重要且极具一体化合作条件。

(1) 共同发展的利益取向

市场经济条件的区域经济合作,建立在利益驱动下的利益最大化的基础之上,在追求合作双方利益(既包括各自利益,也包括共同利益)前提下的区域合作才是有效或持久的。中国经济的东西部合作当然也应体现合作方追求共同利益及实现自身利益的价值取向。

社会主义市场经济追求的是共同富裕,改革开放以来国家区域政策与区域发展理论与实践,都紧紧围绕共同富裕这一目标,先富与后富、发达地区带动不发达地区、重点地区与重点区域的优先发展与国民经济的整体进步，都是区域发展的阶段性战略与目标。由于要素禀赋上的差异及由此带来的生产要素价格及收益上的差异，在比较优势与比较利益的驱使下，要素丰裕差异的不同地区及差异要素的不同区域，在由要素移动而形成的经济区际合作的过程中，形成了共同的利益诱导机制，在利益诱导机制的作用下，区域经济的联系与协调就显得更为突出与重要。并且由于区际间的增长不平衡，而形成的工业化、城市化中的阶段性特征与现状，使得区际经济的增长遵循着产业、产品结构的不断转换及升级换代的梯度递进发展路径，尽管某一区域可实施超前战略或发挥后发优势，但要素禀赋的差异性与经济增长的一般规则，依然形成桎梏，非特殊条件下，一般战略制定与制度安排都应体现要素禀赋所带来的比较成本及比较利益，遵循区际间的专业分工，有利于区域内的产业结构、经济结构的调整与升级。

现代化条件下的企业作为市场主体，其在区域经济发展的过程中，对区域内的环境与条件，提出了适度的要求，若区域内集聚效应依然能维系企业取得聚集效益，那么经济关系的密切及要素指向趋同而形成的共同利益，将是企业的价值取向。相反，若区域经济的集中程度超过了一定的限度，企业不仅不能取得聚集效益，而且会因布局上的不平衡导致区际经济关系的恶化，区域优势可能会转化为区域劣势，从而根本上改变区域经济的布局，影响到要素禀赋的效用，此时的扩散功能便成了共同利益驱使的企业行为结果。可见聚集与扩散都有个适度的问题，它们的判断标准，当然是共同的利益取向。

(2) 共同发展的区域空间

共同发展的区域空间是实施区际间经济合作的依托与载体，在一定空间范围与联系的区域内，合理配置与有效利用各类经济资源与生产要素，改善管理，建立协调组织等都较为便利。如在中国已经形成并极具扩张潜力的珠江三角洲地区、长江三角洲地区、环渤海湾地区、东北振兴基地，还是我们所提出的民族地区（西北带与西南带）都具有明显的地域特点。再如将下游三角洲地区扩展后形成的流域经济带、粤港经济带，至于东部与西部、沿海与内陆的大区域划分，无一不体现区域空间的特征。在这些共同的区域空间内，经济发展的水平决定了空间内区域经济合作的水平与规模，从而决定着一体化的程度。从另一角度看，区域经济合作的成效并不与经济发展程度存在完全的正相关关系，区域空间内的差异，并不直接影响区域合作的进程，所不同的只是合作的方式、内容及范围等，在一定意义上说，差距较大的区域空间内的区域经济合作更能充分发挥区域经济的聚集与扩散功能，促进区域经济的更有效合作。

(3) 合作发展的经济差异

区域经济差异与分工是区域经济合作发展的基础。众所周知，生产要素禀赋的差异与不平衡分布必然会导致经济活动方式的不同与经济内容的各异，从而使区际间的商品贸易与要素流动具有了一种替代与互补的双重关系。一般而言，生产要素的差异性越大，区际分工越明显，形成的国际专业化生产越具特色。中国的区际经济差异与专业化分工受自然、社会、经济、文化等因素的影响，差异是比较明显的，分工是较为专业化的，各区域内不仅相对优势明显，而且绝对优势也较为突出。发达地区、欠发达地区、不发达地区的经济差异不仅明显，更重要的是都客观表现了其区域经济的特征及导致这些经济特征的生产要素的状况。从目前的状况来看，发达地区主要集中在东南沿海地区，这些地区经济基础好，经济实力强，资本充裕程度高，劳动力资源丰富，但也存在着资源短缺、空间有限、产业老化等问题；欠发达地区主要集中在中部地区，这些地区经济发展有一定的基础，也具备进一步发展的实力，资本、技术、劳动力等生产要素虽具有潜力，但发展困难，成长性不高；不发达地区主要集中西部（尤其是民族地区），这些地区经济基础薄弱，经济实力不强，资本、技术、劳动力等生产要素严重短缺，但具有丰富的资源及明显的要求及强烈发展愿望，这些既是地区差距又是比较优势，为经济合作提供了条件与要求。即使这些地区内部也存在着很大的差异，因此，对中国这样一个大国经济来说，发展区域合作的基础是客观存在的。

人类社会跨入21世纪以来，中国经济经过20多年的改革开放发展，特别是市场经济体制的建立与WTO的加入，区域经济发展的体制环境发生了深刻的变化，这为区域经济的合作提供了可能。其主要表现为：一是市场化体制的建立为区域经济的合作提供了广阔的发展空间。在统一市场的形成与建立过程中，市场的作用被充分认识和充分利用，资源配置的市场化范围越来越大，程度越来越高，不仅加速了中国经济的市场化进程，而且也推进了市场经济中区域经济一体化的进程。二是为适应市场经济体制的需要，政府及其管理也在不断地进行改革，一方面政府干预经济的能力在不断提高，另一方面政府在区域经济的梯度发展中形成了一套明晰的思路与完整的整体规划，中央与地方、条条与块块的关系也日渐清晰，为区域经济合作创造了一个良好的制度环境。三是政府实施的渐进式改革开放政策与区域梯度推动发展战略，在带来整体效率提高的同时，也加大了地区间的发展不平衡，不论是市场的发育程度，还是政府的干预能力，都存在着较大的差异与不平衡，这种差异与不平衡一方面一定程度上影响了区际间经济合作的发展，影响合作的方式、程度与规模，另一方面，正由于差异与不平衡而形成了区际间经济合作的多样性与层次化，从某种意义上讲，又提高了经济合作的条件与质量。四是经过几十年的计划经济发展与20多年的市场化发展，区域经济合作有了一定的基础，合作发展共同成长中也积累了一定的经验与教训，这都为区际间经济合作的进一步开展积累了经验，提供了先例。

5.2.3 东西部经济合作及合作模式探讨

中国的区域经济合作经过 20 世纪 50—60 年代的萌芽期，70—80 年代的兴起期及 90 年代以后的成长期三个阶段的发展，应该说有了一些规模，区域经济合作不论从类型上，还是从内容上都有了一定的拓展。这都为区域经济合作的进一步开展，并由此推动经济一体化奠定了一定的基础。

1. 东西部区域经济合作的基本状况

2003 年 3 月，在九届全国人大三次会议上，朱镕基总理在《政府工作报告》中指出，"实施西部地区大开发战略，加快中西部地区的发展，是党中央贯彻邓小平关于我国现代化建设'两个大局'战略思想，面向新世纪所做出的重大决策。这对于扩大内需、推动国民经济持续增长，对于促进各地区经济协调发展，最终实现共同富裕，对于加强民族团结、维护社会稳定和巩固边防，都具有十分重要的意义"[①]。为此，东部地区要继续采取"联合开发、互利合作、对口支援、干部交流"等多种形式，加大对中西部地区的支持力度。2000 年 10 月，中央在关于制定"十五"计划的建议中指出，"合理调整生产力布局，促进地区经济协调发展"是经济结构战略性调整的主要任务之一。为此，要大力推进多种形式的地区经济技术合作，实现优势互补，支持中西部地区发展。2001 年 3 月，国家在"十五"计划纲要中明确提出实施西部大开发，加快中西部地区发展，促进地区协调发展，是我国迈向现代化建设第三步战略目标的重要部署。2004 年 3 月，朱镕基总理在九届全国人大五次会议上的《政府工作报告》中再次指出，"要积极推进西部开发，促进地

---

① 朱镕基：《政府工作报告》，《人民日报》2003 年 3 月 6 日。

区协调发展",并要求东部地区"采取多种方式加强同中西部地区的经济技术合作。"中央希望通过加强地区合作发挥东部地区对中西部落后地区的支援和带动作用,以逐步缩小地区差距,实现共同繁荣。

为了形成全国统一大市场,推动地区经济合作,中央政府在"十五"计划中强调,要"进一步开放市场,建立和完善全国统一、公平竞争、规范有序的市场体系。打破部门、行业垄断和地区封锁,进一步放开价格,发挥市场在资源配置和结构调整中的基础性作用"。通过培育和发展商品市场和资金、劳动力、信息等生产要素市场,推动区际贸易和生产要素的区际合理流动,加快地区产业结构的合理化。

中央政府有了明确的地区合作的战略部署与安排,揭开了东西部经济合作的序章。西部大开发战略实施以来,区域开发与合作中推行了一系列重大举措。内容涉及建立指导协调性机构,制定并落实专项项目发展规划,分配下达行政支援计划任务,制定土地、资源等优惠政策,提供资金、信息中介服务等。

各级地方政府,积极响应中央区域协调发展的总体战略,并主动从各地实际出发,围绕促进本地经济发展,制定了区域经济合作发展的战略目标及颁布地方性的优惠政策,开放市场,优化环境,推进地区经济合作发展。不论是发达地区的省市,还是欠发达地区的省区都制定了促进区域经济合作的优惠政策。如上海对来沪投资的企业,实行与本市各类企业同等待遇,被认定的大企业(集团)可享受有关优惠政策;对企业登记实行并联审批办法,即工商受理、抄告相关、并联审批、限时完成;凡以高新技术成果、人力资本、智力成果投资入股,其中高新技术成果作价入股超过注册资本35%的,可经股东协议约定,人力资本、智力成果作价入股作价最高可占注册资本20%;按规定办理户籍或居住手续和子女的就学,在投资总额内进口的自用设备可免征关税和进口环节增值税。北京对投资审批实行"一站式服务"和企业登记互联审批；对研发机构给予适当的科技经费支持，并对其用地项目应征收的管理费减半征收；可申请技改贴息支持和本市结构调整资金支持；高新技术企业和项目可享受相关优惠政策；对经营性基础设施项目投资实行回报补偿；向企业发放《北京市收费监督卡》；进口自用生产设备，免征关税和进口环节增值税；紧缺急需的人才可办理《北京市工作居住证》和解决子女就学；购买商品房可减半缴纳契税；使用当地牌照的车辆，可办理长期进京通行证。广州对外地在穗大型企业（集团）在开业后3年内，实际缴入市库的所得税实行先征后返，专项用于企业的生产经营；房产契税采取先征后返50%；可办理蓝印户口；大型出口性企业可以享用市政府设立的外贸周转金和技术出口基金，必要时可由市经贸委帮助申请外贸出口信贷基金；符合条件的，可与本市企业一样申请使用市政府设立的各类投资、科研、经营基金（专项基金）等。云南简化审批手续，对某些项目实行登记备案制；省外在滇投资企业中的独资企业和企业注册资本金中省外投资资金占51%以上或省外投资额在500万元以上的合资合作企业，可享受给予外资企业的优惠政策；土地出让可由当地政府酌情予以优惠；有条件地办理户口迁入和子女借读。西藏对某些产业和项目免征企业所得税1~7年；出口自产产品及进口关键技术设备的企业，可享受外汇贴息政策；设置招商引资奖励基金，奖励引荐合资、合作项目者和引进新技术、新工艺者；有关行政性收费（工商注册登记费、工商管理费等）给予优惠。宁夏规定投产后5年内免征企业所得税和土地使用税、返还25%的增值税等，免征流转税附加收费；技术转让等技术型收入免征所得税；解决户口和子女入学问题；给予东西部合作项目贷款优惠；鼓励兼并收购、合营、租赁承包本区企业。新疆规定生产性企业在5年内免征企业所得税、车船使用税和房产税，之后减按

15%税率征收企业所得税;农业产业化企业的增值税税率按13%计征;技术转让收入可免征营业税和所得税;开发矿产资源的,可暂缓征收资源税5年;土地出让金可免缴25%~40%;减半征收购房交易费和房产交易税;对引进资金和高新技术者,由受益单位给予奖励。地方政府还致力于整治与改善经济发展环境,近年来,一些地方政府出台了一批法规措施,致力于整治与改善经济发展环境,包括清理过时法规,杜绝乱收费,规范政府行为,减少行政审批,整顿市场秩序,全面推广政务公开和服务承诺制度等。如安徽对现行地方性法规、规章和规范性文件中不符合或有地方封锁和行业垄断的内容进行集中清理并上网公布;下放建设项目和技改项目的审批权,进行企业设立登记试点;取消一批行政审批项目;整治行政收费项目;打击制售假冒伪劣产品,整顿和规范市场经济秩序;全面推广政务公开,所有办证、办照、收费、检查项目、办事程序、办事依据等,向社会及服务对象公开,并实行服务承诺。广东大力推进"电子政务",推行"一个窗口办公、一站式服务、一个口子收费"的做法;建立外商投资企业投诉处理机制;严厉打击制售假冒伪劣产品、侵犯知识产权等违法行为,坚决制止封闭、垄断、欺诈等不正当行为,创造公平的竞争环境。云南对外来投资实行"五不限制",即不限制投资的领域和行业、经营范围、投资方式、设立企业的条件、产品的内外销比例;取消41项乱收费项目,涉及教育、民政、计划生育、土地、建设、税务、工商、公安、林业9个方面。重庆减少行政审批602项,保留447项;凡涉及企业经营自主权的审批项目,政府不再干预;可以由中介组织、行业自律协会办理的审批项目予以取消;属于专业技术鉴定的项目,行政机关不再审批。宁夏取消14项收费项目,即乡镇企业管理费、社会福利生产管理费、暂住费、暂住(流动)人口管理费、计划生育管理费、城市增容费、区外建筑施工企业管理费、农村和区外劳动力就业调节费、房屋租赁管理费、经济适用房税费减免保证金、工程造价审查费、预制构件质量监督费、涉及住房建设的征地安置不可预见费、工程定额编制管理费。青海对外企和合资企业一律实行备案制；行政事业性收费实行《收费许可证》制度；加强对侵犯企业合法权益的法律监督；设立公开投诉制度。

各地方政府为使经济合作长期化，积极寻求组织制度依托，自发地联合起来成立区域经济合作组织，尝试性地建立部分区域经济合作组织，其基本类型有省际经济协作组织、省毗邻地区经济协作组织、省内经济协作组织和城市间经济协作组织四种类型。其主要活动形式包括组织合作区内不同地区之间开展双向经验交流和参观学习，高层领导互往；轮换地点定期召开高层领导人联席会议；建立省（区、市）长或市长专员联席会；正式设立协作区的常设办事机构等。成立区域经济合作组织成为地方政府推动区域经济合作的一条重要途径。参见表5-4、5-5。

表5-4　我国近年来区域经济合作组织的基本类型

区域经济合作组织类型	区域经济合作组织名称
省（区）际	西南六省区市七方经济协调会；西北五省区经济协调会；黄河经济协作区
省毗邻地区之间	武汉经济协作区；南京区域经济协调会；闽粤赣十三地市经济协作区；闽浙赣皖九方经济协作区；湘鄂川黔边区；淮海经济协作区；中原经济协作区；陇海兰新地带市（州）长联席会
省内毗邻地区间	闽西南区域合作；闽东北五地市经济协作区；辽宁中部经济区；滇中八地州协作区
城市间	长江沿岸中心城市经济协调会；长江三角洲城市经协会；江苏苏锡常通经济协作区；湖南长株潭经济协作区；丝路重镇经联会。

资料来源：陆大道、薛凤旋：《1997年中国区域发展报告》，商务印书馆1997年版，第214页。

表 5-5　部分比较活跃的区域经济合作组织及其主要目标

区域经济合作组织类型	组织成员	主要目标
西南六省区市七方经济协调会（2000年第16次会议，2001年第17次会议）	四川、云南、贵州、广西、西藏、重庆、成都	第16次会议主题"联手大开发、共建大西南"，联合推进以交通通信为重点的基础设施建设、加强生态环境保护和建设、加强科技交流与合作、共同培育区域市场体系。制定了《参与西部大开发联合行动纲要》。第17次会议主题"联手大开放，开发大西南"，加快交通通信基础设施建设，联合构筑大通道；联合搞好生态环境保护和建设，构筑长江、珠江中上游生态屏障；联合开发大西南旅游业；大力开发西南地区电力资源，联合推进西电东送
黄河经济协作区（2000年第13次会议，2001年第14次会议）	山东、河南、山西、陕西、内蒙古、宁夏、甘肃、青海、新疆、黄河水利委员会、新疆生产建设兵团（9省区11方）	1998年制定了《黄河经济协作区联合协作互惠办法》。第13次会议通过了《在西部大开发中进一步加强联合与协作的实施意见》。第14次会议指出必须把区域联合与西部大开发和扩大对外开放结合起来，进一步扩大向西向北开放，加大对俄罗斯、蒙古、东欧市场的开拓力度，会议通过了《关于黄河经济协作区省区负责人会议加强对省区重大合作项目跟踪协调的建议》
武汉经济协作区（2001年会议）	湘、鄂、赣、豫四省中武汉、南昌、九江、宜春、信阳、周口、驻马店、岳阳、孝感、鄂州、咸宁等28个城市	以武汉为中心形成华中经济圈，打破地区壁垒，整合经济资源，加强项目合作，实现共同发展

续表

区域经济合作组织类型	组织成员	主要目标
南京区域经济协调会（2001年第11届市长联席会暨民营企业投资项目洽谈会）	苏、鄂、皖3省19个地市	实行整体联动，组建跨地区、跨行业、跨所有制的大企业集团，使拥有技术、资产和拥有资源、人力的地区、企业优势互补，促进整个区域经济的共同发展。通过了《南京区域经济协调会章程》
闽、粤、赣十三地市经济协作区（1999年会议）	闽、粤、赣的13个地市	抓好基础设施建设，共建和努力开拓城乡市场，探索建立区域投融资新机制，调整经济结构，鼓励企业联合兼并，开展旅游合作，加大招商力度，逐步开展区域信息网联网合作
长江三角洲城市经济协调会（1999年第1次市长联席会议，2001年第3次会议）	上海、南京、杭州、扬州、宁波、苏州、无锡、常州、镇江、南通、绍兴、泰州、湖州、嘉兴和舟山等15个城市	加强高新技术成果转让与产业化方面的区域科技合作，推进国有企业改革、资产重组和产权交易，经济合作信息联网和建库，旅游和商贸专题的深化。联手共建长江三角洲大旅游圈，发展区域旅游连锁经营
长江沿岸中心城市经济协调会（2000年2月第10次会议，2002年第11次会议）	上海、南京、武汉、重庆等29个沿岸中心城市	联合发展长江产业带，联合建设沿江重大基础设施，重视技术、信息、外贸等方面的市场建设。发展大型企业集团，联合参与服务西部大开发。通过了《长江沿岸地区产业发展规划》，以上海为龙头、重庆为龙尾，通过沪、宁、汉、渝为核心的四大产业圈。第11次会议确定了在基础设施、环境保护、信息联网产业结构调整等方面交流协作

资料来源：《重庆日报》（2000年9月5日）、《新华每日电讯》（2000年11月27日）、《河南日报》（2001年6月19日）、《华东新闻》（2001年9月24日）、《解放日报》（2001年4月28日）、《新华日报》（2002年10月12日）、《中国经济时报》（2000年12月13日）、中国经济信息网等。

此外，一些地方政府通过签署省际双边合作协议，建立合作关系，如《安徽省人民政府、浙江省人民政府关于进一步加强两省经济技术合作的协议》（2002年8月），甘肃省与黑龙江省和湖北省分别签署了《加强经贸合作框架协议》（2002年6月）等，通过协议方式进一步推动两省间的全方位合作。

在东西部经济合作中，取得了较为明显的效果，涌现出一批跨地区合作的以资本、技术为核心的企业集团，实现了共同利益的"双赢"。通过区域间的合作，东部地区的企业在规模上实现了低成本扩张，产品上扩大了市场容量，提高了市场占有率，资本投入也得到了较丰厚的投资回报；通过区域间的合作，西部的自然资源得到了开发与利用，附加值增加了，地区的经济实力提高了，人民的生活状况改善了。东西部地区的区域市场体系正在形成。

毋庸置疑，在过去的区域经济合作中，主要是政府主导型合作的开展，地区经济的发展主要靠政府的推动，带来了诸如行为短期化、组织成本过高、依赖性思想观念、项目建设重复、产业结构趋同、市场化进程缓慢等问题。区域经济合作突出了非市场化行为，抑制了市场化机制的功能与作用。

2. 东西部经济合作的要素结构分析

有关理论分析与实证研究表明，在现代经济中，影响经济增长差异的要素中，物质因素对经济差异的影响度为30%，其余的70%影响主要来源于全要素生产率（TFP）的无形因素（包括结构因素与知识因素），也就是说由要素流动而提高了资源配置效率对经济增长差异所产生的影响以及在经济增长中起长期决定性作用的知识与技术（主要包括技术引进、劳动力素质提高、人力资本投资、信息与通讯、科研水平等），对地区经济增长的影响要远高于物质因素的影响作用。有关专家在对我国30个省、市、自治区改革开放以来的经济增长的定量分析也发现，在我国物质因素只能解释经济增长差异的19%,其余81%均要归于包含TFP之中的无形因素。这也正吻合了为什么我国西部拥有丰富的资源而经济增长缓慢,东部虽不拥有丰富资源、但拥有相对的知识与技术优势而经济增长较快的现实。是否可以得出这样一个结论:自然资源对经济增长的作用是有条件的,正如人力资本的禀赋条件决定自然资源的开发与利用,市场条件决定能否将资源优势转化为经济优势,基础设施等投资环境决定于投资的规模与效率等观点所蕴涵的内容。表5-6所示的内容将详尽说明影响经济增长绩效的初始条件。

表5-6 影响经济增长绩效的初始条件

变量	解释	效果
人均收入	人均GDP水平,反映初始的发展水平	正面影响——反映初始总体发展水平
城市化	反映初始经济发展水平的指标之一	正面影响——反映初始总体发展水平
过度工业化	实际工业比重与常态模型比较,反映结构扭曲程度	正面影响——反映初始总体发展水平,但也可能遇到报酬递减
资源禀赋	自然资源的丰裕程度	正面影响——类似于初始发展水平
地理位置	有利于市场发育的地理位置	正面影响——类似于初始发展水平
以往的增长率	前一段时期内的经济增长率	正面影响——反映初始总体发展水平
抑制性通货膨胀	以前相对于GDP增长工资水平受到抑制的程度	负面影响——反映初始宏观经济扭曲,以及与市场经济的距离

续表

变 量	解 释	效 果
贸易依存度	反映对计划经济阵营内部分工贸易的依赖程度	负面影响——反映初始宏观经济扭曲
外汇黑市	反映贬值或外汇配额的预期	负面影响——反映初始宏观经济扭曲
市场记忆丧失度	对市场经济的不熟悉程度，以实行计划经济的年限表示	负面影响——反映初始时该经济与市场经济的距离

资料来源：De Melo, Martha, Cevdet Denizer, Alan Gelb, and Stoyan Tenev, "Circumstance and Choice: the Role of Initial Conditions and Policies in Transition Economics", 1997.

这里根据胡鞍钢、熊义志研究得出的数据，来说明矿产资源与知识资源两个指标对区域经济发展状况的影响。见表5-7、5-8。

表5-7 东西部部分地区人均矿产资源、
人均 GDP 指数和综合知识发展指数及排名

地　　区		矿产资源		人均 GDP		知识发展	
		指数	排名	指数	位次	指数	位次
东部沿海地区	北京	28.0	22	287.68	2	606.05	1
	上海	0.5	31	440.91	1	529.03	2
	江苏	12.2	28	156.93	7	154.55	6
	浙江	2.7	30	174.92	4	122.71	9
	福建	7.7	29	158.04	6	156.48	5
	广东	14.0	27	174.64	5	213.74	4
西部地区	重庆	NA	NA	73.42	19	63.71	20
	四川	249.7	5	66.07	27	51.49	27
	贵州	103.4	10	36.27	31	38.32	30
	云南	139.3	6	67.97	25	48.75	28
	西藏	37.7	20	56.50	29	31.99	31
	陕西	87.5	13	61.48	28	88.05	12
	甘肃	90.7	12	54.18	30	58.32	23
	青海	324.1	4	68.35	24	44.18	29

续表

地　　区		矿产资源		人均 GDP		知识发展	
		指数	排名	指数	位次	指数	位次
西部地区	宁夏	324.9	3	66.49	26	54.70	26
	新疆	126.2	9	100.48	12	65.85	17
	内蒙古	467.8	2	79.7	16	56.59	25
	广西	22.8	25	73.20	20	50.88	22
	全国	100.00		100.00		100.00	

资料来源：胡鞍钢、熊义志：《我国知识发展的地区差距分析：特点、成因及对策》，《管理世界》2000年第3期。

表 5-8　东西部综合知识发展指数

项　目	东部地区	西部地区
高水平（It≥150）	北京（606.05） 上海（529.03） 天津（283.03） 广东（212.74） 福建（156.48） 江苏（154.55）	
中上水平（50＞It≥100）	海南（127.64） 辽宁（126.69） 浙江（122.71）	
中下水平（100＞It≥75）		陕西（88.05）
低水平（It＜75）	山东（82.05） 河北（75.69）	新疆（65.85） 重庆（63.71） 甘肃（58.32） 内蒙古（56.59） 宁夏（54.70） 四川（51.49） 广西（50.88） 云南（48.75） 青海（44.18） 贵州（38.32） 西藏（31.99）

资料来源：胡鞍钢、熊义志：《我国知识发展的地区差距分析：特点、成因及对策》，《管理世界》2000年第3期。

以上分析说明，东西部要素资源层面上的合作，应充分发挥东部地区的知识资源优势，西部地区要大力开发自然资源优势，并将两者有效地结合起来，促进东西部地区的经济交流与合作。

据有关统计资料反映，按照各省、市、区拥有的资源总和及其占全国比重及人均资源量指数来划分，我国的资源状况可分为四类地区。见表5-9。

表 5-9

类型	省、市、区	优势资源
丰裕地区	晋、蒙、辽、陇、青、宁	能源、矿产、土地、水
相对丰裕地区	冀、吉、黑、皖、鲁、豫、鄂、湘、桂、云、陕、新	水、耕地与气候、矿产
相对贫乏地区	京、津、琼、川	
贫乏地区	沪、苏、浙、赣、闽、粤	耕地、气候

单从支撑产业发展的基础矿产资源的储量看，我国单位国土拥有的资源的潜在价值为世界平均水平的1.54倍，应该说储量较为可观，但问题在于分布极不均衡。丰裕程度如同地势分布一样西高东低。

人力、技术、资本等无形因素是区域发展最为重要的要素。各地区劳动力、资本、技术等要素不论在数量上还是在质量上都存在明显差异。表5-10所示的是各省市区劳动力差异状况表。

表 5-10 （单位：万人）

地区	人口总数	从业人数	从业比重（%）	从业人员受教育程度（%）				专业技术人员	占从业比重（%）	职工工资（元）
				小学	初中	高中	大学			
京	1375	629.5	46.4	8.2	40.9	31.1	18.0	219.7	20.6	19155
津	984	410.5	41.7	21.8	40.7	23.7	10.3	49.6	12.1	14308

续表

地区	人口总数	从业人数	从业比重(%)	从业人员受教育程度(%) 小学	初中	高中	大学	专业技术人员	占从业比重(%)	职工工资(元)
冀	6668	3379.6	50.6	30.9	43.8	13.7	2.8	158.7	4.7	8730
晋	3247	1412.9	43.5	29.5	46.0	14.3	4.6	90.7	6.3	8122
蒙	2332	1013.2	43.5	31.6	36.2	14.2	4.8	70.4	6.9	8250
辽	4182	1833.4	43.8	31.6	36.2	14.2	4.8	70.4	6.9	8250
吉	2680	1057.2	39.5	32.0	38.8	19.7	6.1	93.4	8.8	8771
黑	3642	1631.0	45.0	29.1	43.7	15.7	6.6	114.5	7.0	8910
沪	1640	692.4	42.2	13.3	42.9	28.1	11.6	78.6	11.3	21781
苏	7304	3565.4	48.8	29.4	41.1	13.2	2.6	118.4	3.3	167.2
浙	4593	2772.0	60.3	37.7	36.8	11.2	3.2	109.6	3.9	16385
皖	5900	3389.7	57.5	36.3	37.4	8.1	2.3	104.6	3.1	7908
闽	3410	1677.8	49.2	42.2	30.3	11.7	3.8	84.5	5.0	12013
赣	4040	1933.1	47.9	43.2	35.7	10.9	2.4	85.5	4.4	8026
鲁	8997	4671.6	51.9	31.4	39.7	10.3	2.1	229.4	4.9	10008
豫	9124	5516.6	60.5	29.3	47.5	11.1	1.9	189.6	3.4	7916
鄂	5951	2452.5	41.2	33.8	36.8	13.7	4.6	114.3	4.6	8619
湘	6327	3438.8	54.4	39.5	39.0	12.0	2.4	123.6	3.6	9623
粤	8523	3962.9	46.5	35.7	39.8	14.9	5.1	188.7	4.7	15682
桂	4385	2543.4	58.0	43.3	36.7	8.2	1.2	92.4	3.6	9.75
琼	756	339.7	44.9	27.6	43.0	15.9	3.3	16.1	4.7	8321
渝	3051	1624.0	53.2	46.1	31.1	8.0	2.3	59.8	3.6	9523
川	8235	4414.6	53.6	42.6	31.6	9.1	2.5	157.9	3.6	9934
黔	3525	2068.2	58.7	42.9	23.7	6.6	2.8	58.6	2.8	8991
滇	4236	2322.5	54.8	46.5	24.2	6.5	1.6	88.1	3.8	10537
藏	262	124.6	47.6	42.1	2.6	0.5	0.5	3.9	3.2	19444

续表

地区	人口总数	从业人数	从业比重(%)	从业人员受教育程度(%)				专业技术人员	占从业比重(%)	职工工资(元)
				小学	初中	高中	大学			
陕	3536	1784.6	50.5	31.4	37.8	14.4	3.8	99.2	5.5	9120
甘	2512	1187.2	47.3	32.1	30.6	11.3	2.1	52.2	4.4	9949
青	482	240.3	49.9	25.9	20.3	7.7	2.7	13.3	5.4	12906
宁	548	278.0	50.7	26.1	32.5	12.2	4.4	17.6	6.1	10442
疆	1846	685.4	37.1	36.1	31.6	14.7	7.8	68.2	9.9	10278

资料来源：从业人员受教育程度来源于《1998年中国统计年鉴》，其他资料根据《2002年中国统计年鉴》计算而得。

表5-10显示，在从业人员中，受过大学教育超过10%的只有京、津、沪三个直辖市，民族地区普通偏低。

我国各省市区资本形成能力。从总体看，资本形成能力与经济规模、经济发达程度基本一致。2001年我国资本形成能力比较强的省市包括山东（4513亿元）、江苏（4239亿元）、广东（3860亿元）、浙江（2891亿元）、河北（2511亿元）、上海（2294亿元）。资本积累率高的省市主要有北京（62.4%）、天津（50.8%）、浙江（48.1%）、山东（47.8%）、上海（46.3%）、江苏（45.1%），资本积累率较低的省区有辽宁（32.3%）、广西（34.5%）、湖南（35.8%）、西藏（35.9%）、安徽（36.0%）、广东（36.6%）、四川（39%）、内蒙古（39.7%）。人均财政收入也能反映一个地区的资本形成能力，我国人均财政收入前5位的地区分别是：上海（3716元）、北京（3347元）、天津（1663元）、广东（1362元）、浙江（1090元），多为东部省市；人均财政收入位于后5位的地区分别是：湖南（325元）、河南（293）、贵州（283元）、甘肃（278元）和西藏（233元），基本上在中西部地区。

经过多年的发展，各省市区都形成了一些相对优势产业。优势产业既反映了各地的产业结构与经济发展状况，同时也反映了影响经济发展的要素状况，可以看出在优势发展中存在着产业趋同问题。

经济发达地区（包括上海、广东、江苏、浙江、北京、天津、山东等省市）的优势产业主要有：电子工业、汽车制造业、石油化工工业、精密仪器及通讯设备制造工业、轻纺工业等。这些产业明显体现了东部发达地区的资源及技术、劳动力与资本优势，并且具有较高的附加值与较长的产业链，各行业的技术现代化水平较高。经济欠发达地区（包括东北三省、湖北、湖南、河北、河南、江西等省）的相对优势产业主要有机械制造工业、建材工业、冶金工业以及煤化、盐化、磷化为主的化学工业和钢铁工业等，虽具有一定的基础优势，也具备一定的发展潜力，但成长性不高，面临譬如发展空间有限、设备老化、附加值不高等发展困难。而经济不发达地区（包括蒙、新、宁、甘、桂、云、贵以及西藏等省区）的相对优势产业主要集中在与资源相关联的产业，主要有电力工业、煤炭工业、石油化工工业、有色金属工业、石油、天然气开采与加工工业及森林和畜产品加工工业，这些产业均为资源型产业，消耗高，产量大，附加值低，没有形成产业链，多为原材料与初级产品产业。这种各具特色与优势的产业格局，显示了产业布局上的互补性，产业之间的区域合作与区域整合具有广阔的空间与机遇，国家在实施区域经济产业协调政策中，要充分考虑各地区的经济利差，从关系产业发展的资金流、信息流、物流、人流及技术流等条件出发，通过产业竞争、产业合作与产业转移，促进区域之间的产业协调布局与发展，既要鼓励发达地区的企业，强化本地区经济辐射范围与扩散功能，为经济潜在的可持续发展提供动力；又要鼓励欠发达地区与不发达地区充分挖掘其资源、市场、劳动力的潜力，创造产业转移的条件，从而保证地区间产业政策的一致性，加快产业合理化的进程。

3. 流域经济一体化——区域经济合作的有效模式

历史与现实明确告诉人们，东西部经济增长中的差异是国家梯度开发战略选择与安排的结果，选择区域经济合作模式，必须以梯度差距为基础与前提。理论界对合作模式的选择研究颇丰，有"T型"模式，有"弓箭型"模式，有"开"型模式等，不论何种模式，一个共同点就是要充分发挥沿海发达地区优势而形成经济辐射带动功能，将西部地区的资源优势转化为经济优势，最终促进统一、联动和协调的区域推动发展。

流域经济一体化模式是以长江、黄河、珠江水系为轴线，以河流为纽带，通过三大流域轴线开发实现经济一体化合作，以此来加速推动东部发达地区的辐射，带动西部开发。通过流域经济区的专业化分工与协作，促进东西部经济的一体化发展。目前流域经济一体化发展与研究尚处在自发阶段，其作用与意义尚未显现出来，东部发达地区区域经济发展中所提出的"泛珠江三角洲地区"、"泛长江三角洲地区"以及"黄河中下游经济带"的相关研究内容，其实质反映了流域经济的内容。

(1) 流域经济形成的基本理论分析

我们认为，"点—轴系统"理论是流域经济形成的理论基础。发展轴线即重点经济带，它是沿江沿河建设的，具有较强经济实力，较为密切的经济社会联系，是具有基本一致的经济合作趋向的综合地域社会经济体系。"点—轴系统"是关于社会经济空间结构（组织）的理论，是生产力布局、国土开发与区域合作发展的模式。

"点—轴系统"客观反映社会经济发展的空间结构，可以较好地处理集中与分散、公平与效率、不平衡发展与平衡发展之间的关系。在区域开发阶段，社会经济客体自发一个或几个扩散源，沿着其线状扩散通道渐次扩散，形成社会经济流，在距中心扩散源不同距离的位置形成强度不同的新聚集点。在"空间摩擦"规律的作用下，新聚集点的规模也随距离增加而变化。相邻地区扩散源扩散的结果使扩散通道相互连接，成为发展轴线。随着社会经济的变化，发展轴线将进一步延伸，新的规模相对较小的集聚点和发展轴又不断形成，从而实现社会经济实体在空间中渐进式扩散，这种渐进式扩散可以实现区域的不平衡到平衡的发展。

社会经济客体在区域或空间的范畴总是处于互相作用之中，存在空间聚集和空间扩散两种倾向。在一个国家和地区的发展过程中，大部分社会经济要素在"点"上聚集，并由线状基础设施联系在一起而形成"轴"。这里的"点"指各级居民点和中心城市，"轴"指由交通、通讯干线和能源、水源通道连接起来的"基础设施束"。"轴"对附近区域有很强的经济吸引力和凝聚力。轴线上集中的社会经济活动通过产品、信息、技术、人员、金融等方式对附近区域有扩散作用。扩散的物质要素和非物质要素作用于附近区域，与当地生产力要素相结合，形成新的生产力，推动社会经济的发展。一般的，在"基础设施束"上往往会形成产业聚集带。

由于不同国家和地区地理基础及社会经济发展特点的差异，"点—轴"空间结构的形成过程具有不同的内在动力、形式及不同的等级和规模；在不同社会经济发展阶段（水平）情况下，社会经济形成的空间结构也具有不同的特征。这种特征体现为集聚与分散程度及社会经济客体间的相互作用等方面。"发展轴"具有不同的结构与类型，"点—轴"空间结构系统还通过空间可达性和位置级差地租等对区域发展产生影响。

"点一轴系统"理论与另一个重要空间开发理论即"增长极"理论既存在共同点,又有明显的区别。它们之间的共同点是:模式形成的过程都是由于空间聚集和空间扩散;而且首先是空间聚集,然后是空间扩散。另外,它们还有共同的社会经济客体的空间形态。它们之间的区别是:"增长极"是阐明各级中心城市在区域经济增长中的作用的理论模式,"点一轴系统"模式是区域经济发展的总体模式;"增长极"理论侧重于空间结构形成的经济过程和经济联系,是高度工业化下的理论模式,而"点一轴系统"理论更多的是强调空间过程,是各个发展阶段都适用的理论模式。

从以上分析可以看出,"点一轴系统"理论的核心是关于区域的"最佳结构与最佳发展"的理论模式概括。也就是说,"点一轴系统"是区域发展的最佳空间结构;要使区域获得最佳发展,必然要求以"点一轴系统"模式对社会经济客体进行空间组织。该理论还回答了区域发展中的发展过程和地理格局之间的关系,即发展过程一定会形成某种空间格局,而一定的空间格局又反过来影响区域的发展过程。二者之间的融合和协调,体现着区域的最佳发展。

"点一轴"空间结构基本形成之后,区域进入全面有组织的状态。它的形成可以是社会经济要素长期自发组织的结果,也可以是科学的区域发展政策和规划的结果。从宏观角度考察,达到全面有组织的状态后,区域空间结构重新恢复到"均衡"阶段。在这个阶段,社会组织、经济组织虽然有高效率,但作为发展标志的人口增长和经济却不是高速度。

按照"点一轴"空间结构系统实施基础设施和经济活动布局,可以使区域形成科学合理的可达性,使货物、人员、信息的流动最为合理。因而,可使区域获得最佳发展。按"点一轴"系统配置生产力和改善生产力的空间结构以及进行全部经济社会的空间组织，可以产生以下几个方面的实践效果：

第一，"点—轴"开发可以满足社会经济发展必须在空间上集聚成点、发挥集聚效果的客观要求。在各种地域范围内，确定合理的工业结构并使工业与区域性基础设施之间有机结合，会产生巨大的空间聚集效果。只有以"点—轴"的空间形式发展才能充分利用这种效果。

第二，"点—轴"开发可以充分发挥各级中心城市的作用。城市是区域的核心和统帅，城市在区域经济发展中产生，依靠腹地提供的原料、能源、食品和劳动力而发展；城市以工业品、信息、技术、政策等供给和统帅它的区域。要把广大区域发展起来，必须把各级中心城市作为不同等级的开发重点。

第三，"点—轴"开发可实现生产布局与线状基础设施之间最佳的空间结合，即可使各级范围内重点的交通干线、能源和水源供给线与重点建设的城市和工矿区紧密结合，避免出现空间上的相互脱离。

第四，"点—轴"开发有利于城市之间、区域之间、城乡之间便捷的联系，促进地区间和城市间的专业化分工与协作，形成有机的地区经济网络。

(2) 流域经济的作用及实践意义

第一，流域经济开发推动了流域内要素的互补与流动，形成合作优势。长江、黄河、珠江三大流域横贯中国的东西部地区，它们的上游都在经济落后的西部地区，而中、下游则分属于经济较发达的中部、东部地区。生产要素禀赋的区域差距十分明显，上游地区幅员辽阔、自然资源丰富，国土面积占到全国的57%多，与14个国家直接接壤，陆地国界线占全国近80%，中国大多数天然矿物资源都集中在这些地区，而且具备开发的条件，但这些地区的不利条件是经济基础薄弱，市场化程度低，缺乏人才、资金、技术等资源要素。而下游地区经济发展水平高，市场经济发育早，拥有丰富的资金、技术、人才优势，其不足是自然资源相对匮乏，劳动力、土地等生产要素的价格成本高，目前正处于产业结构调整幅度较大的时期，具有将一部分产业向其他地区转移的要求。为此，流域的上下游经济区域具有很强的互补性，合作优势十分明显。实行流域经济一体化发展，可以推动上下游地区的资源、资金、技术、产业的横向联合，有利于优势互补、互惠互利，合理调配资源，优化流域产业结构，使流域内经济协调发展，共同繁荣。

第二，流域经济的发展较好地发挥中心城市的辐射带动作用。从中国第一大水系长江来看，自古以来就是中国外联世界、内居中原的交通大动脉，是我国横贯东、中、西三大地带最重要的产业轴线。下游上海港就是长江流域同世界各国经济往来和文化交流的桥头堡，对外开放的港口和口岸分布范围广、跨度大，有效地促进了上、中、下游地区之间互补互促的横向经济联系。这些沿海港口城市利用自己的条件发展起来以后，将先进的科学技术和管理经验向周边地区及经济腹地进行辐射，带动和促进整个流域经济的发展。目前上海、武汉、重庆三大港口城市的经济辐射扩散作用已特别显著，并形成了分别以它们为增长极的长江流域三大经济圈，如上海对外省市直接投资中超过70%是落实在长江流域七省一市地区。以武汉市为中心的长江中游经济圈和以重庆为中心的长江上游经济圈已具有一定规模，成为带动中西部经济腹地发展的新增长极。长江在沟通东西部、促进经济发展由东向西纵深推进中具有重要的战略通道作用。长江流域一体化发展的成功实践已经表明，在西部大开发中，应把流域经济一体化作为东西合作的一个重要模式加以推广。同时，各流域内的省、市之间的各级地方政府，应加强沟通和联系，加强一体化规划与建设，积极引导下游经济，沿江港口城市的资金、技术、人才和产业向中上游地区转移，并继续采取对口支援等各种形式，帮助中上游地区发展经济，通过流域经济专业化协作与综合发展，发挥东部地区的主力军作用，最终实现东西部经济的共同繁荣。

主要参考文献

1. 国务院西部开发办编:《实施西部大开发总体规划和政策措施》,中国计划出版社 2002 年
2. 卢进勇等编著:《国际经济合作理论与实务》,中国时代经济出版社 2004 年
3. 吴兴南等著:《全球化与未来中国》,中国社会科学出版社 2002 年
4. 庄宗明主编:《世界经济学》,科学出版社 2004 年
5. 上海财经大学区域经济研究中心:《2003 中国区域经济发展报告》,上海财经大学出版社 2003 年
6. 王洛林主编:《未来 50 年——中国西部大开发战略》,北京出版社 2002 年
7. 戴伯雄等主编:《现代产业经济学》,经济管理出版社 2001 年
8. 王洛林等主编:《中国西部大开发政策》,经济管理出版社 2003 年
9. 上海财经大学区域经济研究中心:《长江三角洲经济一体化:2002—2003 上海城市经济发展报告》,中国农业出版社 2003 年
10. 张可云著:《区域经济政策——理论基础与欧盟国家实践》,中国轻工业出版社 2001 年
11. 刘卫东等著:《中国西部开发重点区域规划前期研究》,商务印书馆 2003 年
12. 杨干忠主编:《社会主义市场经济概论》(第二版),中国人民大学出版社 1999 年
13. 杨瑞龙等著:《社会主义经济理论》,中国人民大学出版社

1999年
14. 黄万纶等主编:《中国少数民族经济教程》,山西教育出版社1998年
15. 邓炎辉等主编:《西部大开发与民族地区经济振兴》,中国财政经济出版社2002年
16. 魏后凯等主编:《中国西部工业化与软环境建设》,中国财政经济出版社2003
17. 黄健英著:《起飞——西部民族地区大开发的新思维》,民族出版社2003年
18. 马金书著:《西部地区产业竞争力研究》,云南人民出版社2004年
19. 魏后凯主编:《21世纪中西部工业发展战略》,河南人民出版社2000年
20. 余序洲著:《中西部地区市场化进程的制度分析》,武汉出版社2004年
21. 李澜著:《西部民族地区城镇化》,民族出版社2005年
22. 石培基等著:《甘川青交接区域民族经济发展研究》,科学出版社2004年
23. 陈计旺著:《地域分工与区域经济协调发展》,经济管理出版社2001年
24. 白雪梅著:《中国区域经济发展的比较研究》,中国财政经济出版社1998年
25. 张幼文主编:《世界经济学》,立信会计出版社1999年
26. 施正一主编:《民族经济学与西部大开发论坛》,民族出版社2002年
27. 陆大道著:《区域发展及其空间结构》,科学出版社1995年
28. (美)J·费雷德·威斯通等著、唐旭译:《兼并、重组与公司控制》,经济科学出版社1998年

29. 刘再兴等著：《生产布局学原理》，中国人民大学出版社 1984 年
30. 陈栋生主编：《区域经济学》，河南人民出版社 1993 年
31. 胡鞍钢等著：《中国地区差异报告》，辽宁人民出版社 1995 年
32. 高汝熹等著：《城市区域经济论》，云南大学出版社 1998 年
33. 王铮等编著：《理论经济地理学》，科学出版社 2002 年
34. 张培刚编著：《发展经济学教程》，经济科学出版社 2001 年
35. 胡鞍钢著：《地区发展：西部开发新战略》，中国计划出版社 2001 年
36. 国土资源部规划司等编：《西部地区矿产资源与开发——潜力与规划》，地质出版社 2001 年
37. 国土资源部西部地区开发领导办公室编：《实施西部大开发若干政策措施》，地质出版社 2001 年
38. 陈佳贵主编：《西部开发报告》，中国社会科学出版社 2000 年
39. 王善迈等主编：《2001 年中国教育发展报告》，北京师范大学出版社 2002 年
40. 程方平主编：《中国教育问题报告》，中国社会科学出版社 2002 年
41. 王梦奎等编著：《中国地区社会经济发展不平衡问题研究》，商务印书馆 2000 年
42. 龙远蔚等主编：《中国少数民族经济研究导论》，民族出版社 2004 年
43. 施正一主编：《民族经济学教程》，中央民族大学出版社 1997 年
44. 蔡昉等编：《区域差距：趋同与西部开发》，《中国工业经济》2001 年 2 月
45. 蔡昉等编：《劳动力市场扭曲对区域差距的影响》，中国社会科学出版社 2001 年 2 月

46. 银温泉等编：《我国地方市场分割的成因和对策》，《经济研究》2000年6月
47. 周叔莲等编：《中国工业增长与结构变动研究》，经济管理出版社2000年
48. 权衡编：《中国区域经济发展理论研究述评》，中国社会科学出版社1997年6月
49. [德]沃尔特·克里斯塔勒著：《德国南部中心地原理》，商务印书馆1998年
50. [英]艾伦·W·伊文思著：《城市经济学》，上海远东出版社1992年
51. 钟昌标著：《国内区际分工和贸易与国际竞争力》，中国社会科学出版社2002年
52. 赵伟著：《区际开放：左右未来中国区域经济差距的主要因素》，《经济学家》2002年
53. 王琪生等著：《论中国经济地域划分》，《中国软科学》1997年
54. 周光瑜著：《论行政区与经济区的关系及其协调》，《经济地理》1997年
55. 周明著：《区域市场化制度与西部经济发展效率》，《社会科学研究》2002年
56. 刘易斯著：《二元经济论》，北京经济学院出版社1989年
57. 孙久文著：《中国区域经济实证研究——结构转变与战略发展》，中国轻工业出版社1999年
58. 国务院西部地区开发领导小组办公室网页（http//www.chinawest.gov.cn）及各省区相关网页
59. 贾晓峰著：《对产业结构调整若干基本关系的定量认识》，《经济研究》2001年
60. 杨荣美著：《论两种不同经济类型的产业结构趋同》，《甘肃社会科学》2001年

61. 魏后凯著：《中国制造集中状况及其国际比较》，《中国工业经济》2002 年
62. 张维迎等著：《地区间竞争与中国国有企业的民营化》，《经济研究》1998 年 12 月
63. 叶裕民著：《中国区域开发论》，中国轻工业出版社 2000 年
64. 胡鞍钢主编：《西部开发新战略》，中国计划出版社 2001 年
65. 杨云彦著：《区域经济的结构与变迁》，河南人民出版社 2002 年
66. 马洪等著：《中国客观经济政策报告 2001》，中国财政经济出版社 2001 年
67. 李子彬著：《以新的思维推进西部大开发》，《宏观经济研究》2002 年
68. 蔡昉等著：《渐进式改革进程中的地区专业化趋势》，《经济研究》2002 年 9 月
69. 张汉亘著：《各地"十五计划纲要"比较研究》，《宏观经济研究》2002 年
70. 中央党校经济研究中心课题组：《西部大开发的经济思考》，《经济研究》2002 年
71. 武义青等著：《中国区域工业化研究》，经济管理出版社 2002 年
72. 李晓西等著：《适应西部大开发的所有制结构调整》，《中国工业经济》2000 年 8 月
73. 陈宗胜等著：《中国经济体制市场化进程研究》，上海人民出版社 1999 年
74. 霍斯特·西伯特著：《环境经济学》，中国林业出版社 2002 年
75. 徐晋涛著：《对改善生态效益补偿机制的建设》，《中国林业政策国际论坛论文集》，中国林业出版社 2002 年
76. 王万宾著：《加快技术创新，大力推进我国产业结构优化升

级》,《企业技术进步》2001 年
77. 秦大河主编:《中国西部环境演变评估》,科学出版社 2002 年
78. 赵公卿主编:《中国经济西进》,社会科学文献出版社 2001 年
79. 中国少数民族经济研究会、中央民族大学少数民族经济研究所编:《开拓与发展——民族经济学 20 年》,中央民族大学出版社 1999 年
80. "民营经济能源课题拓展问题研究"课题组:《各地为支持民营经济发展所采取的主要措施》,国研网 2001 年 6 月 19 日
81. 邓浩著:《当前世界民族问题发展的基本态势及其走向》,《国际问题研究》,2000 年 4 月
82. 陈虹等主编:《当代中国经济大辞库——少数民族经济卷》,中国经济出版社 1993 年
83.《中国西部概览》,民族出版社,2000 年
84. 施正一著:《广义民族学》,中央民族大学出版社 1992 年
85. 吴仕民著:《西部大开发与民族问题》,民族出版社 2001 年
86. 厉以宁:《区域发展新思路——中国社会发展不平衡对现代化进程的影响与对策》,经济日报出版社,2000 年
87. 李新建、邹秀英:《西部优势产业的选择》,《江西财经大学学报》2003 年 4 月第 11 – 14 页
88. 赵毅:《论西部旅游业的优势产业地位及发展对策》,《经济地理》2001 年 2 月第 140 – 145 页
89. 李红梅:《西部开发能否引发台商新一轮"西进"》,《海峡科技与产业》2003 年 2 月第 8 – 9 页
90. 刘豫川、黄勤:《西部开发传统产业与网络经济的融合》,《天府新论》2002 年 6 月第 42 – 46 页
91. 国务院发展研究中心发展部课题组(执笔卢中原):《西部产业结构调整的有关问题和对策建议》,《当代经济科学》2002 年 1 月第 12 – 19 页

92. 朱慧明、韩玉启：《外商直接投资对我国产业结构调整的影响》，《烟台大学学报》(哲社版)2003年2月第205-209页
93. 刘治国、李国平：《用环境经济手段保证西部可持续发展》，《西安交通大学学报》(社科版)2002年4月第13-18页
94. 白永秀、严汉平：《地区跨越式发展的路径选择：走新型工业化道路》("中国工业化问题"笔谈)，《北京行政学院学报》2003年2月第32-41页
95. Gordon R. Conrad. Unexplored Assets for Diversification. Harvard Business Review 1963年9-10, pp67-73
96. 王天津：《西部环境资源产业》，东北财经大学出版社2002年
97. 王文长：《开发经济学》，海潮出版社2001年9月
98. 王陈叶、秉振穗、安华山：《区域竞争力》，航空工业出版社2000年
99. 王文长、李曦辉、李俊峰著：《西部特色经济开发》，民族出版社2001年
100. 刘思华：《可持续区域经济发展论》，中国环境科学出版社2002年
101. 国务院西部开发领导小组办公室编：《实施西部大开发总体规划和政策措施》，中国计划出版社2002年
102. 国务院发展研究中心课题组编：《中国跨世纪区域协调发展战略》，经济科学出版社1997年
103. 长江中上游与中国西部可持续发展研究课题组编：《长江中上游与中国西部可持续发展》，武汉大学出版社2002年
104. 郑必坚：《当代世界经济》，中共中央党校出版社2003年
105. 郭文轩、郭军：《区域经济协调与竞争》，红旗出版社2003年
106. 袁莉：《聚焦效应与西部竞争优势的培养》，经济管理出版

社 2002 年
107. 葛少芸、张民义：《略论民族区域经济发展中的几个问题》，《社科纵横》2001 年 6 月第 27-30 页
108. 马玉祥：《民族区域经济协调发展及其法律对策》，《西北民族研究》2003 年第 3 期第 14-18 页
109. 李皓、杜肯堂：《民族地区全面小康之路初探》，《中南民族大学学报》2004 年 3 月第 29-32 页
110. 徐梅、徐娟：《区域经济发展与区域群众发展观——以我国民族地区区域经济发展为重点的分析》，《云南民族学院学报》2003 年 5 月第 32-35 页
111. Peter J. Boettke：《经济发展的政治基础》
www.sinoliberal.net/economic/political％20infrastructure％20of％20economic％20development.htm 4 月 2 日访问
112. 胡鞍钢：《科教兴市，加快经济转型》
www.jfdaily.com.cn/gb/node2/node172/node13539/node13541/user-object1ai853298.html 3 月 20 日访问

后 记

改革开放近30年的发展，中国经济正进一步融入世界经济的全球化浪潮，珠江三角洲经济带的迅速崛起，推动了东南沿海地区经济的增长，长江三角洲经济带的快速起飞，有效地带动了东部地区经济的增长，环渤海经济带的高速发展，带动了黄河三角洲及渤海地区的经济发展。三大经济带的形成与发展，不仅有效地促进了中国经济的现代化发展，而且也使中国经济的发展走上了一条区域发展、板块轮动、整体推进的战略轨道。国家实施的西部大开发战略、东北振兴计划、中部崛起战略，使中国经济的整体发展有了一个明确的发展规划，步入了区域推进的成长轨道。坚定不移的改革开放政策，市场化方向的经济走向，经济全球化的良好机遇，都为我们研究民族经济的发展提供了方向与思路，那就是积极参与、应对挑战、区域推进、快速发展。

《趋同与融合——民族地区区域经济一体化问题研究》一书，是在科学发展观的指导下，以区域发展理论为基础，以市场与产业为主线，研究民族地区经济的发展与成长，重点分析民族地区区域经济发展的趋同与融合，研究分析民族地区一体化形成发展中的产业成长、战略选择、协调平衡、整体推动问题。在研究中突出理论性、普遍性与整体性，突出关键问题、重点问题，力争做到深入与创新，力求在民族经济理论研究上有所创新，对实践操作有所引导。

本书是在"中央民族大学十五规划课题：民族地区区域经济一体化问题研究"、"211工程项目：生态环境区划与经济布局"研究的基础上最终成稿的，离不开学校、专家及同仁的关心与支持。感谢我的博士后流动站合作导师何盛明教授，中央民族大学经济学院院长刘永佶教授，还要感谢给予无私支持与帮助的张丽君教授、冯艳飞教授、王永山教授、李俊清教授、李曦辉教授、李克强教授、张秀萍教授、张兴无博士和李苏幸主任，也谢谢我的研究生。

书中引用了国内外相关研究成果，谨向这些成果的研究者表示敬意。

梁积江

2007 年 8 月